# 鯨鯢《くじら》と呼ばれた男

## 菅原道真

東 茂美

*SHIGEMI Higashi*

海鳥社

# はじめに

西暦九〇一年頃の東アジアを、素描するところからはじめよう。

隋の煬帝《ようだい》（五六九～六一八）が殺され李淵《りえん》（五六五～六三五）が即位して唐が成ってから（六一八）、則天《そくてん》武后《ぶこう》が権力を掌握し自ら即位して周を建国した一時期（六九〇～七〇四）をのぞくと、まずまずの泰平の時代が二九〇年ほどもつづいていたのが中国だった。ところが、僖宗《きそう》の乾符二年（八七五）に起こった黄《こう》巣《そう》の乱をはじめ、内外の権力闘争のはてに、しだいに国力がおとろえていく――これが一〇世紀の大唐帝国だったといってよいだろう。

光化三年（九〇〇）、こともあろうに一一月に宦官《かんがん》の劉季述《りゅうきじゅつ》らが昭宗を太上皇になして監禁し、太子李《り》裕《ゆう》を位に即《つ》けた。もとは皇室の家奴《かど》にすぎない宦官たちが、帝政そのものを手玉にとるようなありさまを、たいそう嫌っていた昭宗だったが、その宦官らに睨《にら》まれて権力の座から体よく引きずり降ろされたのである。ところが翌年の天復元年一月、かねてより宦官の誅滅《ちゅうめつ》をはかっていた宰相の崔胤《さいいん》が劉季述を殺害し、昭宗を復位させると同時に、皇帝だった李裕を徳王にして政権の中枢から外してしまった。

少し時代がくだるが、天復四年（九〇四、四月に天祐と改元）正月に、かつて崔胤が頼りにしていた朱全《しゅぜん》忠《ちゅう》が、兵を送り崔胤の邸をかこんで一族郎党ことごとく殺害、昭宗もあっさり殺してしまった。天祐二年には、徳王李祐ら昭宗の九子も殺害されている。昭宗が崩御《ほうぎょ》したあと、輝王李祚《りそ》が即位して昭宣帝《しょうせん》となった。じつは朱全忠が禅譲《ぜんじょう》を強要するのに便利な相手をすえただけで、天祐四年（九〇七）には朱全忠が梁を建国、昭宣帝は済陰王《せいいん》となったものの翌年曹州で毒殺され、一七歳で夭逝《ようせい》する。こうして大唐帝国は滅亡するのである。

九〇〇年代初頭の中国の政治的な情勢を見てきたのだが、日本でも大きな政変があった。いうまでもない、時の右大臣菅原道真の大宰府配流である。昌泰四年（九〇一）正月、道真は大宰員外《だざいいんがい》の帥《そち》として流され、二年ほどを配所の筑紫で暮らし、延喜三年（九〇三）二月にこの地で没した。

もちろん、ことはこれでおわったわけではない。道真が亡くなった年の一二月、京都では雷雨がつづく。はげしい雷そして雨。延喜八年（九〇八）に藤原菅根《すがね》が蔓延していた疫病で死んだ。翌年、藤原時平《ときひら》が三九歳の若さで死んだ。病み苦しむ時平の両耳からは、道真の死霊が青龍となってあらわれた、とか。その後を追うように、右大臣の源光《ひかる》が死んだ。不幸は、まだまだつづく。延喜二三年（九二三）には時平の甥《おい》にあたる皇太子保明《やすあきら》が没した。保明の没後、朝廷は、道真左遷の勅書をとり消して名誉回復を宣言し、右大臣にもどし、正二位の官位を与えて陳謝したけれど、保明にかわって立った慶頼《よしより》もわずか五歳で夭逝《ようせい》した。

延長八年（九三〇）、清涼殿や紫宸殿に落雷、藤原清貫《きよつら》が黒こげになって即死。平希世《まれよ》も顔を焼かれ、救出されたがまもなく死亡。美努忠包《ただかね》は髪を焼かれて死んだ。天満自在天の使者である火雷火気毒王《からいかきどくおう》の所業であるらしい。この日から、醍醐天皇の身も、この火雷火気毒王の毒気が侵しはじめたという。火雷火気毒王のボス天満自在天は、怨霊神となった道真というのがもっぱらの風評なのだが、もはや道真とか時平といった個人の問題ではなく、これでは国家そのものが潰れかねない、日《ひ》の本《もと》の国のきわめて深刻な政局なのだ。

こうして彼は天神となり、一〇〇年をこえてタタリ神として跋扈《ばっこ》する。五九歳で生涯をとじたはずの道真が、その倍近くの歳月を怨霊神として生きつづけたのはなぜだろうか。そもそも、なぜタタリ神は道真でなければならなかったのだろうか。

その天神（道真）がふたたび現世に登場する。ずっと時代がくだる仁治二年（一二四一）、大宰府の崇福《そうふく》寺《じ》にいた聖一国師《しょういちこくし》（円爾）のまえに現れ、弟子にしてほしいと願った。そこで、円爾が師である無準師《ぶしゅんし》範《ばん》を紹介すると、道真は東シナ海を渡り杭州径山《きんざん》の万寿寺にいた無準を訪ねたというのである。そして、参禅したねぎらいとして衣鉢を拝受したのだった。

仙冠道服をよそおい梅の一枝を手にする、いわゆる唐渡《からわたり》天神のエピソードなのだが、これを事実無根、当時の禅僧たちが天神信仰を利用し、禅儒一致の理想を具体的に語ろうとした低俗趣味だ、と一笑するのはたやすい。しかしながら、唐渡天神のあれこれが、たとえ史実とうらはらなものだとしても、道真を海《かい》彼《ひ》の地に渡らせてしまう、禅僧らの情熱《パッション》までも否定しさることはできないだろう。

一三世紀の人びとは、なぜ道真に東シナ海を渡らせたのだろうか。ここですっきりした答えを出すのは容易ではないが、彼が唐《から》の地を踏むのにふさわしい人物であると考えられたからにほかなるまい。その生涯を追いかけてみると、じつは閉じられたこの日本列島にはおさまりきれない、コスモポリタンとしての道真が、あざやかにたち現れてくるのである。

# 鯨鯢《くじら》と呼ばれた男　菅原道真◉目次

# 鯨鯢《くじら》と呼ばれた男

菅原道真

# Ⅰ

# 鯨鯢《くじら》と呼ばれた男

# 黄色の詔書

昌泰四年（九〇一）七月一五日、この日をもって延喜と改元された。類書『説郛《せつぷ》』（巻5）の引く緯書《いしょ》『尚書旋璣鈐《しょうしょせんきけん》』に「禹《う》、龍門を開き積山を導く。玄珪《げんけい》出づ。刻して曰《いは》く、延喜の玉、徳を受け、天、之《こ》の佩《おびだま》を錫《たま》（賜）ふ」という。また当時の貴族官人たちに親しまれていた文学のアンソロジー『文選』「三月三日曲水の詩の序」（王元長）に、「昭華の珍は既《すで》に徙《うつ》り、延喜の玉の帰《き》する攸《ところ》なり」といい[1]、李善[2]の注記に『尚書旋璣鈐』から引用したらしく「旋璣玉鈐曰く、玄圭出づ、刻して曰く、延喜の玉なり」と見える。治水の功をおさめた禹に天があたえた黒い玉に、「延喜の玉」と刻まれていたという。「延喜」とは、天子の喜びが津々浦々の万民にまでおよぶといった意味をもつ、まことにめでたい元号なのだ。

菅原道真は正月七日に従二位へと昇進し、右大臣の要職にありながら、同じ月の二五日には、突如、大宰権帥《ごんのそち》に左遷されて、都を追われたのだった。大宰府南館にあった道真の宿舎に周囲の人びとが近づくことは禁止されていたようだが、それでも何かと面倒をみてくれる者もいたらしい。道真のもとにも開元の詔書の写しが回ってきた。それを読んだ道真は、こううたっている。

開元黄紙詔　　開元の黄紙《くわうし》の詔《せう》
延喜及蒼生　　延喜　蒼生《さうせい》に及ぶ

一為辛酉歳
一為老人星
大辟以下罪
蕩滌天下清
省徭優壮力
賜物恤頽齢

一つは辛酉《しんいう》の歳のためになり
一つは老人星《らうじんせい》のためになり
大辟《たいびやく》以下《いげ》の罪ひ
蕩《とらか》し滌《すす》きて天下清《す》めり
徭《えう》を省きて壮力を優《いう》す
物を賜《たま》ひて頽齢《たいれい》を恤《あは》れびたまふ

天子の勅書は黄色の紙に書く。中国の五行説では、東方は「蒼」、西方は「白」、南方は「朱」、北方は「玄」（黒）、中央は「黄」であり、黄色は権力者を象徴するカラーである。[3]「蒼生」はもともと仏教のことばらしく、「衆生」と同意。古くは『日本書紀』（神代）に「顕見蒼生《うつしきあをひとくさ》」と見え、人びとが青い草のように、いつでもどこでも勢いをもって生れてくるところからたとえたもの。

それでは、なぜ改元の必要があったのだろうか。「延喜」の元号は紀長谷雄《きのはせお》が勘申《かんじん》したが、三善清行《みよしのきよゆき》は、改元について熱心にレポートを提出した人物で、次のように主張している（『革命勘文《かくめいかんもん》』）。その一に、この年の十干十二支では「辛酉《かのととり》」であること。辛酉には天帝の命が革《あらた》まり、大変動がおこるといわれている。かさねて一に、昨年（昌泰三年一二月一一日）南天に福寿をいのる「老人星」が現れたこと。「老人星」は龍骨座のカノープスのことで、中国では、李白や杜甫にも、この星をうたった作品が見える。[4]

清行はさらにこの『革命勘文』では、高野天皇天平宝字九年（七六五）正月七日に天平神護と改元した例をあげ、それは賊臣藤原仲麻呂（恵美押勝《えみのおしかつ》）を誅したことによると書いていている。

じつはこの藤原仲麻呂の処遇に重ねて道真のそれを扱っていたらしく、昌泰四年（九〇一）正月二五日

の宣旨には、

右大臣菅原道真、翰林《かんりん》（寒門）より俄《にはか》に上りて、止定の分《ぶん》を知らず、専権の心有り。佞諂《ねいてん》の情を以て、前上皇の御意を欺《あざむ》き惑《まどは》し、……廃立《はいりつ》を行ひ父子の志を離間し、兄弟の愛を破らむと欲《おも》ふ。詞《ことば》は順《すなほ》にして、心は逆《よこしま》、是れ皆、天下の知る所なり。宜《よろ》しく大臣の位に居《を》るべからず。

（『政事要略』巻22）

と、記されている。

「翰林」とは唐代に創設された唐の役所で、詔勅の起草などをつかさどる翰林院、またそこではたらく官僚である「翰林学士」の略称。「翰林学士」は本朝の文章博士《もんじょうはかせ》にあたるといってよいか。だから「翰林より俄に上りて」とは、要するに、貞観一九年（八七七）一〇月、この年の正月から式部少輔だった道真が文章博士も兼任し、その後破竹《はちく》の勢いで右大臣の地位までかけあがったことをいうのだろう。にもかかわらず、分をわきまえず権力のすべてを手中にしようとするのが道真だ、と指弾するのである。

さらに宣旨は、いう。宇多上皇にへつらい惑わし、醍醐天皇を廃位して、娘婿《むすめむこ》である斎世《ときよ》親王を位につけようとした、つまり父子兄弟の仲をさこうとした。ことばはおだやかなのだが、心はそれとは真逆《まぎゃく》。これらは天下の知るところである、だから右大臣の位にとどまるべきではない、と。

「延喜」改元とともに赦令《しゃれい》も出て、「大辟」以下の罪はことごとく赦免《しゃめん》された。「大辟」は五罪（五刑）のひとつで死罪（死刑）をいい、笞《ち》罪（ムチ打ちの刑）・杖《じょう》罪（ツエで打つ刑）・徒《ず》罪（懲役刑）・流罪（流刑）そして死罪をあわせた、これら五類が基本的な執行方法だったから、赦令によって天下から罪人が絶えてしまった。「傜」は傜役《ようえき》で、強制労働が免除されたので壮年の男たちは力みなぎり、高齢者の福祉は手厚

天神坐像
（延文２〈1357〉年／岐阜県瑞浪市・興徳寺所蔵）

く、老人たちはものをいただき天子の恵みに浴している。とはいえ、道真のもとに赦免のしらせはとどかなかったのである。

正史には、しばしば「大辟」以下の赦免をふくむ詔書が発布されているのだが、「八虐」はこの対象としないというのが通例である。「八虐」は次のとおりである。やや長くなるが、道真が糾弾《きゅうだん》された罪を明らかにするためにも、「名例律」を一読しておいてよいだろう。

・一に曰《い》はく、反《へん》を謀《はか》る。謂《い》はく、国家を危《あやう》くせむと謀《はか》れるをいふ。
・二に曰《い》はく、大逆を謀る。謂《い》はく、山陵及び宮闕《くうくゑつ》を毀《こぼ》たむと謀れるをいふ。
・三に曰《い》はく、叛《ほん》を謀る。謂《い》はく、国を背《そむ》きて偽《ぐゐ》に従へむと謀れるをいふ。
・四に曰《い》はく、悪逆。謂《い》はく、祖父母《そぶも》、父母を殴《う》ち、及び殺さむと謀り、伯叔父《はくしくぶ》・姑《こ》・兄姉《くゐやうし》・外祖父母・夫《をふと》・夫の父母を殺せるをいふ。
・五に曰《い》はく、不道《ふだう》。謂《い》はく、一家《け》に死罪に非ざる三人を殺し、人を支解《しげ》し、蠱毒《こどく》を造畜し、厭《えむ》し魅《み》し、若《も》しくは、伯叔父・姑・兄姉・外祖父母・夫・夫の父母を殴ち、告《まう》し、及び殺さむと謀り、四等以上の尊長及び妻を殺せるをいふ。

・六に曰《い》はく、大不敬《ふきやう》。謂《い》はく、大社《だいしや》を毀《こぼ》ち、及び大祀《だいし》の神御《じんご》の物、乗輿《じようよ》の服御《ぶくご》の物を盗み、神璽《じんじ》・内印を盗み、及び偽りて造り、御薬《ごやく》を合和するに、誤《あやま》ちて本方《ほんぽう》の如くにせず、及び封題誤《ふだいあやま》てるをいふ。若《も》しくは、御膳《ごぜん》を造るが、誤ちて食禁《じつきむ》を犯《をか》せる、御幸《ごかう》の舟船《しうせん》、誤ちて牢《かた》く固《かた》くせず、乗輿を指《し》斥《しやく》するが、情理切害《じやうりせつがい》ある、及び詔使《ぜうし》に対《むか》ひ捍《こば》むで、人臣《にんじん》の礼《らい》無きをいふ。

・七に曰《い》はく、不孝。謂《い》はく、祖父母・父母を告言《がうごん》・詛詈《そり》し、及び祖父母・父母在《あ》るとき、別籍《べつじやく》・異《い》財《ざい》し、父母の喪《も》に居て、身自《みみづか》ら嫁娶《けしゆ》し、若しくは楽《がく》を作《おこ》し、服《ぶく》を釈《ぬ》いて吉に従ひ、祖父母・父母の喪を聞いて、匿《かく》して挙哀《こあい》せず、詐《いつは》りて祖父母・父母死にたりと称し、父祖の妾《せふ》を奸《けん》せるをいふ。

・八に曰《い》はく、不義。謂《い》はく、本主《ほんしゆ》、本国の守、見《げん》に業《ごふ》受けたる師を殺し、吏卒《りそつ》、本部の五位以上の官長を殺し、及び夫の喪を聞きて、匿して挙哀せず、若しくは楽を作し、服を釈いて吉に従ひ、及び改嫁《かいけ》せるをいふ。

少し説明が必要だろう。八虐の第一は、「謀反」の罪である。国家転覆を謀《はか》るのがなにより重罪なのだ。同じように国家を危うくするという意味では、「謀叛」も似たようなもので、こちらは亡命・敵前逃亡・投降など。結果的には国家支配の秩序をゆるがす罪である。五の「不道」とは大量殺人・残虐だったり呪術をつかった傷害や殺人の罪、そしてもっとも身近な肉親を殺すこと。「蠱毒《こどく》」とはある種の毒虫から抽出して製造した毒で、もちろん毒殺に用いるわけだ。

つづいて六の「大不敬」。「大社」とは伊勢神宮をいうのだろう。大嘗祭の大幣や神宝・神器を盗んだり、天皇や皇族の衣服・調度を盗んだり、玉璽を盗んだり、天皇の服薬の調合をまちがえたり、食事をレシピどおりに作らない、天皇を誹謗《ひぼう》する、勅使にしたがわない……などなど、もちろんこれらが意識的におこなわれたものなら、「大不敬」というより「謀反」「謀叛」罪になる。

以上の罪状とともに、七や八の「不幸」「不義」がある。四の「悪逆」ほどではないにしても、祖父母や父母を面と向かって罵《ののし》る、不在のおりに勝手に戸籍を分けたり財産を分けたりする、父母が亡くなったのにその喪に服せず当人たちだけの意思で婚姻をむすぶ、服喪にあたるのに音楽をつつしまない、祖父母や父母が死んだことにして祖父や父の「妾」を自分のものにしてしまう、夫が亡くなったのに音楽を聴き、喪服をぬいで平服に着がえ、再婚してしまう、といった罪状がならぶ。こうしてみると、道真の配流の罪状は明らかで、第一の「謀反」にあたるだろう。

では、それに対する懲罰はどのような内容になるのだろうか。「賊盗律《ぞくとうりつ》」によると、こうだ。

凡そ謀反《むへん》及び大逆せらば、皆斬《かいざむ》。父子、若《も》しくは家人《けにん》・資財・田宅は、並《ならび》に没官《もつくわん》。年八十及び篤疾《とくしつ》は、並に免《ゆる》せ。祖孫《そそん》・兄弟は、皆遠流《をんる》に配せよ。籍の同異を限らず。即《も》し謀反と雖《いふと》も、詞理衆《しりしゅ》を動すに能《あた》はず、威力《ゐりき》人を率《ひき》ゐるに足らずは、亦《また》皆斬。謂《い》はく、結《むす》び謀《はか》れること真実にして、害為《がいな》すに能はざる者をいふ。若し自ら休徴《きうちよう》を述べ、霊異に仮託《けたく》して、妄《みだ》りに兵馬《ひやうめ》を称《しよう》し、虚《むな》しく反《へん》の由《よし》を説いて、衆人を伝惑《でんおく》せむ、真状の験《いちしろ》かるべく無くは、自ら妖法《えうはう》に従へよ。

「謀反」や「大逆」の場合には、共謀した者は首謀者と従者の区別なくすべて「斬」。八〇歳以上の高齢者や疾病の者はゆるされるが、「謀反」に関係してようがしてまいが、罪人の家族三代と兄弟は、遠流である。「謀反」が未遂におわった場合には、妖書や妖言を造ったのと同じように遠流……となっている。

逆臣として流罪となった道真は、最初から解放される罪人の頭数《あたまかず》に入っていなかったわけだ。「八虐」の罪のひとつ、つまり「謀反」を犯した道真のもとに、恩赦の報せが届くことはなかった。というより、「斬」の刑をたまわらなかっただけでも、天子の慈悲があったというべきだろうか。

## 鯨鯢《くじら》の悲しみ

道真の五言詩は、次のようにつづく。

茫茫恩徳海　茫茫《ばうばう》たり　恩徳の海
独有鯨鯢横　独り鯨鯢《げいげい》の横《よこたは》れる有り
　具見于詔書　具《つぶさ》に詔書に見ゆ
此魚何在此　此の魚《いを》し何ぞ此《ここ》に在《あ》らむ
人噵汝新名　人は噵《い》ふ　汝《なむぢ》が新しき名なりと
呑舟非我口　舟を呑《の》むは我が口ならじ
吐浪非我声　浪を吐《は》くは我が声ならじ
哀哉放逐者　哀しきかな　放逐《はうちく》せらるる者《ひと》
蹉跎喪精霊　蹉跎《さた》として精霊を喪《うしな》へり

黄色の詔書には、広大な天子恩徳のこの海に一頭の「鯨鯢」がいると記されていた。「鯨」はオスクジラ、「鯢」はメスクジラをいうが、ここでは「鯨鯢」でクジラと訓《よ》んでおきたい。道真の作品からうかがわれるように、鯨鯢はけっしてよい意味ではない。

すぐに思い出されるのは、白楽天（七七二～八四六）の諷諭詩[5]で「海図の屏風に題す」の一部から、

鯨鯢得其便　鯨鯢其便《そのべん》を得
張口欲呑舟　口を張つて舟を呑《の》まんと欲す
万里無活鱗　万里活鱗無く
百川多倒流　百川倒流多し
遂使江漢水　遂《つひ》に江漢の水をして
朝宗意亦休　朝宗《てうそう》意《い》亦《また》休せしむ

だろう。これは大海を描いた屏風があり、それを見ながらうたう画題詠といわれる作品で、楽天が実際の海原を前にしたものではない。

すこし作品の前半をおぎなってみよう。海の底に「鼇《がう》」とよばれる大きな亀たちが棲んでいて、蓬莱《ほうらい》・方丈（方壺）・瀛州《えいしゅう》の三山をささえていた。風のないときには波もなく海はおだやか、大小の魚たちもそれぞれ浮いたり沈んだりして、ゆったり暮らしている。ところが、突然、蓬莱山を頭にのせた一匹が、ぐいっとおとがいを突き立てた。すると、ほかの亀たちもてんやわんやの大騒ぎ。その騒ぎに時を得たとばかりに鯨鯢が躍《おど》り出て、まさに舟をひと呑《の》みにしようと荒れ狂う。大食漢の鯨鯢のこととて、万里四方生

「宮本武蔵の鯨退治」(歌川国芳)

きた魚はすがたを消し、その巨体ゆえに、川という川は堰《せ》きとめられて逆流し、ついには長江や漢水さえ東に向って流れることがなくなる始末。「朝宗」とは東海にむかって流れる、の意味である。天下国家の一大事、その悪玉が鯨鯢なのだ。

じつは、楽天の「海図の屏風に題す」のもうひとつ向こうには、孔子と同じ時代に魯の太史だった左丘明《さきゅうめい》が書いたといわれる『春秋左氏伝』(宣公一二年)の、次のような記事がある。

古者《いにしへ》、明王《めいわう》は不敬を伐《う》ち、其の鯨鯢《げいげい》を取りて之を封じ、以《もっ》て大戮《たいりく》を為《な》す。是《ここ》に於《おい》てか京観《けいくわん》有り、以て淫慝《いんとく》を懲《こら》せり。今、罪所《つみところ》無し。而《しか》して民は皆忠《ちゅう》を尽くし、以て君命《くんめい》に死せり。又以て京観を為《つく》る可《べ》けんや、と。

ここにも「鯨鯢《げいげい》」のことばが見える。これに杜預《どよ》(二二二〜二八四)[6]が注を付して、「鯨鯢は大魚なり。以て不義の人の小国を呑食《どんしょく》するに喩ふ」と解釈している。

楚の荘王が晋を攻めて勝利した。幕下の潘党《はんとう》なる人物が、晋の兵士たちのしかばねを積みあげて土でおおい、「京観」(みせしめのための小高い丘)を造ったらいかがか、と荘王に勧めた。しかし荘王はそれを是《ぜ》としない。なるほど昔の聖王は、不敬の者やその首領《ドン》を討ちとり、「京観」を造って不義不正の輩《やから》を懲《こ》らしめた。いま晋国には罪らしい罪はない、晋の民は忠をつくし君の命令に命をささげた。なのにどうして「京観」などを造って、得意がることができようか。これが、荘王の主張である。その後、黄河の神をまつり、また先君をまつる廟を造って戦勝を報告、粛々《しゅくしゅく》と軍兵をひいた。荘王の言動はかっこいい。

つまるところ「鯨鯢」とは、単なる巨塊というだけでなく、道に外れた不義不正のやから、ほしいままに悪逆をなす首領《ドン》、という意味になるだろう。「鯨鯢」＝不義の首領。

道真はうたう——詔書のなかに、なぜ鯨鯢《くじら》などということばがあるのだろう。世間の人は、「鯨鯢」がおまえの新しい名なのだという。舟を呑むのはわたしの口ではない、潮を吹くあのおどろおどろしい響きはわたしの声ではない。とはいえ、放逐《ほうちく》されたこの身では、もはや抗弁《こうべん》するすべさえないのだ。ああ、痛ましいかな、「鯨鯢」の文字をまえに足はよろめき、わが身は、不遇に志を失った生けるしかばねではないか。

ここには、抑えようにも抑えられぬ、胸つきあげる悲憤《ひふん》の情があふれる。暗く冷たい海の底から低音となって響く、尽きることのない慟哭《どうこく》が聞こえてくるのだ。

# 狭すぎた宮中という〈海〉

「開元の詔書を読む」は、道真の秀作のなかにあって、それほど知られた一篇ではない。しかしながら、道真を思うわたしは、この五言詩がまず脳裏にうかんでくる。「鯨鯢」という揶揄《やゆ》のことばに、その嘆きはいかばかりであったろう。しかしある意味では、むしろ道真こそ鯨鯢と呼ばれるにふさわしいスケールの男ではなかったか、そう思えてならない。

承和一二年（八四五）、是善《これよし》（八一二〜八八〇）を父に、伴善績《よしずみ》の娘を母に生まれた。幼名は阿古《あこ》（阿呼）、どうやら三男だったらしく、のちの字《あざな》は「菅三」。祖父の清公《きよきみ》（七七〇〜八四二）は最澄や空海が入唐した延暦二〇年の遣唐使（大使は藤原葛野麻呂）で判官に任じられ、帰朝したのち大学頭《かみ》・文章博士となり、嵯峨天皇の信任あつく、文章院を創設した大儒である。

その清公の四男が父是善で、一一歳で殿上をゆるされ、二二歳には秀才に挙げられた。文章博士・東宮士・大学頭を歴任、参議にまでのぼった、これまた儒門の人である。

道真五六歳、昌泰三年（九〇〇）、次のような七言詩を創作している。

反哺寒烏自故林　　哺《くく》むことを反《かへ》す寒《こ》いたる烏《からす》は自《おのづか》らに故林《こりん》
只遺風月不遺金　　ただ風月《ふうげつ》を遺《のこ》して金《こがね》を遺さず

且成四七箱中巻
何幸再三陛下吟
犬馬微情叉手表
氷霜御製遍身侵
恩覃父祖無涯岸
誰道秋来海水深

且《かつ》がつ四七《ししち》と成《な》る　箱の中の巻
何ぞ幸《さいはひ》なる　再《ふた》び三《み》たび陛下《へいか》の吟じたまふこと
犬馬の微情は手を叉《こまぬ》きて表す
氷霜《ひようさう》の御製は身に遍《あまね》く侵《をか》す
恩《うつくしび》は父祖に覃《およ》びて涯岸《がいがん》なし
誰《たれ》か道《い》はむ　秋来りて海水深しと

「臣が家集を献るを見そなはす御製に感じ奉りて、韻を改めずして、兼ねて鄙情《ひじやう》を叙《の》ぶ」という、長い題詞が付されている。道真には別に「家集を献ずるの状」があって、これにことの次第がのべられている。さかのぼる寛平九年（八九七）に践祚《せんそ》した醍醐天皇に、なにがしかの文草を献上したものの、その後、讃岐赴任中の留守宅の雨もりで蔵書が損なわれたこともあり、遺稿の編集やら清書やらで時間がかかってしまった。このたび、ようやく天覧に供するはこびとなったという。『菅家集』（祖父清公集　六巻）・『菅相公集』（父親是善集　一〇巻）・『菅家文草』（自撰集　一二巻）を献じたのである。

醍醐は菅家三代にわたる家集を見ていたく感動したようで、御製「右丞相の家の集を献るを見る」をたまわった。そこには、「平生《へいぜい》愛する所、白氏の文集七十巻これなり。今菅家あるを以て、亦帙《またちつ》を開かざらむ」の注記があった。日頃、楽天の『白氏文集』を愛誦しているが、菅家集を得た今日からはその帙を繙《ひもと》くこともあるまい、というのだ。

これを拝した道真は、醍醐の作品の韻をそのまま襲って「鄙情」（つたない心情）をのべる。祖父や父が文才を育《はぐく》んでくれたので、どうにかそれなりに漢詩を作れるようになった。「哺《く》む」とは、親鳥がひな鳥に口うつしに餌をあたえる、の意。道真の才能はひとえに清公や是善の薫陶《くんとう》をうけたことによる。だから子は長じて、こんどは親に「反す」（報いる）のだという。ただし、風月の才は遺してくれたけれど、財産らしい財産は遺してくれなかった。

箱のなかの遺稿は四×七、二八巻、再三にわたって吟誦いただき、天子におつかえする忠誠は、飼い主をしたう犬や馬の心に同じ。菅家集がかの『白氏文集』にまさるとの、お褒《ほ》めのことば、海は深いから測ることはできないというけれど、こうして父祖にまでも及ぶ陛下の恩の深さにはとうてい及ばないでしょう、と。[7]

醍醐の詩歌のことばを借りていうなら「門風は古《いにしへ》よりこれ儒林」であり、学問の家に生まれ、大学への道をわき目もふらずに歩きつづけ、文章博士となり学閥《がくばつ》抗争の激流を漕《こ》ぎわたり、ついには宇多天皇の寵臣として、疾風怒濤のごとく官位官職を昇っていった道真。この男には、藤原氏によって囲われた宮中という〈海〉は、あまりにも狭《せま》すぎたのではないか。延喜三年（九〇三）二月二五日、悲運のうちに筑紫で没した道真とは、いったいどのような人物だったのだろうか。鯨鯢と呼ばれた男の遺稿をとおして、蒼海《そうかい》に響きわたるその声に耳を傾けてみたいと思う。

注

(1) 王元長（融）（四六七～四九三）、六朝の斉の人。王融はこの詩序で、上巳の日、宴が催される芳林園のようすを描くまえに、斉が武力によらず禅譲により国家を建てたことをもって、天がその大業を堅牢なものにしたことから述べている。武帝の政治がすばらしく、またさらに皇太子や宗室の人びともすばらしいと讃えるのである。国の内外もともに治まり、天地山川の祥瑞はしきりに現れ、いまや泰平の世である、と。「延喜」という元号は、武帝の描写がそのまま醍醐天皇のそれを連想させ、醍醐の治政を讃仰するはたらきをもっているといってよいだろう。ちなみに次のようなくだり。

皇帝は、太祖の始められた業を受け継ぐこと、周の武王が文王の道を継いだのにも似ており、五行の秀気を頂き、夏・殷・周三代の天子の英風にも過ぎ、それは天の川のように鮮やかに、日月のように麗しく輝き、天地をその中に包含し、山川を制圧した。天のごとき働きをもって世界を照らし、文徳を天下に敷き及ぼして遠国を懐け、恩沢はあまねく人びとを潤して私心なく、法は緩やかで人を殺すことはない……誠に高々としていてかってなことをしなかった舜、広々としていてだれもそれを形容することのできなかった堯の徳と比すべきものといえよう（全釈漢文大系31　三月三日曲水詩「通釈」部分）。

周の文王＝斉の太祖 蕭道成《しょうどうせい》＝宇多、周の武王＝斉の武帝 蕭宣逮《しょうせんたい》＝醍醐といった構造である。

（2）李善（？～六八九）は唐の時代の揚州江都（江蘇省）の人。顕慶三年（六五八）、注をほどこした『文選』を撰進した。罪を得て姚州（雲南省）に流されたが、許されてからは四方に『文選』の学を伝えた。

（3）簡単に「五行説」を説明しておこう。五行は木・火・土・金・水の、万物を生じる五つの元素をいう。五行説によると、いにしえ虞は土徳、夏は木徳、殷は金徳、周は火徳をもって王となったといわれている。漢の時代にさかんに用いられ、時間も空間も万物がこの五行の力によって生成するとして配当する。

| | | | | | |
|---|---|---|---|---|---|
| 五行 | 木 | 火 | 土 | 金 | 水 |
| 五時 | 春 | 夏 | 土用 | 秋 | 冬 |
| 五方 | 東 | 南 | 中央 | 西 | 北 |
| 五色 | 青 | 赤 | 黄 | 白 | 黒 |
| 五声 | 角 | 徴 | 宮 | 商 | 羽 |
| 五常 | 仁 | 礼 | 信 | 義 | 智 |
| 五数 | 八 | 七 | 五 | 九 | 六 |
| 五味 | 酸 | 苦 | 甘 | 辛《しん》 | 鹹《かん》 |

五帝　　青帝　　赤帝　　黄帝　　白帝　　黒帝

五行に相生と相克の関係がある。相生はたがいに生じ合う、相克はたがいに滅じあうという関係。木は火を生じ（木をこすると火が出る）、火は土を生じ（燃えつきると灰がのこる）、土は金を生じ（たたらを踏むことで鉄ができる）、金は水を生じ（冷たい刃に水滴がつく）、水は木を生じる（湿気があると芽が出る）、これが相生。水は火に克つ（水をかけると火が消える）、火は金に克つ（火であぶると金属がとける）、金は木に克つ（斧《おの》で木を切りたおす）、木は土に克つ（地面をつき破って芽を出し成長する）、土は水に克つ（土手を作ると水は土手にそってしか流れようがない）これが相克。これの関係を図説したのが五芒星。

（4）「老人星」は先掲する王融「三月三日曲水の詩の序」にも、「天瑞《てんずゐ》は降《くだ》り、地符は升《のぼ》り、沢馬は来り、器車は出で、紫脱は華《はなさ》き、朱英は秀で、佞枝《ねいし》は植《お》ひ、歴草は孳《しげ》り、雲は潤ひ星は暉き、風は揚がり月は至り、江海は象《しやう》を呈し、亀龍は文を載す」とある。さまざまな瑞兆のひとつとして、慶雲とともに輝くアルファ星カノープス（アルファ・カリーナエ）が登場する。

（5）諷諭詩とは、遠まわしにそれとなく諭す意を寓した詩で、唐の白楽天の作がことに有名である。楽天は「新楽府竝びに序」で「其の辞質《じしつ》にして径、之を見る者の諭《さと》り易《やす》からんことを欲《ほっ》してなり。其の言直にして切、之を聞く者深く誡《いまし》めんことを欲してなり。其の事覈《かく》にして実、之を采《と》る者をして信を伝へしめんとなり。其の体《たい》順にして律、以て楽章歌曲に播《ほどこ》す可し。総《すべ》て之を言へば、君のため臣のため民のため物のため事のためにして作る、文のためにして作らざるなり」といっている。

（6）杜預は魏・西晋時代の人で、字は元凱《げんがい》。盛唐の詩聖とよばれる杜甫は、彼の子孫にあたる。

（7）醍醐天皇の作品は次のとおり。

右丞相の家の集を献《たてまつ》るを見る　　御製

門風自古是儒林　　門風は古《いにしへ》よりこれ儒林
今日文華皆尽金　　今日の文華はみな尽《ことごと》くに金《こがね》なり

唯詠一聯知気味　唯《ただ》一聯をのみ詠《ゑやう》じて気味《きび》を知んぬ
況連三代飽清吟　況《いは》むや三代を連ねて清吟に飽かむや
琢磨寒玉声声麗　琢磨せる寒玉　声声麗《うるは》し
裁制余霞句句侵　裁制せる余霞《よか》　句句侵《をか》す
更有菅家勝白様　更に菅家の白様《はくやう》に勝《まさ》れることあり
従茲抛却匣塵深　茲《こ》れより抛《なげう》ち却《す》てて匣《はこ》の塵《ちり》こそ深からめ

平生所愛、白氏文集七十巻是也。　平生愛する所、白氏の文集七十巻これなり。
今以菅家不亦開帙　今管家あるを以て、亦帙《ちつ》を開かざらむ。

醍醐のうたう「琢磨寒玉声声麗　裁制余霞句句侵」は、白楽天が元稹《げんしん》におくった七言詩「微之に酬ゆ」中の「声声の麗曲寒玉を敲《たた》き　句句の妍辞《けんじ》色糸《しよくし》を綴る」をふまえている。しかし、これは語句を学んだだけではない。じつは楽天詩は、越州に赴任した元稹が、それまで往還していた詩歌をまとめ詩巻にして送ってきたのに、応酬したもの。楽天は微之作をいずれも金玉の響きを発し、色糸をつづったようなあでやかさだとほめ、「吟翫《ぎんぐわん》独り当《あた》る明月の夜《よ》」（月の明るい夜にひとりで吟唱していても飽かない）とうたっている。醍醐はこうした状況もじゅうぶんふまえ、白詩から語句を採《と》ったにちがいない。さらに道真の詩は楽天のそれを超えているというのだ。

後に後三条・白河・堀河三代の天皇の侍読をつとめ、正二位大蔵卿となった院政時代を代表する文人大江匡房《まさふさ》（一〇四一～一一一一）は、「菅家の御作は元稹の詩の体なり」「菅家の御作は心の及ぶところにあらず」「殊に幽玄の道有るか」といっている（『江談抄《ごうだんしょう》』）。「菅家」（道真）の詩文は元稹の詩風に似ている、奥深くてたやすく知ることのできぬ、はかりがたい道理があると評している。これまた最大の讃辞である。

# Ⅱ　内在する縄文と弥生の血

# 土と炎

道真のからだには、燃えあがる炎をおのが手で造形した人びとの、あるいは逆に、装飾をそぎ落とし合理化に徹底した人びとの、そのような相反する血が流れているように思われる。

縄文時代の特徴的な土器は、その口縁部は過剰《かじょう》なまでのアクセサリーで飾られ、まるで大地の裂《さ》け目から噴きたつ火炎さながらである。縄文時代の早くから口縁部分に突起をもつものが出土し、晩期にいたるまでずっと口縁部の装飾は継承され、波状口縁やら山形突起、はては大型化して彫塑ふうの突起をもつものや、複数の把手《とって》が複雑に組み合わされたものもある。もはや口縁部の突起が土器全高の半分ほどにもなる、突起というのもはばかられるような装飾がほどこされた土器もあって、火焔《かえん》土器と呼ばれる土器は、こねて造った器が焼かれるときの炎を、焼きあがったあともそのままとったような装飾で、鑑賞するわたしたちを圧倒する。

新潟県馬高遺跡出土「火焔土器」
（長岡市馬高縄文館蔵）

一方、弥生時代の土器はたいへんシンプルで、安定と実用上の機能を追求したデザインで造形されている。縄文時代の口縁部の突起はことごとく削ぎおとされ、平たんである。線描絵画が特徴で、鹿や猪《いのしし》などの動物、舟、水鳥、倉庫、こうしたものが表面をかざっているものの、一面を埋めつくすといった装飾ではなく、文様にしても図案にしても、いたって簡素な描写である。縄文土器をあふれ出る情熱の「装飾美」というなら、弥生土器は日常の機能を重視する「実用美」というべきか。そして、これらをつくりあげた人びとの血が、じつは道真をこの世に誕生させたのだ。

## 埴輪の起源、相撲の起源

姓の「菅原」は、それほど古くはない。道真の曾祖父古人《ふるひと》が改姓を願い出、桓武天皇にゆるされてからである。もとは土師《はじ》氏、土器をつくる土師部の人びとをひきいる伴造《とものみやつこ》だった。天応元年（七八一）六月、遠江《とおつおうみ》国の介《すけ》だった古人が、子の道長《みちなが》ら一四人とともに、[1]「菅原」をもって姓としたいと申し出ている。少し引用が長くなるが、『続日本紀』からこのあたりを読んでみよう。

> 土師の先は天穂比命《あめのほひのみこと》より出づ。その一四世の孫《うまご》は名を野見《のみの》宿祢と曰《い》ふ。昔者《むかし》、纏向珠城宮《まきむくのたまきのみや》に御宇《あめのしたしらしめ》しし垂仁《すいにん》天皇の世《みよ》には、古風尚存《こふうなほあ》りて葬礼に節《せち》無し。凶事《きょうじ》有る毎《ごと》に、例として多く殉埋《じゅんまい》しき。時に皇后薨《こう》して、梓宮庭《しきうには》に在り。帝、群臣《おみたち》を顧《かへり》み問ひて曰《のたま》ひしく「後宮《こうきゅう》の葬礼、これを為《な》さむこと奈何《いか》にせむ」とのたまひき。群臣対《こた》へて曰《まを》ししく、「一《ただ》に倭彦王子《やまとひこのみこ》の故事に遵《したが》ひたまへ」とまうす。

時に臣らが遠祖《とほつおや》野見宿祢進みて奏《そう》して曰《まう》しく、「臣《しん》が愚意《ぐい》の如くは、殉埋の礼は殊《こと》に仁政に乖《そむ》けり。国を益《ま》し人を利《たす》くる道に非ず」とまうしき。

菅原氏は、天照大御神《あまてらすおおみかみ》と須佐之男命《すさのおのみこと》が天の安河で契誓《うけい》をしたときに生まれた神がみのひと柱、出雲国造の祖天之菩卑命《あめのほひのみこと》であるという。後に大国主神《おおくにぬしのかみ》の支配する葦原中国《あしはらのなかつくに》を服従させるために派遣されるが、平定に失敗した。しかし、国をゆずった大国主を祀《まつ》る祀祭司となった。この天之菩卑の一四世が野見宿祢で、土師氏が代々氏族の誇りとして伝えてきた人物なのだろう。

垂仁天皇の后の日葉酢媛命《ひばすひめのみこと》が亡くなった。そこで葬儀をどのようにしたものかと、群臣に問う。天皇の同母弟倭彦命の葬礼と同じようにすべきでしょうというのが、大方の意見。その葬礼とは、こうだ。『日本書紀』（垂仁天皇二八年）から。

（倭彦命を葬る）。是《ここ》に、近習《きんじふ》の者を集《つど》へて、悉《ことごとく》に生けながらにして陵《みささき》の域《さかひ》に埋《うづ》め立つ。数日《ひかず》へて死なず、昼夜泣吟《なきいさ》つ。遂《つひ》に死にて爛《く》ち腐《くさ》り、犬・鳥聚《あつま》り噉《は》む。天皇、此《こ》の泣吟《なきいさ》つる声を聞きたまひて、心に悲傷《かなしび》有《ま》します。

なんとも惨《むご》いありさまである。考古学的には、大量殉死の風習があったとは認められないようで、「其れ古《いにしへ》の風《のり》と雖も、非良《よからず》は何ぞ従《したが》はむ。今より以後《のち》、議《はか》りて殉《したがひしぬること》を止《や》めよ」と詔した、漢風諡名「垂仁」にふさわしい創作なのかもしれない。とにかく、倭彦命のとむらいを最後に、殉死が禁止されたのである。

ところが、皇后の「梓宮庭《しきゅうには》」（殯《もがり》の宮）にあって、それにかわる葬礼がまだないことに、天皇は困ってしまったのである。ふたたび『続日本紀』（天応元年）から、古人らの上奏文をつづける。

仍《すなは》ち土部《はにへ》三百余人を率ゐて、自ら領《し》りて埴《はに》を取り、諸《くさぐさ》の物の象《かたち》を造りて進《たてまつ》りき。帝《みかど》覧《みそなは》して甚《はなは》だ悦びたまひて、以て殉人《じゅんにん》に代《か》へたまひき。号《よ》びて埴輪と曰《い》ふ。所謂立物《いはゆるたてもの》是なり。

野見宿祢は土部の人びとをしたがえ、自ら埴土を取ってさまざまな物を造り、天皇に献上する。天皇はこれをもって殉死者にかえたというのだ。埴輪は、本来墳墓の境界を目立たせるための標識として立てたのだが、ここでは殉死者のかわりに立てたという野見宿祢を顕彰《けんしょう》する内容となっている。いにしえの中国では、上半身は人間、下半身は蛇という伏犠《ふつぎ》と女媧《じょか》がせっせと黄土をこねて、この世に人を造ったといわれている。伏犠は別に「庖犠《ほうぎ》」とも書かれ、これは神や祖先にささげる「いけにえ」を養い、庖厨《ほうちゅう》で料理するところからいうのだろう。いにしえの中国では、人間も「いけにえ」にした。

すると、野見宿祢はその逆をやってのけたことになる。人を殉死させる、これも一種の「いけにえ」だろう。それも亡き人の側近たちの命をごっそり奪うのだから、道徳的な「仁」（いつくしみ・思いやり）に反する行為だろうし、そもそも多人数の殺戮は経済面・生産面からみても損失が大きい。土のかたまりですむのなら、それに越したことはない。なんとも合理的ではないか。

『日本書紀』は、「天皇、厚く野見宿祢の功《いさをし》を賞《ほ》めたまひ、亦鍛地《またかたしところ》を賜《たま》ひ、即ち土部職《はじのつかさ》に任《ま》けたまふ。因《よ》りて本姓《もとのかばね》を改めて土部臣《はじのおみ》と謂ふ。是、土部連《むらじ》等、天皇の喪葬《みはぶり》を主《つかさど》る縁《えに》なり」と記されている。野見宿祢の功績がみとめられ、「鍛地」（埴土をねる仕事場）をあたえられ、土師臣と名のるようになった。これが天皇の喪葬をつかさどることになった由縁だというのである。

古人らは上奏していないが、野見宿祢といえば、埴輪の起源説話とともに「争力《ちからくらべ》」（のちの相撲）の起源に登場する人物である。『日本書紀』垂仁天皇七年七月七日の譚《はなし》。じつはこの七月七日とは、後代、相撲の節会がおこなわれるようになる月日である。当麻邑《たぎまむら》に当麻蹶速《たぎまのくえはや》という力じまんの男がいて、ふだんから「四方《よも》に求めむに、豈《あに》我が力に比《なら》ぶ者《ひと》有らむや。何とかも強力者《ちからつよきひと》に遇《あ》ひて、死生を期《い》はず、頓《ひたぶる》に争力《ちからくらべ》すること得《え》てむ」と、周囲にいっている。それを聞いた垂仁天皇は、全国に蹶速と試合をする者はいないかと、声をかけたのである。

　是《ここ》に野見宿祢、出雲より至《まゐた》りしかば、当麻蹶速と野見宿祢とに捔力《ちからくらべ》せしむ。二人《ふたり》相対《あひむか》ひ立ち、各《おのもおのも》足を挙《あ》げ相蹶《あひく》う。則《すなは》ち当麻蹶速が脇骨《かたはらほね》を蹶《く》ゑ折り、亦《また》其の腰を踏み折りて殺す。故《かれ》、当麻蹶速が地を奪《と》りて、悉《ことごとく》に野見宿祢に賜ふ。是を以ちて、其の邑に腰折田有る縁なり。野見宿祢は乃ち留り仕へまつる。

出雲国から野見宿祢がやってくる。ふたりは互いに向かい合って立ち、足をあげて蹴《け》りあった。ほどなく野見宿祢は当麻蹶速のあばら骨を蹴り折ってしまい、そのうえ腰骨を踏み砕いてしまったのである。今日の相撲には土俵があるが、これが設けられるようになったのは、一六世紀ぐらいかららしい。当時は相手が倒れるまで試合は続行された。「ける」「なぐる」「つく」を禁じ手とし、「なげ」「かけ」「ひねり」「そり」を基本に、相撲四八手を確立したのは、神亀三年（七二六）近江国から朝廷に出仕した志賀清林《しがのせいりん》だといわれている（『相撲伝書』『相撲式』）。清林は「最手《ほて》」（横綱役）や行司としても活躍した[2]。

相撲の作法がじゅうぶん確立した時代ではないにしても、蹴ってあばら骨を折り、腰骨をくだいてしまう野見宿祢の技は、あまりにも過激ではないか。土の芸術集団のひとりだった野見宿祢は、合理性とともにこうした「過剰性」をもつ存在なのだ。

## 道真、文章博士となる

道真の生きざまを思うと、縄文の「過剰性」と弥生の「実用性」とが、ふたつながら内在しているように思われる。たとえば、こうだ。元慶元年（八七七）の人事異動で、三三歳の道真は、文官の任用や典礼をつかさどる式部少輔《しょうふ》となり、さらに兼ねて文章博士《もんじょうはかせ》となっている。もう一人の文章博士は都良香《みやこのよしか》である。都良香は、承和元年（八三四）生まれだから、道真よりも一〇歳以上も年長で、文章博士になったのは貞観一七（八七五）年で、道真よりも先行する。

元慶三年（八七九）正月七日に道真は従五位上となった。同じ年の二月二五日に良香が四六歳の若さで亡くなっている。生きていれば良香の作が第一に披露されただろう、大極殿竣工を祝う賀詩を、道真が創作している。『三代実録』（陽成天皇、元慶三年一〇月）によると、右大臣藤原基経が朝堂院含章堂を会場に祝賀パーティーを催し、親王以下公卿・百寮の群臣らが一堂に会するなか、文章生らが詩を賦したという。そうした席上、亡き良香にかわって道真の、次のような詩がうたわれた。

燕雀先知聖徳包　　燕雀《えんじゃく》先づ知る　聖徳の包《か》ぬることを

子来神化莫空抛　　子のごとくに来り神のごとくに化《な》る　空《むな》しく抛《なげう》つことなくあれ
初成不日金猶在　　初めて成ること日ならず　金猶《きむなほ》し在るがごとし
且望如雲玉半交　　且《しばら》く望めば雲の如し　玉半《なかばまじは》交る
欲見高晴星旧拱　　見まく欲りすれば高く晴れて　星旧《ふる》くより拱《きよう》す
応饒遠翥鳳新巣　　饒《ゆたか》なるべし　遠く翥《はふ》りて　鳳《おほとり》新に巣《す》くふ
棟梁惣出於槐棘　　棟梁《とうりやう》は惣《す》べて槐棘《くわいきよく》より出でたり
誰愧唐堯不翦茅　　誰《たれ》か愧《は》ぢむ　唐堯《たうげう》の茅《かや》を翦《き》らざることを

（「元慶三年孟冬八日、大極殿成り畢《をは》りて、王公会《つど》ひ賀《よろこ》べる詩」）

三年前の貞観一八年（八七六）四月一〇日に、大極殿が焼失。六月には勅命によってただちに再建に着手、元慶元年には大極殿の構造が完成、三年あまりの歳月をかけて、このたび落成したのである。燕や雀が、天子の徳があまねく天下にいきわたり、こうして大極殿が完成したことをよろこんで集まっている、とうたう。

竣工は「孟冬」（旧暦一〇月）だから、「雀」はともかくも「燕」では季節があわない。『淮南子』「説林訓」から、「湯沐具《そな》はりて蟣蝨《きしつ》相《あひ》弔《とむら》ひ、大廈《たいか》成りて燕雀相賀す。憂楽は別なり」に拠《よ》ったらしい。「説林訓」は先行する「説山訓」と同じく、教訓だったり、世俗批判・知識の披露だったり、故事説話だったりで、ごくみじかい論説をアトランダムにならべている。

ここでは、沐浴《もくよく》の準備ができると、しらみたちは互いに弔《とむら》いあい、大きな家屋が完成すると、燕や雀は喜びあう、憂楽は万物にとってさまざまなものだ、の意。「燕雀」は小者を意味するが、そうした小者までもが、天子の徳に浴《よく》しているというのだろう。

大極殿の工事のために、人びとが親をしたう子どものように集まって来て、天子の聖徳にふれ、まるで神に感化されたように力を発揮し、こうして正殿が完成した。短い期間で竣工にいたった。建物のそここには金の装飾がほどこされて、まるで黄金があるようだし、遠くから見ると、もろもろの星が権力者の象徴である北極星に手を拱《こまぬ》くかのように、八省の屋根は大極殿の大屋根につきしたがっている。その屋根の飾りといえば、瑞兆の鳳凰であり、そこで巣をいとなんでいるかのようだ。

「棟梁」は建物を形づくる建材だが、ここではこのたびの再建の牽引者《けんいん》である右大臣藤原基経をはじめ、枢軸の高官たちをいうのだろう。かの中国の周の時代には、朝廷に三本の槐《えんじゅ》と九本の棘《いばら》が植えられ、「三公」（最高権力者である三官）はエンジュに、「九卿」（中央九官庁の長官）はイバラに面して坐位を占めたといわれている。すると、道真はあらたに新殿が完成した陽成天皇の時代を、治政の理想とされた周代になぞらえたことになる。(3)

さらに「唐堯の……」は、三皇五帝のひとりである堯《ぎょう》が、茅《かや》で明堂を葺《ふ》いたものの、軒先を刈りそろえようともせず、質素なままで政治をおこなったエピソードをふまえている。火災で焼失した大極殿だけに、その再建は吃緊《きっきん》な施策だったろうから、落成時にこまかな装飾部分にまで手をつける時間的なゆとりはなかったはずだ。それを逆に見てとって、陽成帝を、理想的帝王とされる陶唐氏《とうとうし》堯として賛仰するのである。すでに書いたように、第一席の文章博士である都良香はすでに亡くなっているので、当然のことながら、道真が脚光を浴《あ》びたにちがいない。

創作の順序が前後するが、同じ元慶三年作に「講書の後に、戯《たはぶれ》に諸《もろもろ》の進士《しんじ》に寄す」があり、『後漢書』の講義をしていた道真が、文章生たちに戯れてうたいかけたらしい。わたしはひとりっ子、勉学に励んでいて、いにしえの董仲舒《とうちゅうじょ》（前一七九～前一〇四）とひとしく自宅の菜園さえ覗《のぞ》いたこともない、文章博士になれたのは祖父伝来の家風のおかげだし、式部少輔になれたのも祖父や父の業績のおかげだ、といった七言詩である。

董仲舒は漢代の儒家で、武帝（前一五六～前八七）が儒教を国教とした（前一三六）のは、この仲舒に負うところが大きいといわれている。若くして『春秋』を修め、景帝（前一八八～前一四一）のとき博士となり、郡国に太学を設置し五経博士をおくことを創案した。講義に没頭して三年のあいだ園庭をうかがわなかったという。老いてリタイアしたものの、桂巌山に住み桂巌子と号して、なお儒教を鼓吹《こすい》してやまなかった。大儒中の大儒といってよい碩学《せきがく》の人である。

この一作では、作品そのものよりも、それに付された自注が注目される。

> 文章博士は材《ざい》に非ずは居《を》らず。吏部侍郎《りほうしらう》は能《のう》有らばこれ任《にむ》ず。余が祖父より降《くだ》りて余が身に及ぶまで、三代相承《あひう》けて、両つの官《つかさ》失へりしこと無し。故《かるがゆゑ》に謝詞《しやし》有り。

道真は巨勢《こせ》（味酒《うまさけ》）文雄の後任として文章博士となったのだが、それにたえられる文才がなければなれないのだし、式部少輔も能吏の力がなければなれない。ここまでは詩の文言《もんごん》と大したちがいはない。しかし、わが菅原の家では三代にわたって「式部少輔」も「文章博士」も、ふたつの官のふたつ共に失ったことはない、という自注は、周囲の官吏たちにしてみると、いかにも嫌みたらしいことばではないか。自らをかの儒者董仲舒になぞらえてうたう、自信満々、誇らかな道真の顔がうかんでくる。

都良香が没したあと、そのポストは五年ほど空席だった。つまり、道真の独擅場だったわけで、精力的に仕事をこなせばこなすほど、羨望《せんぼう》と悪口《あっこう》、その活躍の陰で不遇をかこつ怨嗟《えんさ》の声までが、ひとり道真にあつまってくる。派閥で成り立っている官吏社会で、「独擅場」がバッシングの標的になるのは、今も昔も似たようなものだろう。うしろ盾だった父の是善が元慶四年（八八〇）八月に亡くなってからは（享年六九歳）、〈道真おろし〉がますます増幅していくのである。

## ばらまかれた怪文書

出る杭はうたれる。元慶六年（八八二）、怪文書がばらまかれ、官界は道真スキャンダルで、大いに沸いたようだ。政界の最長老である藤大納言冬緒を中傷する匿名の詩が巷に流出。これほどの出来ばえは、きっとあの道真にちがいないとうわさがたつ（「思ふ所有り」）。

君子何悪処嫌疑　　君子何ぞ嫌疑《けんぎ》に処《を》ることを悪《にく》まむ
須悪嫌疑渉不欺　　嫌疑の欺《あざむ》かざるに渉《わた》ることを悪むべし
世多小人少君子　　世には小人多く　君子は少《まれ》らなり
宜哉天下有所思　　宜《むべ》なるかな　天下に思ふ所有ること
一人来告我不信　　一人来り告ぐれども　我れ信ぜず
二人来告我猶辞　　二人来り告ぐれども　我れ猶《なほ》し辞《じ》す

三人已至我心動　三人已《みたりすで》に至りて　我が心動《むねゆる》ぐ
况乎四五人告之　况《いは》むや　四五人《よたりいつたり》の告げむや
雖云内顧而不病　内に顧《かへり》みて病《やま》しきことあらずと云ふとも
不知我者謂我癡　我を知らざる者《ひと》は我を癡《しれもの》とや謂《い》はむ
何人口上将銷骨　何人《なんぴと》の口上《こうじやう》か　骨を銷《け》さむとする
何処路隅欲僵屍　何《いづ》れの処《ところ》の路の隅《すみ》にか　屍《しかばね》を僵《ふ》せむことを欲《ほ》りする

君子たるもの、疑いをかけられたくらいでは、何も気にしないもの、疑われているというのが、はっきりとしてくることを憎むのだ、と道真は思う。世間は小者ばかり、君子なんぞそういるものじゃない。だからこうして、匿名の詩はおまえが創《つく》ったのだろうとうわさが立つことだって、人生に一度や二度はあろうというもの。

ある人が、その流言を道真に知らせた。道真はデマだと笑って信じない。こんどは別の人がやってきて、ふたたび知らせた。彼は、やはりそうではないと否定して、相手にしない。それでも、三人目ともなると、さすがに平然としていられなくなる。さらに四人目、五人目とつづく。正面きって対峙できぬ小者たち、そのとる手といえば、意味ありげな耳打ち、おためごかしのアドバイス、スキャンダル、スキャンダル、スキャンダル……。

疚《やま》しいことは何ひとつないものの、わたしを真から知らない者は、バカなやつだと思うだろう。いったい誰がいいだしたことか、その中傷に苦しめられる。そればかりか、衆愚の吐《つ》く悪態《あくたい》にやがてはおし潰《つぶ》されて、どこかの路傍《ろぼう》にうち捨てられた屍となり果てるだろう。もっとも性質《たち》が悪いのは、風見鶏《かざみどり》よろしく、形勢をうかがっては日和《ひよ》る連中であることを、道真もじゅうぶん知っていたはずである。こうした風見鶏は今でもどこにでもいる。

「一人」「二人」「三人」「四五人」といった数詞の重なりが、しだいに平常心をかき乱されていく心情を、みごとに表現している。次のように激昂《げっこう》してうたう。

取証天神与地祇　証《あかし》を取る　天神と地祇《ちぎ》とに
明神若不愆玄鑑　明神《めいしん》若《も》し玄鑑《ぐゑんかむ》を愆《あやま》つことなくは
無事何久被虚詞　事無きに　何ぞ久しく虚詞《そらこと》を被《かかふ》りてあらむ
霊祇若不失陰罰　霊祇《れいぎ》　若し陰罰《いむばつ》を失はずは
有罪自然為禍基　罪有るは　自然に禍《わざはひ》の基《もとゐ》たらまし
赤心方寸惟牲幣　赤心《せきしむ》の方寸《はうすん》　惟《こ》れ牲幣《せいへい》
固請神祇応我祈　固《まこと》に請《こ》はまくは　神祇　我が祈りに応《こた》へたまはむことを
斯言雖細猶堪恃　斯《こ》の言細《ことささやか》なりとも　猶《なほ》し恃《たの》むに堪《た》へたり
更愧或人独自嗤　更に愧《せ》むらくは　或《あ》る人の独り自《みづか》ら嗤《わら》ふことを

天地の神にわたしが潔白である証明をとりつけてほしい、霊験あらたかな神がただしく鑑定してくれるのなら、嘘っぱちなうわさの濡れ衣をいつまでも着せられていることもあるまいに。『老子』「任為」に「天網《てんまう》恢《くわい》恢《くわい》、疎《そ》にして失はず」とある。(4) 天の網は「恢」（大きい）にして「疎」（粗《あら》い）、つまり天の網はとてつもなく広大でその目は粗いと、人には見えるが、それでいてこの網はけっして何ものも取りこぼすことはない、という。

　神がもし罪ある者を罰する、そのはたらきをやめてしまわないのなら、真犯人はおのずと罰を受けるだろう。そして、この「方寸」の真心がいけにえであり、この真心をささげて一心に証しをたてられるように、といのるのだ。つづめていうなら、犯人に天罰をくだしてほしいというのである。

　ささやかだけれど、道真が神にいのることばには、どうやら効験があったようだ。これは、たとえば、六世紀の詩論である『詩品』（鍾嶸《しょうこう》・四六八〜五一八）にいう、

　霊祇《れいぎ》には之を待ちて以て饗《きゃう》を致し、幽微《いうび》には之を藉《か》りて以て昭《あき》らかに告ぐ。天地を動かし、鬼神《きしん》を感ぜしむるは、詩よりも近きは莫《な》し。


に、ひとしい。詩のちからを借りてこそ、超自然の神がみを祀ることもできるし、幽冥界へ意思を通じることもできる。天地をゆり動かし、人の耳目では接しえない鬼神の心をも動かすことにかけて、詩にまさるものはないのだ。彼は、自分の創作した詩歌が、鬼神までをも動かすちからをもっているという自負があった、というべきだろう。冬緒を誹謗《ひぼう》する匿名詩は秀作だけに、もっぱら道真の作というううわさ——ことはこれだけではすまなかった。

　翌年には、今度は道真というやつは下手な詩《うた》よみだという批難が起こったのである。

　去歳世驚作詩巧　　去《い》んじ歳《とし》　世は驚く　詩を作ることの巧《たくみ》なること
　今年人謗作詩拙　　今年　人は謗《そし》る　詩を作ることの拙《つたな》きことを

鴻臚館裏失驪珠
卿相門前歌白雪
非顕名賤匿名貴
非先作優後作劣
一人開口万人喧
賢者出言愚者悦
十里百里又千里
駟馬如龍不及舌

鴻臚館《こうろくわん》裏《り》　驪珠《りしゆ》を失ふ
卿相《けいしやう》門前　白雪を歌ふ
名を顕《あらは》したるは賤《いや》しきにも　名を匿《かく》したるは貴きにも非ず
先なる作は優《すぐ》れたるにも　後なる作は劣《おと》れるにも非ず
一人《いちにん》口を開きて　万人喧《かまびす》し
賢者言を出《いだ》して　愚者悦《よろこ》ぶ
十里　百里　また千里
駟馬《しば》は龍《りよう》の如くなれども　舌《ぜつ》に及ばず

右に引用したのは、「詩情怨〈古調十韻〉菅著作に呈《しめ》し、兼ねて紀秀才に視《しめ》す」の前半部。「菅著作」は菅野惟肖《すがののこれすえ》、「紀秀才」は紀長谷雄《きのはせお》。惟肖は菅家廊下（菅原氏の私塾）で『漢書』を講義するほど、親しいつき合いだったらしい。惟肖に贈った詩を、当時文章得業生だった長谷雄にも見せたという。道真にとって、ともに気がおけない仲だった。

「鴻臚館」とは、外国からの使者を迎える迎賓館で、前年（元慶七年）に渤海から使節団一〇五名が加賀国に上陸、この年の四月二八日に都に到着している。大使の裴頲《はいてい》は著名な詩人である。接待係のひとりとなった道真は裴頲と、たがいに詩の献酬をおこなって楽しんだ。それのみならず、かさねて裴頲は道真の詩才のゆたかさを、「白氏が体《すがた》を得たり」とほめた。道真作の風体がかの白楽天（七七二〜八四六）に似ているというのだから、最高のほめことばである。その詩評に道真は感動しただろうし、詩人としての自負心もおぼえただろう。当然のことながら宮廷に波風が立つ。

ところが、裴頠を迎えて「驪珠」（詩の名声をたとえた）を得るはずだったのに、道真の作品がまずい詩だとうわさが流れる。藤原冬緒をまえに「白雪」（なみなならぬ秀作をたとえた）をうたったという去年の流言。名のある作品は駄作だといい、名のない作品は優秀だから道真作だといい散らす。あれほど世間は巧《うま》い詩だからお前の作だろうと疑いをかけたのに、明らかにわたしが作った詩は、できがわるいと批評する。何たる矛盾、何たるへ理屈《りくつ》。

京都御所建礼門

地位のある御仁《ごじん》がひとりでも口をひらくと、下《しも》じもの愚かな連中はわれもわれもと、それに雷同する。そして、またたくまに、うわさは一〇里、一〇〇里、一〇〇〇里とひろがっていく。四頭立ての馬車は龍馬のように疾走するが、その馬車で追いかけたって、一たん口に出た風評は、もはや取り返しがつかないのだ。おそるべきは、宮廷のあちこちでヘラヘラと動く「舌」の数かず。それを想像するだけでも、おぞましくて、道真は吐き気をおぼえたことだろう。

彼は別の作では、こうもうたっている。

讒舌音声竿尚濫
厚顔脂粉鏡知媸
雲生不放寒蟾素
桂死何勝毒蠹緇

讒舌《ざむぜつ》の音声　竿《う》よりも尚《なほ》し濫《みだり》なり
厚顔《こうがん》の脂粉《しふん》　鏡は媸《みにく》きことを知る
雲生《むま》るれば　寒蟾《かんせむ》の素《しろ》きことを放たず
桂死《か》れむとして　何ぞ毒蠹《どくと》の緇《くろ》きことに勝《た》へむ

銷骨元来由積毀　骨を銷《け》すこと　元来《もとより》毀《そし》りを積むに由《よ》る
履氷未免老狐疑　氷を履《ふ》みて　老狐《らうこ》の疑ひを免《まぬか》れず

「余《われ》近ごろ、詩情怨一篇を敍べ、菅十一著作郎に呈《しめ》せり。長句二首、偶然に訓《むく》いらる。更に本韻に依りて、重ねて答へて謝しまつる」と題された作品（部分）。さきに「詩情怨」を贈られた惟肖が、二首の答詩を道真に贈ったらしい。それに感謝しつつ、またまた創作の筆をとったというのである。

右の贈詩は「君に請《こ》ふ　好むで詠ぜよ　一篇の詩」からはじまるから、道真の憤《いきどお》りはおさまっていなかった、というより惟肖から答詩を贈られ、ますます憤懣《ふんまん》やるかたなしといった気分だったのだろう。悪口というものの声のひびきたるや、さお竹を吹くよりもっと好き勝手だし、醜女《しこめ》がやたら厚化粧をしてみても、鏡はその素顔がどんなものか知っている。分かったふうな顔をして酷評してみたところで、中傷する恥知らずだという真相を、天はとっくに知っているのだ。雲が生じると皓皓《こうこう》と降る冬の月光がさえぎられるし、毒をもつキクイムシにむしばまれると、月に生えている桂の樹も枯れてしまう。

「蟾」は蟾蜍《せんじょ》、月に棲んでいるといわれるヒキガエル。「蠹」は体長一、五～四ミリほどの甲虫。幼虫も成虫も木に穴をあけて暮らし、林業者にとって厄介《やっかい》な毒虫。「桂」も月世界のものである。厚顔無恥の醜い女、湧き立つ雲、キクイムシ、これらはすべて藤大納言冬緒を暗に揶揄《やゆ》した語句である。

昔から、人もくり返して悪口をいわれると、そのうち骨と肉が離れてしまうというではないか。疑りぶかい狐というやつは、氷を踏んで川を渡るのに、水音を聞き聞きして渡るという。いったんうわさを耳にした老いた狐は、どこどこまでも疑いをいだき、疑われた方はかけられた疑惑をまぬかれることができない。あの疑りぶかい老いぼれ狐め。執拗な中傷に悩まされた道真はいっそ出家してしまおう、とも考えたようだ。

これまでにふれてきた道真の詩は、公の席で披露されたのではなく、親しい者のあいだで往還した作品にすぎないのだが、それにしても、あまりにも放埒《ほうらつ》が過ぎはしないか。「讒舌の音声」「厚顔の脂粉」「毒蠹」「老狐」など、こうした語句をもって譬《たと》えられた側からすれば、迷惑千万、不愉快きわまりない表現というほかあるまい。傷ついたプライドのさけ目から、やり場のない道真の憤りが、情炎となって噴《ふ》きたつ。

道真には火焔土器にみられるような、縄文の、あまりにも過剰なエネルギーがながれているのである。

注

(1)『続日本紀』には、道長の名があるが、『菅原氏系図』には古人の子は清公・清岡・清人の三人をあげ、道長の名はない。『菅原家御伝記』には古人の長男として道長の名がある。

(2) 野見宿祢の始祖が出雲国造の祖「天之菩卑命」であり、出雲の出自であるのはあたりまえといえばあたりまえなのだが、野見宿祢と当麻蹶速の「捔力」の記事からは、朝鮮半島北部に残る三世紀から五世紀あたりに築かれたらしい高句麗遺跡のひとつ、角抵塚《かくていづか》の壁画を想起するのは容易だろう。いわゆる相撲の起源がどこにあるのか。野見宿祢のすぐれた力技は、朝鮮半島をふくむ大陸から伝わってきたのかもしれない。志賀清林の出自が渡来系の人びとが多い近江国であったのも、単純な暗合とは考えられない。

(3) 慈円の『愚管抄』(巻3) は陽成を評して「この陽成院、九にてくらいにつきて八年。一六までの間に、昔の武烈天皇の如くなのめならずあさましくをはしましければ……」と伝えている。武烈といえば、中国の桀《けつ》や紂《ちゅう》のような極悪非道の暴君として描かれている(『日本書紀』)。こうした武烈よろしく陽成も同然。人を木にのぼらせてわざわざ落とし「撃殺」した、乳母紀全子の子である源益なる人物と相撲をとっていて殴り殺した、生涯にわたって馬をこよなく愛し、それに乗ってしばしば暴走して楽しんだ、などなど(『日本三代実録』)。

『今昔物語集』（巻20）「陽成院御代滝口金使行語」では、滝口の道範が陸奥国へ砂金運上使となって派遣されたとき、信濃国で郡司の妻にいいより、郡司に幻術で苦しめられたのをきっかけに、弟子入りして幻術を修行。京へ帰ってからは、脱ぎ棄てたはきものをイヌの子にかえてみたり、古いわら靴を三尺ばかりの鯉にかえて、生きたまま台盤のうえではねさせてみたりした。

これを聞いた陽成は道範を宮中に召喚して、その術を習う。ついに陽成は几帳の横木のうえに賀茂祭の行列を通らせることができるようになった。帝王でありながら三宝（仏・法・僧）に背いて幻術を習ったせいで、のちに狂気になってしまったというのである。陽成の奇矯《ききょう》なふるまいが、どこまで史実かはわからない。わずか九歳で即位、一七歳で退位し八二歳で崩御しているのを考えると、どうしても陽成に天皇の位をおりてもらわねばならなかった側（藤原基経ら）が、ねつ造し喧伝《けんでん》したことがらも多いだろう。

（4）「……天の道は争はずして善く勝ち、言はずして善く応じ、召さずして自ら来り、繟然《せんぜん》として善く謀る」につづく一文。天の道は招かなくとも自然にやって来るし、まどろっこしいようにみえるが、じつは善く謀っていて、かならず道にそむく者には禍《わざわい》、道にしたがう者には福を授けている。これが老子の主張するところである。

# Ⅲ　実利と合理性

## 国史を編む

寛平四年（八九二）五月、道真は宇多天皇のために『類聚国史』（全二〇〇巻）を編んでいる。『類聚国史』は編年体の歴史書である『日本書紀』から『文徳実録』にいたる五国史を内容ごとに分類した史書である。本史二〇〇巻・目録二巻・系図三巻があったと伝えられるが、後に散逸してしまい、六二巻（逸文の一巻を含む）が現存している。清和、陽成、光孝天皇の時代を記録した『三代実録』からの記述は、ほかの人によって加筆されたらしい。

二〇〇巻の全容は、もはや知るすべがないものの、現存本から知られる部名は、神祇・帝王・後宮・人・歳時・音楽・賞宴・奉献・政理・刑法・職官・文・田地・祥瑞・災異・仏道・風俗・殊俗の一八部である。こうした部立は、各部でさらに細目によって分類されている。原典の三分の一ほどしか残されていないが、それでもなお資料は厖大《ほうだい》である。

『類聚国史』から、その内容をほんの少しのぞき見てみよう。

・文武天皇大宝元年八月辛酉、参河、遠江、相模、近江、信濃、越前、佐渡、但馬、伯耆、出雲、備前、安芸、周防、長門、紀伊、讃岐、伊予十七国蝗。大風壊百姓廬舎。損秋稼。

・二年三月壬申、因幡、伯耆、隠岐三国蝗。損禾稼。

・慶雲元年八月戊午、伊勢、伊賀二国蝗。
・聖武皇帝天平廿一年二月庚子、下総国旱蝗飢饉。賑給之。
・広仁天皇宝亀七年八月庚午、天下諸国蝗。畿内者遣使巡視、余者令国司行事。
・嵯峨天皇弘仁三年六月辛卯、薩摩国蝗、免逋負稲五千束。
・四年六月甲申、大隅、薩摩二国蝗。免未納税。
・六年五月甲申、薩摩国蝗、免調庸田租。
・十年十一月丁丑、薩摩国蝗、免田租。
・清和天皇貞観十六年八月丁巳朔。伊勢国上言、有蝗虫食稼、其頭赤如丹、背青黒、腹斑駮、大者一寸五分、小者一寸、種類繁聚、一日所食四五町許、其所一過、無有遺穂。〇十三日己巳、遣従五位下守玄蕃頭弘道王於伊勢太神宮、奉幣祷去災蝗、従此以後、蝗虫或化蝶飛去、或為小蜂所刺激、一時消尽矣。

これは第一七三巻にある「災異部七」から、もっとも短い「蝗」を引用した。これだけの記述からも、興味深い史実が見えてくるだろう。文武天皇の大宝元年（七〇一）には全国一七国にわたって被害が出ている。ただし、日本の場合、飛蝗《ひこう》（バッタ科バッタの変種）ではなくて、蝗《いなご》（イナゴ科イナゴ）や浮塵子《うんか》（カメムシ目ウンカ科）の害も蝗害《こうがい》とみたようだ。

聖武天皇の天平二一年（七四九）の蝗害は、二月に発生している。天平二一年といえば、二月に陸奥国から金が献上されたことにより四月から「天平感宝」に改元、さらに聖武が譲位し、娘の阿倍内親王が即位して孝謙天皇となったために、七月にふたたび改元して「天平勝宝」となった。『続日本紀』には、「正

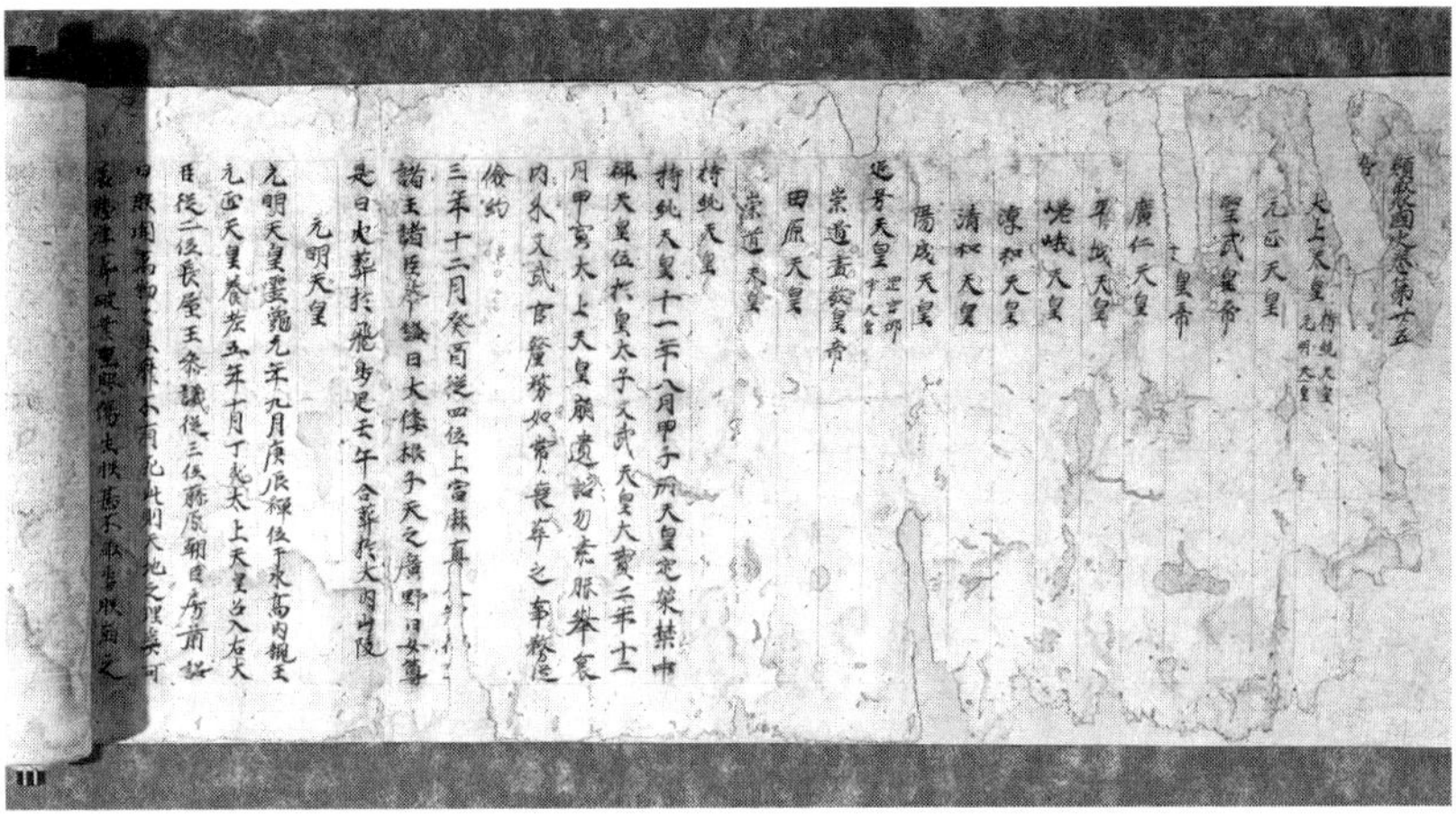

「類聚国史巻第廿五」原本の体裁を伝える最古の写本（国宝／東北大学附属図書館所蔵）

月己巳（四日）、比年《としころ》頻《しきり》に亢陽《かうやう》に遭《あ》ひて五穀登《みの》らず、官人の妻子《めこ》多く飢乏《う》ゑたること有り。是《ここ》に文武の官と諸《もろもろ》の家司《けし》とに米《よね》給ふこと、人別《ひとごと》に月に六斗なり。乙亥（十日）、上総国飢ゑぬ」とあるところから、この数年日照りが続き、農作物の実りがかんばしくなかったらしい。正月一〇日に上総国で飢饉。かろうじて冬は越したものの、その歳に撒《ま》くはずの種もみまで食い尽くしてしまった人びとが想像されよう。そして二月、隣国にあたる下総国で蝗害が起こったのである。

こうした蝗害の実態は、すでにいにしえから知られていたらしく、『日本三代実録』から引かれた清和天皇貞観一六年（八七四）の記述は、これを語るだろう。頭部は赤く背中の部分は青黒色、腹部は斑模様だったというのだ。何とも不気味な虫だが、一日に数ヘクタールが食害にあっていて、ことは深刻である。

「災異部」一〜三の部は欠、六（第一七二巻）も欠、七が現存するが、そのあとの第一七四巻〜第一七六巻が欠けている。第一七七巻が「仏道部四」だから、この欠けた巻々には「仏道部」が編集されていたらしい。そうなら、「災異部七」の火・蝗・凶年・三合歳（大凶の歳）・疾疫までが「災異部」

だったのだろう。とはいえ全容が、いったいどのような内容だったのかわからない。

『類聚国史』の完本がないのが残念なのだが、どこの部を取りだしても、とにかく実用向きに徹していて、資料として使い勝手がいい。編者の道真が原文に自分の意見を書き足すことなく、用いる者の実利だけを重視して、編纂しているからである。彼の列《つら》なる氏族がまだ土師氏とよばれていた頃、弥生式土器の流れをくむ、端正な「実用美」を追求していたように。

## 山陰亭と菅家廊下

道真の邸宅のすみには書院の山陰亭があった。庭先にはひと株の梅とひと群《むら》の竹が生えている。そこは講義をする菅家廊下《かんけろうか》（私塾）でもあったから、たくさんの人びとが出入りしていたらしい。当時の私塾には、藤原氏の勧学院、和気氏の弘文院、橘氏の学館院、在原氏の奨学院などがあり、いわゆる学閥間の熾烈な争いをくりかえしていた。菅家廊下という名は、祖父の清公が、書斎につづく廊下を、門人たちが学ぶ学舎にしていたところから名付けたようだ。

寛平五年（八九三）七月一日に書いた『書斎記』（『菅家文草』巻7）で、彼の友人論や研究論などもおり交ぜながら、菅家廊下に出入りする門人たちをいきいきと描いている。

摘記しながら読んでみよう。

東の京の宣風坊《せんふうぼう》に一つの家有り。家の坤《ひつじさる》の維《すみ》に一廊有り。廊の南の極《かぎり》に一局《つぼね》有り。局の開ける方《かた》、纔《わづか》に一丈余り、歩《あゆび》を投《とう》ずる者、進退に傍《かたは》らを行き、身を容《い》るる者、起居に席を側《そば》だつ。是に先んずる秀才進士、此の局より出づる者、首尾略計《ほぼかぞ》ふるに百人に近し。故に学者、此の局を目《なづ》けて龍門と為《な》す。亦山陰亭と号《な》づくるは、小山の西に在るを以てなり。戸前近き側《かたはら》に一株の梅有り。東に去ること数歩《すほ》、数竿の竹有り。花の時に至る毎《ごと》に、風の便りにあたる毎に、情性《せいせい》を優暢《いうちやう》するに可以《よ》く、精神を長養するに可以し。余《われ》、秀才為《た》りし始め、家君教《のり》を下《くだ》して曰《のたま》はく、此の局は名のある処《ところ》なり。鑽仰の間《あひだ》、汝の宿廬《しゅくろ》と為《せ》よと。余即ち簾席《れんせき》を移し以て之を整へ、書籍を運び以て之を安《お》く。

「東の京の宣風坊」(1)にあった邸宅のすみに、「廊下」があった。けっして広いとはいえなかったが、ここが校舎で門人たちが学び、その奥には山陰亭と名付けられた道真の書斎があった。書斎のそばには梅の木や竹が植えられており、四季折々、道真はここをたいそう気に入っていたらしいが、後述して「嗟乎《ああ》、地勢は狭隘《けふあい》なり」となげいているから、かなり狭《せま》かったようである。

菅家廊下からは、一〇〇名ちかい文章得業生や文章生を輩出。学ぶ人びとはここを「龍門」とみなしたというのである。『後漢書』(李膺《りよう》伝)にある、中国黄河に竜門とよばれる激流があり、そこを溯上できた鯉は竜になれるという、例の「登竜門」故事をうけて、菅家の学問所が立身出世の、まさに〈登竜門〉だった。藤原道明、藤原扶幹《すけもと》、紀長谷雄、橘澄清、藤原邦基ら、のちに政界で活躍する錚々《そうそう》たるメンバーが学んでいる。

私塾が乱立するなか、ことに大蔵善行《おおくらよしゆき》の主宰する私塾とはしのぎを削る関係で、その大蔵塾には藤原時平、藤原忠平、平伊望《これもち》、平惟範、藤原興範、紀長谷雄(のちに道真に師事、『菅家後集』を編む)らが、講席にあったことを思えば、学閥抗争の力関係は、そのまま官界に生きた人びとの生涯を、良くも悪くも大きく左右していたというべきだろう。

さて、菅家廊下の日々は、こうである。

人情崎嶇《きく》なり。凡《おほよ》そ厥《そ》れ朋友、親しき有り疎《うと》き有り。或は心に合《かな》ふ好《よしび》無けれども、顔色和《やは》らげるが如き有り。或は首陀《しゅだ》の疑ひ有れども、語言昵《むつま》じきに似たり。或は蒙を撃つと名づけて、妄《みだ》りに秘蔵の書を開け、或は謁《えつ》を取ると称して、直ちに休息の座を突く。又刀筆は書を写し謬《あやま》りを刊《けづ》るの具なり。烏《う》合《かふ》の衆に至りては、其の物の用を知らず、刀を操《と》りては几案を削り損《そこな》ひ、筆を弄《もてあそ》びて書籍を汚《けが》し穢《けが》す。

学舎に出入りする門下生たちは十人十色。「崎嶇」はもともと山道がけわしいことをいい、転じて世渡りのむずかしさを意味する。ここでは人の心の測りがたさをいうのだろう。「首陀」は「首陀羅」、インドでは隷属民をいう。ここでは身分は低いものの、親しく語ることができるような、という意味か。ガヤガヤ騒がしい連中のなかには、道真が大切にしている貴重な本をやたら見ようとする、ナイフでいたずらしては机にキズをつける、筆をもてあそんでは書物のあちこちに墨をつける、そんなふとどきな輩《やから》もいる。「其の物の用を知らず」というが、もちろんこれは皮肉をきかせた表現。門下生たちが調子づいてふざけたのだろう。菅家廊下は、粛々と勉学に励むばかりの私塾ではなく、張りつめた緊張のなかにも、門人たちの主体性にゆだねるような、自由な雰囲気のある学問所だったのかもしれない。

道真は学問の道について、次のようにつづっている。

学問の道は抄出《せうしゆつ》を宗《むね》と為す。抄出の用は稾草《かうさう》を本と為す。余は正平の才に非ざれば、いまだ停滞の筆を免《まぬか》れず。故《ゆゑ》に此間《ここ》に在りとし在る短札は、惣《すべ》て是《これ》抄出の稾草なり。しかるに、濫《みだ》りに入る人は、其の心察し難《がた》し。智《さとり》有る者は、之を見て巻《ま》きて以て之を懐《ふところ》にす。智無き者は、之を取り破りて以て之を棄つ。

「抄出」とは要点を抜き書きすること、「稾草」は下書きすること。「正平」は後漢の文人で、並はずれた才覚の持ち主だった祢衡《でいこう》か（『後漢書』祢衡伝）。道真は抜き書きしたカードを大量に作成し、そのデータを利用していたらしい。ところが、すこし学のあるやつは「これは便利だ」と自分のふところに入れてしまうし、学のないやつはこちらの苦労を知りもせず、「役に立たぬ」とやぶり捨ててしまう、と。

抄出カードをならべかえて分類する――これが道真の採用した、データ処理のメソッドだった。カードなら必要に応じて簡単に取り出せ、幾度も用いることができる。ぼう大な国史の記事を整理するには、なにより合理的でムダもなく、スムーズな編纂作業ができたはずである。訪れた者たちが、つい手をのばしたくなるほど、工夫されていたのだろう。「実利」と「合理性」にあふれたオリジナルの〈道真カード〉、それが整然とならんでいる山陰亭の光景がありありと目に浮かぶ。[2]

## 阿衡の紛議の顚末

実用性・合理性をよしとする道真の性格は、学究のうえだけではなく、政治活動のうえでもうかがえるだろう。たとえば、阿衡の紛議（仁和三年・八八七年）。在位わずか四年あまりで光孝天皇が崩御する。皇位についたのが定省《さだみ》親王（宇多天皇）である。ただ光孝天皇の第七皇子だった定省はすでに臣籍にあり（源定省）、光孝の重篤にあたって皇籍に復して皇太子となったのであり、尚侍だった藤原淑子《しゅくし》が、兄の基経とはかって、皇位継承をプロデュースしたというのが実情のようだ。つまりキングメーカーは、まぎれもなく基経なのである。

光孝天皇の即位の顚末をふりかえってみよう。陽成天皇を退位させ、時康《ときやす》親王（光孝天皇）を即位させたのも、じつは基経である。このあたりを語るのは、『大鏡』（基経伝）だろう。

陽成院おりさせたまふべき、陣《ぢん》の定《さだめ》にさぶらはせたまふ。融《とほる》のおとど、左大臣にてやむごとなくて、位につかせたまはむ御心ふかくて、「いかがは。近き皇胤《わういん》をたづねば、融らも侍るは」といひ出でたまへるを、この大臣こそ、「皇胤なれど、姓《しやう》たまはりて、ただ人にて仕へて、位につきたる例《ためし》やある」と申し出でたまへれ。「さもあることなれ」と、この大臣の定によりて、小松の帝は位につかせたまへるなり。

席上、左大臣の源融（嵯峨天皇第一二皇子）が、天皇を決定するのにむずかしい議論をする必要はない、近い血筋をもとめるなら、この融自身も皇嗣《こうし》の候補者であると自薦する。それをしりぞけたのが基経で、たとえ天皇の血筋であっても、いったん臣下となり姓をたまわった者が皇位についた前例はないと反論、一同がその裁決に賛成して、「小松の帝」（光孝天皇）が即位するはこびとなったという。臣籍にある融は皇嗣の資格なしとして、しりぞけられたのである。

こうした基経の考えでは、臣下として朝廷につかえている定省は、皇位につけなかったはずである。ところが宇多天皇の場合には、これとは真逆《ぎやく》の扱いであって、たとえ淑子が懇願したにしても、基経のなみなみならぬ源定省への配慮がなければ、ことは即位にまでいたらなかったにちがいない(3)。光孝にしても宇多にしても、二帝それぞれの践祚《せんそ》に、基経の功績ははかり知れないものがあった。

にもかかわらず、阿衡の紛議事件が起こってしまったのである。仁和三年一一月二一日、宇多天皇は詔をもって、基経に「それ万機巨細《こさい》、百官己れに惣《す》べ、皆太政大臣に関《あづか》り白《まを》せ。然る後に奏し下すこと、一に旧事の如くせよ」と命じる。起草は参議で左大弁兼文章博士の橘広相《ひろみ》。広相は紀伝道を道真の父是善に学び、貞観二年（八六〇）に文章生となり、その補任から五年あまりで文章博士となっているから、かなりすぐれた才の持ち主だったのだろう。光孝天皇即位後の元慶八年（八八四）には、参議。光孝天皇の側近で紀伝道の権威であった。九歳で童殿上《わらわ》、その時すでに漢詩をよんだというエピソードがある、天下の秀才である(4)。

宇多天皇の命をうけた基経は、閏一一月二六日に、慣習にしたがって要請を辞退する。要職にあてられた場合、臣下たるもの幾度か辞し、さらに懇請されてはじめてその職に就くのである。翌二七日に例によって、あらためて勅がくだる。草稿を書いたのはやはり広相である。その文中に、問題の「阿衡」のことばがあった。「宜しく阿衡の任を以て卿《けい》の任と為すべし」。この表現に左少弁兼式部少輔でかつ基経の家司だった藤原佐世《すけよ》が、「阿衡は職務のない名誉職だ」と咬みついたのだ。もちろん広相が基経を軽んじるわけはない。最高に讃《たた》えたことばが「阿衡」だったのに、逆手《さかて》にとられたのである。

「阿衡」といえば、宮中の人びとがすぐに思うのは、中国夏の末期から殷（商）の時代に活躍した、賢臣として知られる伊尹《いいん》だろう。『蒙求』「伊尹負鼎《ふてい》」から、短いエピソードを引く。

史記にいふ、伊尹湯《いゐんたう》に干《もと》めんと欲するも由無《よし》し。乃《すなは》ち有莘《いうしん》氏の媵臣《ようしん》と為り、鼎俎《ていそ》を負ひ、滋味《じみ》を以て湯《たう》に説き、王道に致す、と。或ひは曰く、伊尹は処士《しよし》なり。湯、人をして之を聘迎《へいげい》せしむ。五反《ごはん》して然る後に肯《あへ》て往《ゆ》きて湯に従ひ、素王《そわう》及び九主《きうしゆ》の事を言ふ。湯挙げ任ずるに国政を以てす、と。

伊尹は、洪水にあった母が桑の木となり、その幹から誕生した、つまり洪水の申し子だといわれている。成人して湯王につかえようとしたが、その手立てがない。有莘氏の娘が湯に嫁ぐと聞き、その下僕となって近づく。鼎《かなえ》やまな板を背負って料理の道のプロだと信頼させ、やがて湯王に王道をなさしめた。あるいは伊尹は賢者であったが、つかえようとしない。そこで使者が五回も往復し、やっと任官を承知させた。彼は湯王に、質素をもって道とした太古の王や九主（三皇五帝と夏の禹《う》王をいう）の王業を説いたので、湯王はたいそう感動し国政のいっさいをまかせたというのである。夏をほろぼし殷が頭領の権力をにぎる争いの立役者が、伊尹だった。

湯王が崩御し外丙《がいへい》が即位する。湯王には太丁《たいてい》という太子がいたが、夭逝。太丁の弟が外丙。ところが、この外丙は即位して三年で没し、あらたにその弟の中壬《ちゆうじん》が即位。即位はしたものの、こんどは四年で没。

そこで伊尹は、太丁の遺児の太甲《たいこう》をたてて帝位に即けた。

何とも不幸なことに、太甲はおろかで乱暴者、王の器ではなかったようで、伊尹は三年後に、自らの手で太甲を桐宮《とうきゅう》に追放している。追放は三年にもおよび、その間、国務は伊尹がとったという。やがて大いに反省した太甲に大政を奉還したが、復帰した太甲はまもなく没し、子の沃丁《よくてい》が即位する。沃丁の背後に伊尹の存在があったことはいうまでもない。

やがて死んだ彼は、殷の国都である亳《はく》に葬られ、殷の祖廟にまつられる。「伊尹を祖とす」（『呂氏春秋』）のことばが、彼の力がいかに絶大だったかを語るだろう。以上、かけ足で生涯をたどってみたのだが、王の進退をも左右する力をもつのが、伊尹なのである。

それでは、この伊尹（＝阿衡）について、基経は何も知らなかっただろうか。すでにふれたが、宇多天皇の父、かの光孝天皇が位に即いたのは、元慶八年（八八四）二月。この年の六月に光孝天皇は、太政大臣の職掌《しょくしょう》に疑問をいだいた基経に、詔をもってこたえている。それに、

> 太政大臣藤原朝臣、先の御世《みよ》御世より天下を済助《たす》け朝政を総《す》べ摂《をさ》めて奉仕《つかへまつ》れり。……大臣の功績既に高くして、古《いにしへ》の伊霍《いかく》よりも、乃《なんぢ》が祖《そ》淡海公、叔父《をぢ》美濃公よりも益《まさ》り……。

と、述べている。淡海公は藤原の祖不比等であり、美濃公は白河殿とか染殿の大臣《おとど》とよばれ、清和天皇の時代に摂政となった叔父の良房《よしふさ》をいう。

これらの人物と前後するが、「古《いにしへ》の伊霍《いかく》」よりもまさっているとする。「伊」は、もちろん伊尹のこと。「霍」は前漢時代の霍光《かくこう》（？〜前六八）をいう。霍光は武帝につかえて信任が厚く、武帝が亡くなるとき、

まだ八歳だった昭帝の補佐役に彼を任じた。昭帝をよくささえたものの、子のないままに昭帝は没。そこで霍光は昌邑《しょうゆう》王劉賀なる人物を帝位に即けたが、帝王の品行に欠けるとしてわずか二七日で廃位。武帝の曾孫を即位させた。即位後の宣帝が、政治的な実権を霍光にゆだねる勅書に「諸事皆光に関《あづか》り白《まを》して然る後に天子に奏御せしめ」の表現が見え、これがいわゆる「関白《かんぱく》」の名の由来となっている。また関白を「博陸」ともいうが、これは霍光が博陸侯《はくりくこう》だったことによる。

おそらく、基経は、光孝天皇の時代に、伊尹と霍光がいかに名臣だったかを、すでに知っていたとみてよい。にもかかわらず、佐世の意見にしたがって（あるいは、したがうふりをして）公務のすべてをボイコットしたのは、「阿衡」の内実に不満をもったからではなく、思惑は別のところにあったと考えるべきだろう。

その第一に、宇多朝での広相の力を削《そ》ぐこと。勅書を草した広相は、宇多天皇が即位する以前に娘の義子を嫁がせていて、宇多と義子の間には、斉中《ときなか》親王と斉世《ときよ》親王がおり、天皇の即位にともなって広相が力を増すのは、基経にとって面白くない。第二に、政界において、いったい誰が最高権力者であるかを宇多天皇に再認識させること。宇多天皇は即位してすぐに、政界の刷新をはかって公卿たちに意見をもとめている。天皇親政ともなれば、それまで基経が掌握していた権力を削ぐことになりかねない。いったん政務を放り出してみるのも一策かもしれぬ……たぶん基経の腹中にはそのようなプランがあったのかもしれない。

案の定、四か月にもわたり国政はとどこおった。翌年の仁和四年四月になり、困り果てた天皇は、左大臣の源融に「阿衡に典職《てんしょく》あるや否《いな》や」のデータをすみやかにそろえ、明らかにするように命じる。惟宗《これむね》允亮《のただすけ》がまとめた『政事要略』「年中行事（阿衡事）」（巻30）に、くわしく記録されている。

仁和四年四月二八日　勘文　中原月雄と善淵愛成《ちかなり》の連名

仁和四年某月某日　勘文　橘広相
仁和四年五月二三日　勘文　紀長谷雄・三善清行・藤原佐世の連名
仁和四年五月二□日　勘文　反広相サイドの某
仁和四年五月三〇日　勘文　紀長谷雄・三善清行・藤原佐世の連名
仁和四年六月某日　勘文　中原月雄と善淵愛成の連名か
仁和四年一〇月一五日　勘文「勘申左大弁正四位下橘朝臣広相犯罪事」桜井貞世・凡春宗・惟宗直宗

「阿衡」の職掌をはっきりさせるのが目的だったけれど、基経のねらいはそこになかったのだから、政界で反広相の意見ばかりが幅を利《き》かせるのは、予想されたなりゆきだろう。基経がどこまでプロデュースしていたかは明らかではないが、マスコミをつかって世論をあおり、どこどこまでも天皇に譲歩をせまって、その後で指弾する力をゆるめてみる……そうした出来レースが見え隠れする。天皇は左大臣源融の上奏にしたがって、しぶしぶ勅書の内容を改め、広相は失錯《しっさく》の責任一切をとった。『宇多天皇御記』（『政事要略』に引く）に、

朕遂不得志、枉随大臣請、濁世之事如是、可為長大息也

と、書いている。宇多天皇は志をつらぬくことができずに、枉《まげ》て左大臣源融の要請にしたがったものの、濁世《じょくせ》なんてこんなものなのだ、ああ、ため息がでる、と。「長大息」のことばには、ままならない治世《ちせい》への無念の思いがにじむ。

ことはそれでおさまったわけではない。広相が宇多天皇の意思のあるところを理解せず、詔書の草稿を

書きあやまったのだから断罪すべし、さあ遠流だ、さあ罰金だといった、ぶっそうな勘文まで提示される始末だった。最初から勝ち負けの決まった出来レースの勝利者基経には、ご祝儀もついてきた。仁和四年一〇月六日、彼の一七歳になるむすめ温子が入内したのである。

## 道真の意見

京の都が阿衡の話題で持ちきりのころ、道真は讃岐国にいた。仁和二年（八八六）正月、基経の子である時平が一六歳で元服。その二週間後に人事異動があり、それまでの役職であった式部少輔・文章博士・加賀権守のすべての役職をとかれて、讃岐国へ転出したのである。讃岐時代は仁和二年から寛平二年（八九〇）まで、道真の年齢でいうなら四二歳から四六歳までにあたるが、これについては別のところで話題にしよう。

在任期間の三年目、一説によると仁和三年秋に一時上京し、翌年春に讃岐に帰任した。この間に、「昭宣公に奉る書」と題された書簡を基経に呈したといわれている。「昭宣公」とは基経の諡《おくりな》（亡くなった後の称号）だから、もともとこうした題目があったわけではなく、後日に「奉昭宣公書」として整理されたものだろう。入京した道真が基経に奉ったそのものでないくだりもあるかもしれないが、それにしても文の冒頭からかなりインパクトがある。

某《なにがし》白《まを》す、信じて諫《いさ》めざるを諛《へつら》ひと謂ひ、過《あやま》ちて改めざるを過ちと謂ふ。某、去年平季長と共に瞽説《こせつ》を陳ぶ。是れ諛《ゆ》なり。今日、愚欵《ぐかん》に堪へず、独り狂言を進む、是れ過なり。某万死再拝す。

これぞと信じているにもかかわらず、それにしたがって年長者を諫めようとしない、これを阿諛《あゆ》という。過《あやま》っているのに過っているとしないのなら、これこそ過ちというのだ。道真は平季長とともに「瞽説」[5]を述べて勘申したようだが、今日、どのような内容だったのかわからない。忌憚《きたん》のない諫言を述べ立てたものではなかったらしい。それを猛省し、基経に一八〇〇字にもおよぶ書簡を提出したのである。

一に、「阿衡」に『毛詩』『尚書』『儀礼』『後漢書』ほか、諸氏がさまざまな書籍に典拠をもとめているが、文章道では、史書の用例にかなっていればよいのであり、「阿衡」に「典職」があるか否かに目くじらをたててみても何ら意味はない。ましてや広相が「大府」（＝基経）をあらゆる権力を超えた聖賢ともいうべき「阿衡」（＝伊尹）になぞらえたのは、理にかなったものであって、「異心をさし挟んで」この一文（詔書）を草することなどありえない。

一に、広相は、即位前の宇多天皇に娘義子を嫁がせ、すでにふたりの外孫が誕生しており、天皇に対する「親故功労」は甚大、信頼もあつい。にもかかわらず、今その広相を政治の枢軸から遠ざけようとするのは、どうみても得策などではない。ましてや、天皇の本意に乖《そむ》いた詔書を書いた罪として、「職制律」と「詐偽律」をもって裁くべきだというが、この二法規に照らしても、罰する根拠にとぼしく、罪がないのは明らかであって、不当だ。

一に、そもそも広相の責任をどこまでも追求して処分することは、「大府」にプラスにならない。「才智謀慮」「親故功労」の広相を罪すれば、かえって「大府」が世間からうらまれるのがオチだ。いまや藤家は、基経の「徳」で、ますますさかえようとしているのに、たかが「阿衡」の二文字にこだわり、家の名を汚《けが》してよいのか。

これが、道真の主張するところである。このあたりの文面には、「大府臨時」「大府居位」「大府摂政」「大府神明之徳」「大府裁察」「大府深思遠慮」……といった具合に、「大府」のことばが集中する。基経周辺の通儒たちは、はなから道真の視野に入っておらず、基経の私情と直接につながろうとする。ムダのない、徹底的な合理主義がここにある。

縄文の「過剰性」と弥生の「実用性」――土師氏のふたつの血が流れる。過剰な感動と熱狂だけでも、あるいはそれとは逆の、冷めた実利偏重だけでも、たぶん政界では生きてはいけまい。そのバランス感覚こそ時代がもとめたものであった。

注

(1) 京都市下京区菅大臣町。邸宅跡に菅大臣神社があり、かつて菅家廊下があったあたりには北菅大臣神社がある。

(2)『菅家万葉集』ともよばれる『新撰万葉集』の編纂も、こうした〈道真カード〉の成果だろう。『日本紀略』寛平五年(八九三)九月二五日に、「菅原朝臣、新撰万葉集二巻を撰進」と見える。現在の『新撰万葉集』は幾度も人の手がくわえられているようで、「寛平御時后宮歌合《かんぴょうのおんときのきさいのみやのうたあわせ》」をもって万葉仮名表記に翻訳し、さらにその和歌に共鳴する漢詩を併記している。現行本二巻は上巻が春歌二一首・夏歌二一首・秋歌三六首・冬歌二一首・恋歌二〇首、下巻が春歌二一首・夏歌二二首・秋歌三六首・冬歌二二首・恋歌三一首(異伝本は、さらに女郎花歌二五首)で分類し構成されている。下巻は延喜の成立らしく、道真の手によるものではない。漢文の序文には「……先生、啻《ただ》、倭歌の佳麗を賞《め》でるのみにあらず、兼ねて亦《また》一絶の詩を綴りて、数首の左に挿《さしはさ》む」。道真が全面にわたって執筆し編纂したのではなく、門下生たちの主体性にゆだねていたように思われる。〈道真カード〉が大いに活躍したことだろう。

（3）時康親王の母藤原沢子と基経の母乙春とが姉妹で、幼いころから基経は時康と親しくしていたからかもしれない。
（4）「荒村の桃李《たうり》なほ愛すべし。何ぞいはんや瓊林《けいりん》華苑の春。橘広相、九歳昇殿の詩、『暮春』と云々。童名は文人と云々」（『江談抄』巻4）とある。
（5）「瞽説」は班彪《はんぴょう》「王命論」にあることばで、理にはずれた愚かな説の意。道真は自らの意見をまことに愚かな説ではあるが……とするのだが、この「瞽説」の語句に着目すると、もうすこし道真の勘申しようとする内容が見えてくるように思われる。「王命論」の展開にそって内容をたどってみよう。

班彪は、天子（権力者）の位とは、祖先によって積み重ねられた大いなる功績があり、その真心が神に通じ恩沢が民衆にくわわり、ために鬼神にみとめられ、天下の人民がしたがってこそ、はじめて得られるものである、と論じている。遊説の人びとは、天下を取ることを野で鹿を追うようなもので、幸いに足が速くて手に入れることができたと思っている。天子の位は天命によるものであって、知力によって求めることのできないものであることを知っていない。いにしえ陳嬰《ちんえい》の母や王陵の母は、婦人ながら天命たるものを知ってわが子を戒めたが、男子なら当然のこと世の興廃の理《ことわり》を知るべきではないか。

かつて漢の高祖が帝位についた理由は、次のとおり。一に帝堯の後裔であった、二に身体容貌が他人と異なったところが多い、三にすばらしい武力があり祥瑞《しょうずい》がくだった、四に聡明で仁愛にあふれている、五に人物の能力を見抜き、すべてを委ねることができたことによる。そのうえ誠実であり、はかりごとを立てることを好み、他人の意見を聴き取るのがうまく、善いことがらを見ると熱心に追求する、人を使用する場合には自分がその任にあたるかのように心をくだいた。人の諫《いさ》めにしたがうことは、水の流れにそうように素直であり、チャンスに乗ずるのは、声に応じて響きの起こるようだった。

食事の途中でも口の中のものを外に出して即座に張良《ちょうりょう》の策を受け入れ、洗っていた足の水を払って礼して酈食其《れきいき》の説を取り入れ、兵卒婁敬《ろうけい》の進言に感じて長安に都し、四皓《しこう》の名を尊重して愛妃の子を太子に立てるのを断念し、韓信を陣中において取り立て、楚《そ》から逃亡してきた陳平《ちんぺい》を受け入れた。こうして高祖は帝業を成しとげた。だから、

> 英雄は誠に知りて覚悟し、畏るること禍戒《くわかい》の若《ごと》くし、超然として遠く覧《み》、淵然《ゑんぜん》として深く識《し》り、陵嬰《りようえい》の明分を収め、信布《しんぷ》の覬覦《きゆ》を絶ち、逐鹿《ちくろく》の瞽説を距《ふせ》ぎ、神器の授有るを審《つまびら》かにし、冀《こひねが》ふ可からざるを貪《むさぼ》り、二母の笑ふ所と為る無くんば、則ち福祚《ふくそ》子孫に流れ、天禄《てんろく》其れ永《なが》く終《を》へん。

と、論を結んでいる。英雄たる者はことの内実を知り自覚して、災いの起こる戒めとして気をつけ、はるか遠くを見て情況を深く理解して、天下を取ることを平原で鹿を追うことにたとえるような愚かな話に耳を貸すな、陳嬰の母や王陵の母に笑われるようなことさえしなければ、幸福は子孫に伝えられ、神から授けられた福禄も久しくまっとうすることができるだろう。

道真が「瞽見」「瞽言」「瞽辞」といったことばを用いず、自らの愚かな意見を「瞽説」をもって表現したのは、『文選』（巻52「論二」）にも収められた、この「王命論」の内容を喚起しようとしたのだろう。基経は天子になろうとしたわけではないが、権力の中枢にある者にとって必要なのは、天命と世の興廃の理を知り、諫言を聴くこと、家の繁栄への自覚など、道真の書簡の基調となっているのは班彪の「王命論」にひとしい。

# Ⅳ　讃岐守の時代

# 中央を離れる

日本創世の神話では、四国は淡路島に次いで誕生している。『古事記』の一部を読んでみよう。

次に伊予之二名島《いよのふたなの》を産みき。此の島は身一つにして面《おも》四つ有り。面毎《おもごと》に名有り。故《かれ》、伊予国を愛比売《えひめ》と謂ひ、讃岐国を飯依比古《いひよりひこ》と謂ひ、粟国《あはのくに》を大宜都比売《おほげつひめ》と謂ひ、土佐国を建依別《たけよりわけ》と謂ふ。

淤能碁呂島《おのごろしま》におりたった伊耶那岐《いざなき》と伊耶那美《いざなみ》の二柱は、まず淡道之穂之狭別島《あわじのほのさわけのしま》（淡路島）を産み、次いで伊予之二名島（四国）を産む。四国はからだはひとつ顔が四つ。それぞれの顔には名がついていて、伊予はエヒメ、讃岐はイイヨリヒコ、阿波はオオゲツヒメ、土佐はタケヨリワケという。「エ」は年長を表すので、最初に生まれた姫の意味だろう。「イヒ」は飯、「ヨリ」は霊が依り憑《よつ》くの意。稲の霊が憑依《ひょうい》する、つまり稲作りが盛んな国・稲がよくみのる国といったところ。阿波の「アハ」は五穀のひとつである粟、「ゲ」は食べもの。したがって、食べものをつかさどる女神、それがオオゲツヒメである。(1) タケヨリワケの「タケ」とは猛々しい・力強いを意味する。穀物が勢いをもって成長するのを名としたのだろう。

四国は二柱の男神と二柱の女神によってできた島なのだ。イイヨリヒコと呼ばれる讃岐は、稲穂がたれ、実りゆたかなイメージがあるものの、史書を見ると、じつは旱《かん》ばつや飢饉・疫病などの記事がやたら目につく。神がみの名が食べものに由来するのは、貧しくあまりにも苛酷な現実ゆえに、祈るような思いでつけられた神名なのかもしれない。

仁和二年（八八六）正月一六日の除目《じもく》（人事）で、意外なことに、道真は讃岐守《かみ》として転出を命じられた。同じ正月二日には、後に道真を大宰府へと追放する、その首謀者と目される時平が、一六歳で元服している。この時平をかつぎだそうとする政界再編の動きに、高級官僚らは〈道真おろし〉をはかったらしい。口うるさい奴は、しばらく地方へとばしておこうというわけだ。

発令と同時に、式部少輔・加賀権守そして文章博士の、すべての任を解かれた。すでに受領となった道真だが、同月二一日に催された内宴には、招かれている。詩題というにはあまりに長すぎる一文が付された、道真の作品がある。

予《われ》外吏と為り、幸に内宴装束の間に侍《はべ》りて、公宴に預《あづか》ることを得《う》るは、旧の例《ためし》有りと雖《いへど》も、又殊なる恩なり。王公次《つい》でに依《よ》りて、酒を詩臣に行《ひ》きたまふ。相国次いでにあたるを以て、又盃を辞《いな》むべからず。予《わ》が前に佇立《ちよりふ》して行《あり》かず。須臾《しまら》く吟じて曰く、明朝の風景何《いづれ》の人にか属《つけ》むといふ。一吟の後、予《われ》に命《のたま》ひて高く詠ぜしむ。命《おほせ》を蒙《かがふ》りて詠ぜむことを欲《ほ》りするに、心《こころ》神《たましひ》迷ひ乱れて纔《わづ》かに一声を発するのみにして、涙流れて嗚《を》咽《えつ》す。宴罷《や》みて家に帰り、通夜《よもすがら》睡《ねぶ》らず。黙然として止病《ただや》みたらむが如《ごと》くして胸塞《ふた》がる。尚書左丞、傍《かたは》らに在《あ》りて詳《つばひら》かに聞けり。故《かるがゆゑ》に一篇を寄せて、以て予《わ》が情《こころ》を慰むといふ。

すでに讃岐守に任命され、赴任の準備をしている最中に、内宴に招かれたのは、天子恩愛のたまものであって、すこぶる名誉なことである。その宴の席で、「相国」（太政大臣藤原基経）が、『白氏文集』から白詩の一句をとって吟じたという。後をつけて詠じるように道真をいざなったのだが、道真は気が動転していたらしく、ひと声あげただけで、涙にむせぶだけだった。

宴《うたげ》がおわって自宅へもどってからも、鬱々《うつうつ》として寝られない。そばにくわしい事情を知っている「尚書左丞」（左中弁の藤原佐世）がいたので、詩を創作して自ら慰めようというのだ。佐世は基経の家司だったから、やがてこの一作が基経の手もとにとどけられるのを、期待もしていたはずだ。

基経が吟詠した白詩は、次のような短い詩「元奉礼が同宿して贈られしに答ふ」の結句である。

相逢倶歎不間身　　相逢うて倶《とも》に歎《なげ》く間《かん》ならざる身
直日常多斎日頻　　直日《ちょくじつ》常に多く斎日頻《しきり》なるを
暁鼓一声分散去　　暁鼓《ぎょうこ》一声分散し去る
明朝風景属何人　　明朝の風景何人《なんびと》にか属せん

元奉礼なる人物とともに宿直し、詩を贈られたので、それに答えたというのである。互いに宿直や祭日が多くていそがしく、自然の風光を愛《め》でるいとまもないと嘆いた。暁を告げる鼓の音が響きわたると、わたしたちは分散してそれぞれの職につかねばならない。明朝の風景はいったい誰が楽しむことになるのだろうか。鼓楼の大鼓は鐘楼の大鐘とともに、時を告げるのに用いられた。

基経が、道真の讃岐国への赴任にあたって、ともに都の風光を楽しむことができなくなるのが惜しいというのか、それとも国守となる道真に任地での風光をじゅうぶん楽しんでほしいと慰めたのか、どちらかわからない。

後日、基経が学儒文人たちを招いて催したサロン東閤(2)での送別会で、道真は、

為吏為儒報国家　吏《り》となり儒となりて　国家に報いむ
百身独立一恩涯　百身独立す　一《いつ》の恩涯
欲辞東閤何為恨　東閤《とうかふ》を辞せまく欲《ほ》りして　何《いか》なることをか恨みとせむ
不見明春洛下花　明春　洛下の花を見ざらむことを（「相国の東閤、餞《はなむけ》の席　探《さぐ》りて花の字を得たり」）

と、うたった。吏となるも儒となるも、国家に奉仕するという意味では、どちらも同じ。文武百官それぞれが天子の恩愛を享けながら独立し、それぞれの職掌に尽力するのだ。だから、この度は外官となって讃岐に赴《おもむ》くのに何の不満などあろうか。今、東閤のサロンを離れるにあたり、さて何が恨みとして残っているだろうか。明年の桜が散るのを見ることができないのが、唯一の恨みである。宴席で道真がさぐりあてた韻字は、「花」だった。

こうしてうたう道真の作は、基経が白氏の作品を底辺に響かせて吟じたように、白詩をふまえかつ基経の「明朝風景属何人」に共鳴しながら創作された作品だといってよいだろう。都の桜を見ることができない嘆き、それはとりもなおさず、都をはなれ鄙へと下向することへの、大きな悲しみの表明でもあった。送別会の席で、基経がどのような気持ちで道真を見ていたか、明らかにするすべはない。

道真は別に、こうもうたう。

我将南海飽風煙
更妬他人道左遷
倩憶分憂非祖業
徘徊孔聖廟門前

我《わ》れ将《まさ》に南海に風煙《ふうえん》に飽《あき》たらむ
更に妬《そね》む　他人の左遷なりと道《い》はむことを
倩憶《つらつらおも》ふ　分憂は祖《おや》よりの業《わざ》にあらぬことを
徘徊《はいくわい》す　孔聖廟門《べうもん》の前

「北堂の餞の宴」と題された作。「各一字を分つ。探《さぐ》りて遷を得たり」とあり、「遷」を左遷の語句にあてた。北堂は、大学寮にある北堂（文章院）・南堂（明経道院）、算堂（算道院）、明法堂（明法道院）のひとつで、おそらくここで北堂・南堂の学生たちの送別会があったのだろう。讃岐国が南海道に属するところから「南海」という。すでに書いたように、道真は式部少輔ほか、すべての役職を解かれて赴任するので、宮中の人びとは左遷ではないか、とうわさする。それがまことに悔しい。なぜなら、祖父清公の時代も父是善の時代も、紀伝道の菅原氏は学儒が本分であって、「分憂」（国司）となって外地に転出したことがない。「孔聖廟門」は大学寮にあった孔子廟の門をいい、学儒をもっぱらとするゆえに、大学寮を去りがたい心情をこう表現した。

わたしはこれから南海のほとりで、心洗われるような自然とやらを満喫することになるだろう。おまけにいまいましいのは、心ない連中が、ホレホレ道真は左遷されたぞ、といいはやすだろうこと。国守という地方官は菅家の祖業ではないのだ。大学寮を去りがたく徘徊する悲しさよ。これが、道真のうたうところである。

ところで「風煙」は、白楽天もしばしば用いたことばで、たとえば次のような五言詩にうたわれている。もちろん道真も、楽天のことばとして知っていたはずだ。

香鑪峯北面
遺愛寺西偏
白石何鑿鑿
清流亦潺潺
有松数十株
有竹千余竿
松張翠傘蓋
竹倚青琅玕
其下無人居
悠哉多歳年
有時聚猿鳥
終日空風煙
時有沈冥子
姓白字楽天
平生無所好
見此心依然
如獲終老地
忽乎不知還

香鑪峯《かうろほう》の北面
遺愛寺の西偏《せいへん》
白石何ぞ鑿鑿《さくさく》たる
清流亦潺潺《せんせん》たり
松有り数十株《しゅ》
竹有り千余竿《かん》
松は翠《みどり》の傘蓋《さんがい》を張り
竹は青き琅玕《らうかん》を倚《よ》す
其下《そのもと》人の居《を》る無し
悠《いう》なる哉《かな》　多歳《たさい》の年《とし》
時有りて猿鳥《ゑんてう》を聚《あつ》め
終日《しうじつ》風煙《ふうえん》を空《むな》しうす
時に沈冥《ちんめい》の子有り
姓は白　字《あざな》は楽天
平生《へいぜい》好む所無し
此を見て心依然《いぜん》たり
終老《しうらう》の地を獲《え》たるが如く
忽乎《こつこ》として還《かへ》るを知らず

「香鑪峯下、新に草堂《さうだう》を置き、事に即《つ》き懐《くわい》を詠じ、石上に題す」という作（前半部）。元和一〇年（八一五）、楽天は江州司馬《しば》として左遷された。右の一作は元和一二年に廬山《ろざん》に草堂を築いたときの作品である。香鑪峯の北にある遺愛寺あたりは、白い石が美しく清流が音をたてて流れ、松が数一〇本、竹は一〇〇〇余本、松は翠色《みどりいろ》のきぬがさを張り、竹は青い玉を聳《そび》やかしている。その下には久しく住む人とてなく、ただ猿や鳥が巣くい、風光明媚な自然も空《むな》しいだけだった。

さて、そこに愚者ありて、姓は白、名は楽天。普段はこれといって好みもなかったのだが、ここの風景を見て感動し、終老の住処《すみか》を得たようであり、喜んで帰るのを忘れてしまうほどであった。かくして、左遷先の江州の「風煙」は、楽天のいたくお気に入りとなるのである。楽天は作品を「此《ここ》を捨て焉《いづく》にか往かんと欲《ほっ》する　人間険難《じんかんけんなん》多し」とむすんでいる。自分はここを捨ててどこへ行こうとも思わない、世間なんて難儀なことばかりだから。これが楽天の心情である。

これにくらべて、道真はどうだろう。「風煙《ふうえん》に飽《あ》きたらむ」とうたっていながら、ほとんど自嘲気味で、ある意味でステバチでしかない。瀬戸内の「風煙」に魅了されることなどなく、そこへ左遷された嘆きばかりが、道真を押しつつんでしまうのである。

「妬」は、ねたむ・そねむ、妬忌《とき》の意。ただし、顔色にあらわれるのを「妬」、行為にあらわれるのを「忌」というから、「左遷」のうわさを耳にするたびに、それがいまいましくて気がふたぎ、感情が表情にあらわれるというのだろう。それにしてもなぜ、道真はこうも人の耳目を気にするのだろうか。

# 三月尽の詩

讃岐へくだる道中、「中途にして春を送る」と「途中にして中進士に遇ひて、便《すなは》ち春試の二三子を訪《とぶら》ふ」の二首の七言詩を創っている。前者「中途送春」は次のとおり。

春送客行客送春　春は客《ひと》行くひとを送り　客《たびびと》は春を送る
傷懐四十二年人　懐《こころ》を傷《いた》ぶ　四十二年の人
思家涙落書斎旧　家を思ひては涙は落つ　書斎《しよさい》い旧《ふ》りにたらむ
在路愁生野草新　路に在りては愁へ生ず　野草ぞ新なる
花為随時余色尽　花は時に随《したが》はむがために余れる色し尽きぬ
鳥如知意晩啼頻　鳥は意《こころ》を知るが如くにして晩《ゆふべ》の啼《な》きや頻《しきり》なる
風光今日東帰去　風光　今日　東《ひむがし》に帰り去る
一両心情且附陳　一両の心情　且《かつ》がつ附陳《ふちん》せむ

こうしたテーマは、「三月尽《さんげつじん》」と呼ばれるもの。旅先で三月三〇日を迎え、胸中の思いをうたったものだが、「春送客行客送春」は、ご覧のように「行」の文字を中心に、対称的な文字配列をわざとくり返して、面白みをねらった技法。(3) この笑いをさそうような文字の配列が、それとはうらうえに道真がどれほど落胆していたかを語るだろう。

帝都を離れ、これというほどの時も経っていないのに、家を思うと涙は滂沱《ぼうだ》。主人を失った書斎はかつてのにぎわいもなく、道のほとりで蒼《あお》める野の草を見ると愁いもあらた。季節がうつるにつれて花は散り失《う》せ、鳥はいく春を惜しむかのように夕べに啼《な》きに啼く。春風春光はともに東方に帰っていくらしい、それにそえて都の人たちに、何はともあれ、ひとつひとつ陳情したいものだ、西へくだるこのわたしの……。

かつて「百身独立す　一の恩涯」(「相国の東閤、餞の席」)と、いい放った道真だったが、胸中の真意は詩の「四十二年の人」がつぶさに語っていよう。これは、かの白楽天の「潯陽《じんやう》の春三首」中の「春去る」に学んだものである。楽天は元和一二年(八一七)、「春生ず」「春来る」とともに、「三月尽」を創作している。

一従沢畔為遷客
両度江頭送暮春
白髪更添今日鬢
青衫不改去年身
百川未有回流水
一老終無却少人
四十六時三月尽
送春争得不慇懃

一たび沢畔《たくはん》に遷客《せんかく》と為《な》りしより
両度江頭に暮春を送る
白髪更に添《そ》ふ今日の鬢《びん》
青衫《せいさん》改めず去年の身
百川未だ回流の水有らず
一老終《つひ》に却少の人無し
四十六の時三月尽
春を送る争か《いかで》慇懃《いんぎん》ならざるを得ん

江州（江西省九江）司馬となって、もはや二年。白髪は日増しにふえ、鬢も真っ白となったけれど、服は、あいかわらず司馬の着る「青衫」。川の水が逆流してもとにもどることなど決してないように、この人生だってひとたび年老いてしまえば、もはや若返ることはできないのだ。今年で四六年目の春が尽きる日だと思うと、春をおくる心もていねいになるというものだろう。

道真は、楽天詩の「四十六」を自身の実年齢にかえて「四十二」とした。これは楽天の表現をまねてみた、というのにとどまらない。元和一〇年（八一五）六月に宰相武元衡《ぶげんこう》が暗殺された。それにともない、犯人の逮捕をつよく要請したところから、楽天は江州に左遷されていたのである。これより三年のあいだ江州での暮らしが続き、さらに元和一三年（八一八）からは忠州（四川省）刺史として転任、中央官僚として召還されるのは元和一五年（八二〇）をまたなければならなかった。

「遷客」の二文字は、旅の悲しみをつぶさに語っている。「遷客」とは罪をえて流謫された人を意味するからである。古くは、悲哀の情を述べてやまない宋の詩人江淹《こうえん》（四四四〜五〇五）の作「恨みの賦」（『文選』巻16）に、次のようにあることばである。

　或いは孤臣《こしん》涕《なみだ》を危《おと》し、孽子《げつし》心を墜《おと》し、海上に遷客《せんかく》となり、隴陰《りょういん》に流戍《りゅうじゅ》となる有り。

涕を落とす主君から離れた臣、心を痛める妾腹《しょうふく》の子、北海のほとりに流され、隴西の辺塞に守りにやられた人、こうした人たちは、血の涙を流し心を傷つけ嘆きを重ねた。「海上の遷客」とは、匈奴に遣《つか》いした蘇武が、一九年ものあいだ抑留され、北海のほとりで羝羊《ていよう》を放牧させられたエピソード（『漢書』蘇武伝）であって、「遷客」のことばから呼び起こされる人物といえば、匈奴に苦難の生涯を送ったこの蘇武だったといってよいだろう。
白楽天は自らの境遇を蘇武のそれに重ね、貶謫《へんたく》のわが身を悲しんだのである。それは道真にもいえる。楽天作の「春去る」に学んで年齢を改筆しながら「中途にして春を送る」を創作したとき、「三月尽」のテーマをこえて、讃岐国への赴任が「左遷」以外のなにものでもなく、旅するわが身は「遷客」であると自覚していたのである。もちろん、長安の帝都をはるかに離れ匈奴の地にあった蘇武の境地を、どれほど意識していたかは疑問なのだが、やがて蘇武にふかく共感する時がやってくる。はるか筑紫への配流——このことは別のところで話題にしよう。

## 讃岐での暮らし

世間では「住めば都」というけれど、三月二六日に讃岐国に着任し、そこで暮らしはじめてもなお、うつうつとしてよろこばない道真がいる。「重陽の日、府衙《ふが》に小飲す」、仁和二年（八八六）九月九日の作。

秋来客思幾紛紛　　秋よりこのかた　客《たび》の思ひの　幾ばくか紛紛たる
況復重陽暮景曛　　況復《いはむ》や　重陽暮《ゆふべ》の景《かげ》の曛《く》れむや
菊遣窺園村老送　　菊は園を窺《うかか》はしめて村老送る
蒖従任土薬丁分　　蒖《はじかみ》は土に任《まか》すに従ひて薬丁《やくてい》分つ

停盃且論輸租法
走筆唯書弁訴文
十八登科初侍宴
今年独対海辺雲

盃を停《とど》めては且《しばら》く論《あげつら》ふ　租《いだしもの》を輸《いだ》す法
筆を走《は》せては　ただ書く　訴《うるた》へを弁《わきま》ふる文《ふみ》
十八にして登科《とうくわ》し　初めて宴に侍《はむべ》りけり
今年は独りい対《むか》ふなり　海の辺《ほとり》なる雲

九月九日は重陽の節句である。国庁でもささやかな宴をもうけたのだろう。都では恒例の祝賀が紫宸殿でおこなわれ、群臣が集い、楽が奏でられ、詩歌が披露される。もちろん、かつては道真も、メンバーのひとりとして宴の席にあった。元慶八年（八八四）の重陽節では（「重陽の日、宴に紫宸殿に侍《はむべ》りて、同《ひと》しく玉燭の歌を賦し、製に応《こた》へまつる　六韻已上成る」）、

無為無事明王代
九月九日嘉節朝
暦数所帰有真至
欲令雨順又風調
始聞童子謳唐国
終見大臣謁渭橋

為《しわざ》なく事なし　明王の代《みよ》
九月九日　嘉節《かせつ》の朝《あした》
暦数帰《おもむ》くところ　真《まこと》に至ること有り
雨をして順《じゅん》にあらしめ　又《さら》に風をして調《ととの》へしめまく欲《ほ》りす
始めて聞く　童子の唐国に謳《うた》ふことを
終《つひ》に見る　大臣の渭橋《ゐけう》に謁《えつ》することを

と、うたった（一部）。「無為無事」は、中国古代の聖帝である堯や舜の時代、何もしないのに徳によって天下がおさまった、という故事をふまえたもの。光孝天皇の御代を堯や舜のそれによそえて讃仰したので

ある。

少し作品の途中を端折って末尾だけを書き抜くと、こうだ。

東西郡老承成頌　東西の郡老《くゐんらう》　承《う》けて頌《ただうた》を成す
南北州民習作謡　南北の州民　習ひて謡《うた》を作る
臣在陶鈞歌最楽　臣は陶鈞《たうきん》に在り　歌ひて最も楽しむ
願驚高聴入丹霄　願はくは　高聴《かうちやう》を驚《おどろか》して丹霄《たんせう》に入らむことを

東や西の長老たちは、天子の徳をうけて讃頌《ほめうた》を作っているし、南や北の地方の民は平和を楽しむ民謡をうたいついでいる。わたしといえば、文章博士として天下の秀才を教育し、王道を謳歌して楽しんでいる。この「玉燭の歌」が九重《ここのえ》の宮中奥ふかく、上聞に達してほしいものだ。「陶鈞」は陶器を作るのに使うロクロの意。ロクロによって自在に陶器が作りだされるように、教育者として有能な人材を育てたいというのである。

これが元慶八年の重陽節でうたった内容である。これにくらべて讃岐国の重陽節は、雅《みやび》も何もあったものではない、と憤《いきどお》る。村の長老が、庭さきからのぞいて菊の花を送ってくれた。ハジカミは薬草園を管理している園丁が分けてくれた。菊もハジカミも重陽に欠かせない節物《せつぶつ》である。菊花を酒にうかべて飲んだ。中国の後漢時代に書かれた『風俗通義』という古書に、甘谷《かんこく》と呼ばれる谷があり、谷間を流れる川の水はまことに甘美、その上流の山にはたくさんの菊が自生しており、流れる水を呑んだ村人たちは長寿で、上は一二〇～一三〇歳、中は一〇〇歳あまり、下でも七〇～八〇歳と、ことごとく長寿だったという。こうした菊花の俗信がひろまり、ふるくから菊酒を呑む風習があったのである。
それでは、ハジカミはどうだろうか。これもまた重陽の節物である。『荊楚《けいそ》歳時記』なる一書に、

> 九月九日、四民並びに野を籍《ふ》みて飲食す……茱萸《しゅゆ》を佩《お》び、餌《じ》（米と肉でつくった餅）を食《くら》ひ、菊花の酒を飲まば、人をして長寿ならしむ。

とあって、ハジカミを身につけることで、災いをさけることができたらしい。[4] 道真がうたう菊花とハジカミは、中国を発祥の地とする雅《みやび》な節物なのである。

讃岐でも、まがりなりにも重陽の節物がととのった。そこで宴をもうけ、いくたびも盃が廻《めぐ》り、詩歌・管弦の遊びとなってほしいところなのだが、讃岐では宴の席であるにもかかわらず、どのような方法で租税をとりたてるかを論議している。筆をとってみても、宮中にあった頃とはちがって詩歌どころでなくて、民衆の訴状に対する判決文を書くばかり。文章生になってはじめて詩歌の宴に侍してよりずっと、天子の御前に侍さないことはなかったのに、今年の重陽はひとりさびしく南海の雲を見るばかり……。

やがて一年が過ぎ、讃岐国にも正月がおとずれる。二〇日には、宮中で内宴が催される。もちろん遠国にある道真が、その席に召されることなどありえない。道真は、こううたう。

寒気遍身夜涙多　　寒気身に遍くして　夜涙《よなよなむだ》し多《まさ》れり
春風為我不誰何　　春風　我がために誰何《すいか》せず
廻頭左右皆潮戸　　頭《かむべ》を廻せば　左にまれ右にまれみな潮戸《てうこ》にして

入耳高低只棹歌　耳に入るは　高きも低きもただ棹歌《たうか》ならくのみ
遠憶群鶯馴薬樹　遠く憶ふ　群鶯《ぐんあう》の薬樹に馴《な》れしことを
偏悲五馬隔滄波　偏《ひとへ》に悲しぶ　五馬《ごば》の滄波《さうは》を隔《へだ》つることを
諸児強勧三分酒　諸児強ひて勧む　三分の酒
謝日忘憂莫此過　日を謝し憂へを忘るること　此れに過ぎたるはなし

「正月二十日、感有り」と題された作。題詞に「禁中内宴の日なり」と注が施されているのは、この日が仁寿殿で内宴が催されたからで、例年なら宴の席に侍しているはずなのに、何とも場ちがいの片田舎にいるというのだ。建てつけの悪い讃岐国の公館では、きびしい寒気に責められて寝るに寝られず、涙にくれる。

だからといって、都でも吹く春風が、この田舎にも吹いてはいるが、お前はなぜこんなところにいるのか、と咎《とが》めだてするわけでもない。公館から頭《こうべ》をめぐらして眺めやると、右も左もむさ苦しい漁師の苫屋《とまや》ばかり。聞こえてくるのは、高いにつけ低いにつけ、雅《みやび》な詩歌ではなく野卑な舟歌ばかり。思えば宮中の門外の薬園では、鶯《うぐいす》が群れをなしてさえずっていたけれど、滄海《そうかい》はるかにへだてたこの地で、「五馬」(国守を譬《たと》えた)となった我が身は、そうした華やぐ内宴に召されることもあるまい。何ともやるせないではないか。

道真は子どもの幾人かをともなっていたらしい。意気消沈してふさぎきっている父を見て、子どもたちがすこしはお酒でも飲んで憂いを忘れたらと、しきりに盃を勧めてくれる。なるほど憂いを忘れるにはこれがいちばんと、道真も酒をふくんだようだ。

とはいえ、あまり酒好きではなかったらしい。

# 友はひとりだけ

ずっと後、延喜元年（九〇一）夏、道真は白楽天の作品に和して、「楽天が北窓の三友といふ詩を詠む」をうたっている。白楽天の「北窓の三友」は、次のような作品である。その一部をあげよう。

今日北窓下　　今日北窓の下《もと》
自問何所為　　自ら問ふ何の為《な》す所ぞ
欣然得三友　　欣然《きんぜん》として三友を得たり
三友者為誰　　三友は誰《たれ》とか為す
琴罷輒挙酒　　琴罷《や》みて輒《すなは》ち酒を挙げ
酒罷輒吟詩　　酒罷みて輒ち詩を吟ず
三友遞相引　　三友遞《たがひ》に相引き
循環無已時　　循環して已《や》む時無し

北窓の下で何をしているのかといえば、欣然として三友を得たと答えよう。琴・酒・詩歌の三友は、たがいに引き合い循環して、けっしてとどまることはないのだ。楽天は自分ひとりがこうして三者を好むだけでなく、古人もそうだったといい、三人の師たる存在を紹介する。詩歌といえば陶淵明《とうえんめい》（三六五～四二七）、琴といえば春秋時代の栄啓期《えいけいき》、酒といえば西晋の劉伶《りゅうれい》というわけだ。

淵明は四一歳のとき県令となったものの八〇日あまりで辞任、ついに田園で自適に暮らし官界へのさそいに耳をかそうとはしなかった人物。「帰去来兮《かへりなんいざ》、田園将《まさ》に蕪《あ》れなんとす、胡《なん》ぞ帰らざる」（「帰去来の辞」）はあまりにも有名な秀句だろう。酒と自然を愛し無弦《むげん》の琴をたずさえ、創作を楽しんだ。

かつて讃岐国国司の官舎が存在した場所に建つといわれている滝宮天満宮（香川県綾歌郡綾川町）

琴は啓期《けいき》。孔子が泰山（太山）に遊んだとき、街中で鹿の皮で作った衣をまとい、縄を帯にして、琴をかきならしながら行く貧乏な男と出会う。いかにも楽しげだったので、孔子はその男に、あなたにとって何が楽しいのかを問うてみた。天は万物を創ったが、その中でもっとも貴いものは人間であり、自分はこうして人間に生まれた。これが第一番目の楽しみ。その人間にも男女のちがいがあり、世間では男のほうが尊敬されるが、自分はこうして男に生まれた。これが第二番目の楽しみ。男として生まれても日の目も見ずに亡くなる者もいるのに、自分はもう九〇の長寿である。これが第三番目の楽しみ。貧乏は紳士につきもの、死も免れえないもの、だとしたら紳士として人生の幕引きができるというのだから、何を憂うることがあろう。人として生まれ寿をたもつことができるのなら、名誉だ富貴だとさわぐことはないではないか。これが琴ひき啓期の幸福論である（『列子』「天瑞篇」）。じつは、啓期の生きざまに淵明も、すこぶる関心をもっている（「飲酒」第二）。

酒は劉伶。こよなく酒を愛した劉伶ならではの作品に、酒浸《びた》りの生きざまをつづり酒のもたらす効用をほめたたえた「酒徳の頌」（『文選』巻47）がある。

天を幕《まく》とし地を席《せき》とし、意の如《ゆ》く所を縦《ほしいまま》にし、止《とど》まれば則ち巵《し》を操《と》り觚《こ》を執《と》り、動けば則ち榼《かふ》を挈《さ》げ壺を提《さ》げ、唯《ただ》酒のみを是れ務《つと》む。焉《いづく》んぞ其の余《よ》を知らんや。

「巵」は大盃、「觚」は儀式に使う盃、「榼」は酒だる、「壺」は酒つぼである。天空を屋根にし大地をしき物にして、ほしいままにふるまっている。とどまるときには酒杯を手にし、動くときは酒だるやつぼをぶらさげて、もっぱら酒にだけ精をだし、ほかのことにはなんの関心もない風体《ふうてい》である。酒こそわが命、というわけだ。(5)

こうして楽天は、陶淵明らを紹介しながら、三師はすでに没して久しいけれど、三友とはますます親交を深めて、

左擲白玉巵　　左に白玉の巵《さかづき》を擲《なげう》ち
右払黄金徽　　右に黄金の徽《き》を払ふ
興酣不畳紙　　興酣《きようたけなは》にして紙を畳《たた》まず
走筆操狂詞　　筆を走らして狂詞《きやうし》を操《と》る

と、うたう。「徽」は、琴の音色の高低をしめすしるし。左手に盃、右手に琴、興にのったら紙をたたまず、不断に筆を走らせる。そこにできあがるのは、自由気ままな狂詞曲《ラプソディー》。
さて、それでは道真はどうだろうか。「楽天が北窓の三友といふ詩を詠む」から。

白氏洛中集十巻
中有北窓三友詩
一友弾琴一友酒
酒之与琴吾不知
吾難不知能得意
既云得意無所疑
酒何以成麹和水
琴何以成桐播糸
不須一曲煩用手
何必十分便開眉
雖然二者交情浅
好去我今苦拝辞
詩友独留真死友
父祖子孫久要期

白氏が洛中の集十巻
中に北窓三友の詩有り
一の友は弾琴《だんきむ》　一の友は酒
酒と琴と　吾《わ》れ知らず
吾れ知らずとも　能《よ》く意《こころ》を得たり
既に意を得たりと云ふ　疑ふところ無からむ
酒は何を以《もち》てか成す　麹《かむだち》　水に和す
琴は何を以てか成す　桐　糸を播《ほどこ》す
須《もち》ゐず　一曲に煩《わづらは》しく手を用ゐることを
何ぞ必ずしも十分に便ち眉を開かむ
然《しか》れども二つの者交情浅し
好《よ》し去れ　我《わ》れ今苦《ねむごろ》に拝辞す
詩友は独《ひと》り留《とどま》る　真の死友
父祖子孫《ふそしそん》　久しく要期《えうき》す

楽天の『白氏洛中集』は、唐の開成五年（八四〇）に完成。開成年間、作品集を洛陽の聖善寺、蘇州の千仏堂などに納めている。楽天のいう三友を知らないわけではない。酒は麹に水を加えて醸造するし、琴は桐の材に糸をはって作る。とはいえ、琴の楽譜をめくりながら演奏するのは得意ではない。「開眉」は、愁眉《しゅうび》を開《ひら》くこと、つまり悲しみや心配がなくなってしかめた眉をやめ、ほっとした顔つきになることをいう。

楽天が好きなことばで、たとえば、

欲将珠匣青銅鏡
換取金樽白玉卮
鏡裏老来無避処
樽前愁至有消時
茶能散悶為功浅
萱縦忘憂得力遅
不似杜康神用速
十分一盞便開眉

珠匣《しゆかふ》青銅の鏡を将て
金樽白玉の卮《さかづき》に換取せんと欲す
鏡裏老来つて避くる処なく
樽前愁《うれへ》至るも消する時あり
茶は能く悶《もん》を散ずるも功を為すこと浅く
萱《けん》は縦《たと》ひ憂を忘るるも力を得ること遅し
杜康神用の速《すみやか》なるに似ず
十分一盞便《さんすなは》ち眉を開く

とうたわれた例がある。「鏡を杯に換ふ」と題された作品で、酒だるを前になみなみとついで飲むと、すっかり愁眉が開ける、そこで、青銅の鏡を金樽と白玉で作った盃に換えてしまおうというのである。お茶は悶々《もんもん》とした気分をはらしてくれるが大した効能はないし、「萱」（わすれ草）は憂いを忘れさせてくれるがこれまた即効性にとぼしい。「杜康」（酒）ほど霊妙なちからのあるものはないのだ(6)。

この作品には、楽天と交流のあった劉禹錫《りゆううしやく》（七七二〜八四二）が唱和する「楽天の鏡を以て酒に換ふに和す」があり、そこでは「好し去れ　白玉台を空けよ」と「好去」の語句が見える。こうしてみると、どうやら道真は「楽天が北窓の三友といふ詩を詠む」を創作するうえで、楽天とともに劉禹錫の作も参考にしたといえるだろう。禹錫には「酒旗」（酒屋が看板として立てた旗、酒旆《しゆはい》ともいう）をうたう作品も見られ（「堤上行三首」）、もちろん愛飲家である。

それでは、道真はどうだろうか。どうやら琴も酒も好まなかったらしい。心なぐさめる音楽は不得手、酒は苦手、わが友はひとり詩のみ。詩という友は、死ぬときまではなれることのない友（死友）なのだ、と。「詩友」と「死友」は同音で重ねたシャレ。祖父の代から子や孫の代にいたるまで、われら菅家では詩との交友こそ、「久要期」（古くからの契《ちぎ》り）であるといいきっている。周知のように、道真の半生をとおして、詩友との交わりはけっして失われることはなかった。

## 灰の心

讃岐国で新年を迎えた仁和三年（八八七）、先にふれた「正月二十日、感有り」の直前に、「早春の閑望」という五言の作品がある。

早起灰心坐　　早起　灰心《くわいしむ》にして坐《ざ》す

冥冥是夢魂
雲中山色没
雨後水声喧
強道春先至
猶知日未暄
廻頭無外物
漁叟立沙村

冥冥《めいめい》　これ夢魂《ぼうこん》
雲の中に　山色没《かく》る
雨の後《のち》に　水声《すいせい》喧《かまびす》し
強《し》いて春先づ至ると道《い》ふとも
なほし日未《いま》だ暄《あたた》かならざることを知る
頭《かむべ》を廻《めぐ》らすに外《ほか》の物なし
漁《いさ》りの叟《おきな》い　沙《いさご》の村に立てらくのみ

「灰心」は、楽天の「渭村《ゐそん》に退去し、礼部の崔《さい》侍郎・翰林の銭舎人に寄する詩一百韻」と題する作品に学んだようだ。これは元和七年（八一二）の作。元和五年に左拾遺の任がおわって、楽天は親への孝養をつくすために、京兆府戸曹参軍なる役職につくことを願い出て、ゆるされている。ところが母が没し、喪に服するためにその職をはなれ、渭村に退去している。しかしながら「渭村退去詩」では、母を亡くした悲しみがうたわれているわけではない。五言二〇〇句にもわたる長編なので、本文の引用は割愛し内容を紹介すると、まず「不才」（拙劣の才）なのだから、時の運に見放され淪落《りんらく》するのは仕方のないことであり、名利のために心を乱すことなくただ一身の生計をたてることだけを考えていこう、という。

つづけて、官服はもはや不要になったので質に入れて酒に化け、身に帯びていた剣は交換して牛や羊に化けた。農業に精をだすが、暮らしはちっとも楽にならない。米を蒸す甑《こしき》はほこりがつんだまま、財布はいつも空《から》っけつ。弟は病気になってしまい、杖なしでは歩くこともままならないし、妻は鬱で部屋を出てもこない。衣を引っぱり出して着ようとするとボロボロで人目にはずかしいほどであり、食膳《しょくぜん》のメニューたるや、もはや笑うしかない。
さらにつづけて、表で犬が吠えたのでお客さまかと期待したが、何のこともない税金の督促《とくそく》にきた村役人。そろそろ秋も深《ふ》けて冬支度《じたく》にかからねばならないが、老いたうえに病の身では、憂いばかりが増すのみで、思い出すのは宮廷につかえ、皇恩に浴した往事《おうじ》のことばかり。こうして、楽天は今日がいかに不如意であるかを、しきりになげくのである。

道真は「灰心」の語句を楽天の詩から借りただけではあるまい。渭村にあって不遇をかこつ楽天にわが身をそわせ、官僚組織の動向の上ではどうであれ、心情的には讃岐国守となったのは左降であると告発し、その落胆をうたってやまない。

早くに起きたけれど、火の気のない灰のようなうつろな心、夢のなかをさまよう魂。幾重にもかさなる雲に山かげも見えず、早春の雨上がり、水が音を立てて流れていく。ああ、春が来たとはいうけれど、陽のあたらないところは、まだ凍《い》てついたままだ。首をめぐらせて公館の外をながめてみたが、目をひくようなものなど何もありゃしない。漁師のじいさんが、沙《すな》だらけの村に、ぽつんと立っているだけである。

讃岐守時代の真情は、たぶんこの詩歌にもられていることばに尽きるのではないか。「灰の心」(7)。灰のように冷たく喜ばない心、虚ろな讃岐の現実、南海道のなま臭い潮風のなか、道真の脳裏にうかぶのは、妙《たえ》なる楽の音や馥郁《ふくいく》とした香り、そして絹ずれの音、そうした雅な宮廷の日々だったのである。

注

（1）別にオオゲツヒメには、五穀の起源を語る次のような伝承もある。高天原から追放されたスサノオがオオゲツヒメに食べものを乞うと、オオゲツヒメはその鼻や口また尻からいろいろなごちそうを出し、料理して接待した。その所作をのぞき見していたスサノオは、オオゲツヒメを殺してしまう。そして殺された女神の頭には蚕《かいこ》が生まれ、ふたつの目には稲種《いねだね》が生まれ、ふたつの耳には粟が生まれ、鼻には小豆《あずき》が生まれ、陰部からは麦が生まれ、尻には大豆が生まれた。ここでは、五穀の起源を語るのに、オオゲツヒメの死が重ねられている。

（2）基経は好学で、その書斎をしばしば文人たちに開放していた。このサロンを「東閤」という。

（3）「詩情怨〈古調十韻〉菅著作に呈《しめ》し、兼ねて紀秀才に視《しめ》す」でも、「去歳世驚作詩巧　今年人謗作詩拙」の表現がある。ここでは「作詩」をくり返し、「去歳」と「今年」、「世驚」と「人謗」、「巧」と「拙」と、対称的に文字を配列している。

（4）「茱萸」は一般に「グミ」と訓《よ》むが、グミ（グミ科）とするのは誤り。ハジカミ別名サンショウ（ミカン科）のこと。重陽のころに、サンショウの実が赤く熟するところから、グミと混同されたようだ。

（5）劉伶には別に次のようなエピソードも残っている。ある日、妻が酒を捨てて酒器をこわし泣きながらいさめた。そこで、劉伶は神に祈って酒をやめることとし、妻に神前にそなえるための酒と肉を用意させる。さて劉伶が神に祈っていうには、「天、劉伶を生み、酒を以て名を為《な》さしむ。一飲一斛《こく》、五斗をして酲《てい》（二日酔い）を解く。婦人の言は慎んで聴く可からず」。酒を引きよせ肉を食らい、すっかり酔っぱらってしまった。これは劉義慶がまとめた『世説新語』「任誕」にある話。

（6）杜康ははじめて酒を作った人物といわれ、酒の異名となった。

（7）「灰心」は『荘子』「斉物論」に出てくることばで、子綦《しき》なる人物の姿を、門人が表現したもの。ひじかけ椅子にもたれて坐っている子綦は、かたちは槁木《こうぼく》（枯れ木）のようであり、心は「死灰」（冷えきった灰）のようだという。ともに生命を失って活気のないさまである。

# V　等身大のヒューマニズム

## 貧しさをうたう

杜甫（七一二～七七〇）に「茅屋《ばうをく》、秋風の破《やぶ》る所となる歌」がある。五〇歳の杜甫は成都にいた。八月中秋、住まいのかやぶき屋根が、暴風雨に吹き飛ばされた。夕闇がせまる頃になって風は静まったけれど、雨脚はいっこうに弱まる気配がない。屋根が漏って家中水びたしだ。これでは、まっとうに夜を明かすこともできない、とうたっている。濡れそぼつ彼は、ふと考える。

安得広廈千万間　　安《いづく》んぞ得む広廈《くわうか》千万間《げん》
大庇天下寒士倶歓顔　　大《おほい》に天下の寒士を庇《おほ》ひて、倶《とも》に歓顔《くわんがん》
風雨不動安如山　　風雨にも動かず　安きこと山の如くならむ
嗚乎何時眼前突兀見此屋　　嗚乎《ああ》　何の時にか眼前突兀《とつこつ》として此の屋《をく》を見む

どうにかして一〇〇〇万間もある広い広い家を手に入れたい。大屋根が天下の貧乏人どもを全部おおってくれる。そしてみんなでうれしい顔を見合わせるようにしたい。雨にも風にもびくともしない、安泰なること山のような大きな家。いつになったら目の前に、このような家を見ることができようか。「広廈」の「廈」は四方に屋根のある家、ことに大きな家の意。唐の一間は六尺、唐代の一尺は三一・一センチ。

一〇〇〇万間はおおよそ一万八六六〇キロ。杜甫はなんとも広大な「廈」を描いたものだ。「突兀」は高くそびえる、の意味。

右の作品は、こう結ばれている。

吾廬独破受凍死亦足　　吾が廬《いほり》独り破れて凍死《とうし》を受くるも亦《また》足れり

そびえたつ「広廈」を一目だけでもみることができたら、自分の小さな庵《いおり》がうち壊《こわ》され、凍え死んだって満足だ、と。どっしりとした大きな家。自分の家族だけではなく、「天下の寒士を庇ひて」のことばは、さすがに杜甫らしいなと思う。ここには等身大のヒューマニズム精神がある。

じつは讃岐守時代の道真にも、この杜甫と同じまなざしがある。「寒早十首」には、冬の到来とともに、いよいよ貧しさにあえぐしかない、地方民のすがたがうたわれている。逃亡したあげくに捕まって強制送還された農夫、浮浪する妻子づれの乞食、やもめ暮らしの老いた男、両親に死に別れた少年、薬草を栽培しながら自分のためには使うことのゆるされない薬草園の下働き、やせ馬をひっぱっている腹をへらした馬子《まご》、船主に賃雇《ちんやと》いされている舟子《ふなこ》やかじ取り、いくら釣って稼いでも食えぬ漁師、讃岐国は塩づくりの国でもあったから、塩田ではたらく人びと、材木を安値で買いたたかれる樵《きこり》もうたわれている。

道真は題目の下に「同じく人・身・貧・頻の四字を用ゐる」と小書きしている。さまざまな人びとの身のありようとその貧しさがくり返し点描され、職人尽くしの一作となっている。引用が長くなるが、「寒早十首」のすべてを読んでみたい。

・何人寒気早
寒早走還人
案戸無新口
尋名占旧身
地毛郷土痩
天骨去来貧
不以慈悲繋
浮逃定可頻
・何人寒気早
寒早浪来人
欲避逋租客
還為招責身
鹿裘三尺弊
蝸舎一間貧
負子兼提婦
行行乞与頻
・何人寒気早
寒早老鰥人
転枕双開眼

何《いづ》れの人にか　寒気早き
寒は早し　走り還《かへ》る人
戸《へ》を案じても　新口《しんこう》無し
名を尋ねては　旧身を占《うらな》ふ
地毛《ちぼう》　郷土痩《や》せたり
天骨　去来貧し
慈悲を以て繋《つな》がざれば
浮逃《ふてう》　定めて頻《しきり》ならむ
何《いづ》れの人にか　寒気早き
寒は早し　浪《うか》れ来れる人
避けまく欲《ほ》りして租《いだしもの》を逋《のが》るる客《たびびと》は
還《かへ》りて責《せ》めを招《まね》く身となる
鹿の裘《かはごろも》　三尺の弊《やぶ》れ
蝸《かたつぶり》の舎《いへ》　一間《いつけん》の貧しさ
子を負ひ　兼ねて婦《つま》を提《ひきさ》ぐ
行く行く　乞与《きょ》頻なり
何《いづ》れの人にか　寒気早き
寒は早し　老《お》いたる鰥《やもを》の人
枕を転《まろば》して双《なら》び開《ひら》くる眼《まなこ》

低簷独臥身　簷《のき》に低《た》れて　独り臥する身
病萌逾結悶　病《やま》ひ萌《きざ》しては　逾《いよいよ》悶《もだ》えを結ぶ
飢迫誰愁貧　飢《う》ゑ迫《せま》りても　誰《たれ》が貧しきを愁《うれ》ふる
擁抱偏孤子　擁抱《ようはう》す　偏《ひとへ》に孤《みなしご》なる子
通宵落涙頻　通宵《よもすがら》　落涙《らくるい》頻なり

・何人寒気早　何《いづ》れの人にか　寒気早き
寒早夙孤人　寒は早し　夙《つと》に孤《みなしご》なる人
父母空聞耳　父母は空《むな》しく耳にのみ聞く
調庸未免身　調庸《てうよう》は身を免《まぬか》れず
葛衣冬服薄　葛衣《かつい》　冬の服《きもの》薄《うす》し
蔬食日資貧　蔬食《そしょく》　日の資《たす》け貧し
毎被風霜苦　風霜の苦しびを被《かかふ》る毎《ごと》に
思親夜夢頻　親を思ひて夜《よは》の夢頻なり

冒頭の四首。〈貧〉は、おそらく飢えの苦しみと寒さのそれにつきるだろう。道真の「寒早十首」に描かれる民の苦しみも「飢え」と「寒さ」だ。まず登場するのは、苦しい生活に耐《た》えかねて他国に逃げ出したものの、捕《つか》まって讃岐（本貫・本籍）へ送還されてきた人びと。逃げてはみたが、そこでも生活は成りたたず送り還されてきたらしい。ところが戸籍簿を調べても、すでに除籍されてしまったものか、名が見あたらない。

税を取りたてる役人たちにしてみれば、逃散した農民を追尾し捕えるのも業務ではあっただろうが、遠路、探索の労をえらぶより、さっさと除籍し不足分の税をほかの農民に付加するほうが、ずっと合理的だったにちがいない。送還されてきた人びとの戸籍はすでになく、姓名を問いつめて、どこの出なのかを推測するしかない、というのだ。

それにしても、土地はやせいくら働いても実りはすくなく、農民たちは右へ左へとうろついているうちに、ますます労働にも耐えられないほどやせこけた体格になっていく。だから、国守は慈悲をもって政治をおこない、民衆の心をつなぎとめておかないと、さらに逃亡が多くなるだろう、と。

二首目は、重い税の負担を逃れて、他の国からこの讃岐に流入してきた男。どこにも楽土などありはしない。ここでまた入籍させられて、なけなしの収入を税として責め取られるのである。三尺あまりの鹿皮のジャンパーは、もはやボロボロ。一間の足をのばすこともできないようなせまいあばら小屋。食いものもなく、子を背負い妻をつれて、うろうろともの乞いに出る。在地の百姓たちが、とぼしい食糧のなかから、しきりに食を与えてくれるというのだ。

次は、妻を逝かせてしまった老いた寡夫《やもお》。さびしい小屋で、枕をうごかしてみても眠りにつけず、両眼をあけてじっと天井の闇を見つめている。「双び開くる眼」には、迫るすごみがある。寒さだけでなく病もきざして、いよいよもって、どうにもこうにもすべがない。ましてや飢える不安も男の身を責める。母親のいない幼子を抱きかかえながら、涙、涙、ただただ涙というわけだ(1)。

四首目には、早くに両親を亡くした孤児がうたわれている。父や母に会いたくとも、目に見ることはかなわず、話に聞くばかり。たとえ孤児であっても、調《ちょう》（物産税）と庸《よう》（夫役《ぶやく》税）の義務は免除されるわけではなかった。葛布でつくったそまつな服では冬の寒さに役に立たず、菜《な》っぱばかりが食いものでは、生活を支えることもできない。霜の気をふくんだ北風が吹くごとに、夢にみるのは亡き父、そして亡き母である。「風霜」は星霜と同じように、歳月を意味する場合もある。それなら、これまでの長い歳月、苦悩をかかえるたびに……の意となるだろう。

## 職人尽くし

・何人寒気早　何《いづ》れの人にか　寒気早き
寒早薬圃人　寒は早し　薬圃《やくほ》の人
弁種君臣性　種《しゅ》を弁ず　君臣の性《せい》
充傜賦役身　傜《えう》に充《あ》つ　賦役《ぶやく》の身
雖知時至採　時至《いた》らば　採《と》ることを知れども
不療病来貧　病ひ来りて　貧しきことを療《いや》さず
一草分銖欠　一草　分銖《ぶんしゅ》をだに欠《か》かば
難勝箠決頻　箠決《ついくゑつ》の頻なるに勝《た》へ難《がた》からむ

「寒早十首」は、第五首目からは、民衆の生業《なりわい》に注視しながらうたっている。まず「薬圃の人」である。『律令』「職員令」に宮内省典薬寮《てんやくりよう》があり、薬園《やくおん》師二名、薬園生六名、使部二〇名、直丁二名、薬戸、乳戸とある。薬園師はふだん典薬寮に勤めており、必要におうじて薬園に出張し、薬草を採取したり、薬園生を指導したりした。薬園生は世襲で一三歳以上一六歳以下のかしこい者たちをあてた（「医疾令」）。本草学や栽培法を学んで薬園を管理、山谷で野生の薬草を見つけたら、薬園に移植して育てもした。薬戸は七五戸あり、ここで働くことが徭役《ようえき》のかわりとなったのだろう。

「種を弁ず　君臣の性」とは、漢方薬のさまざまな種類を弁別する、の意。漢方は一般に生薬の効能におうじて「君臣佐使」に分別する。「君」薬は疾病に対して作用の中心となるクスリ、「臣」薬は「君」薬だけではどうしても欠けてしまう効能をおぎなうクスリ、「佐」薬は「君」薬の作用をたすけるクスリ、「使」薬は「君」・「臣」薬と「佐」薬の補助的な役割をするクスリである。「君臣佐使」の調剤、つまり匙《さじ》加減《かげん》が重要なことはいうまでもない。

こうして薬草をいくら育ててみたところで、いざ我が身に必要になっても、一分《ぶん》一銖《しゅ》使うことはできない。「箠」は策《むち》（笞、鞭）のこと。わずか一本の薬草が欠けても、たえがたいほどムチでうたれるのだ。

・何人寒気早　　何《いづ》れの人にか　寒気早き
寒早駅亭人　　寒早し　駅亭の人
数日忘飡口　　数日　飡《そん》を忘るる口
終年送客身　　年を終《を》ふまでに　客《たびびと》を送る身
衣単風発病　　衣《ころも》は単《ひとへ》にして　風は病ひを発《おこ》す
業廃暗添貧　　業《なりはひ》は廃《はい》すれば　暗《むな》しく貧しさを添《そ》ふ
馬痩行程渋　　馬さへ痩《や》せて　行程渋《しぶ》りぬれば

鞭笞自受頻　鞭笞《むちしもと》　自らに受くること頻なり

次いで、馬子が登場。「飡《そん》」は汁かけ飯《めし》のような粗末な食事。馬子たちは仕事に追いたてられて、数日、汁かけ飯さへかきこむゆとりもない。年がら年中旅客を輸送するのが仕事で、冬になっても、着ているものといえば、うすい単衣《ひとえ》だから、風邪ひきがちな毎日。仕事がつらいとやめてしまったら、途端に貧困がおっかけてくる。駅舎の伝馬も酷使されて痩せこけ、こなす仕事もだんだん滞《とどこお》りだして、延滞した分の咎《とが》めは馬子らにまわって、ムチ打ちの刑がまっている。

何人寒気早　何《いづ》れの人にか　寒気早き
寒早賃船人　寒は早し　賃船《ちむせん》の人
不計農商業　農《なりはひ》　商《あきなひ》の業《わざ》を計《はか》らず
長為僦直身　長《とこしなへ》に直《あたひ》に僦《やと》はるる身となる
立錐無地勢　錐《きり》を立てむに地勢《ちせい》なし
行棹在天貧　棹《さを》を行《や》ること　天貧《てんぴん》なるに在《あ》り
不屑風波険　風波の険《けは》しきは屑《もののかず》にせず
唯要受雇頻　ただ要《もとむ》む　雇ひを受くること頻ならむことを

これは、船で働く水手《かこ》やかじ取り。農業や商業をもって生業《なりわい》とはせず、いつまでたっても賃雇いの暮らしぶり。キリを立てるほどの広さの土地ももてず、棹をあやつって船をはしらせねばならないのも、天性の貧しさゆえである。荒海の波や風はものともしないが、雇い止めにならないようにと願うことしきりだ。陸にあがっては食べていけぬ連中だから、賃仕事からあぶれようものなら、海賊にでもなるほか生きる方便《たつき》はなかっただろう。

次いで、同じ海で働く者でも漁師をうたう。

何人寒気早　何《いづ》れの人にか　寒気早き
寒早釣魚人　寒は早し　魚《いを》を釣る人
陸地無生産　陸地に　産《なりはひ》を生むすべなく
孤舟独老身　孤舟《こしう》に　独り身を老いしまくのみ
褭糸常恐絶　糸を褭《たわ》めて　常に絶えむかと恐る
投餌不支貧　餌を投《な》ぐれども　貧しきを支《ささ》えず
売欲充租税　売りて租税に充《あ》てむことを欲《ほ》りす
風天用意頻　風天《ふうてん》　意を用ゐること頻なり

土地をもたず、安定しない漁獲高に暮らしは左右される。小さな舟に乗りこんで、いつしか迫る老いを覚えるようになった。糸が切れはすまいか、釣鉤《つりばり》を失いはすまいかとおそれる。漁につかうテグス糸（天蚕糸）は、ヤママユガ科の昆虫テグスサンの幼虫から絹糸腺を取り出して酸で処理したもの。テグスサンは、中国の南部沿岸や海南島などに分布、飼育されていた。いまのテグスは科学繊維ながら、かつての名を残したもの。ここでいう「糸」が、いわゆるテグスであるかどうかはわからないが、当時の漁師たちにとって、糸にしても釣り針にしても、貴重であったことにちがいはない。

餌をつけて魚を釣って稼いでも、貧しい暮らしでさえ思うようにはならぬ。売りに売って租税にあてようと、さて風向きはどうか、天気の具合はどうか、漁師たちの気のやすまるときはない。

漁師たちと同じように、塩を作って売る人びとも晴れが続いてくれないと、商売はあがったりである。瀬戸内の気候がら、盛夏《せいか》にいちじるしく雨の少ない讃岐では、府中や坂出あたりを中心に製塩業がさかんであった。ここで登場するのは、塩作りの人夫や販売もかねた小商いの人びとである。

・何人寒気早　何《いづ》れの人にか　寒気早き
寒早売塩人　寒は早し　塩を売る人
煮海雖随手　海を煮《に》ること手に随《したが》ふとも
衝烟不顧身　烟《けぶり》を衝《つ》きて身を顧《かへり》みず
旱天平価賤　旱天《かんてん》は価《あたひ》の賤《やす》きを平《たひらか》にす
風土未商貧　風土《ふうど》は商《あきなひびと》を貧《まづ》しからしめず
欲訴豪民擢　訴《うるた》へまく欲《ほ》りす　豪民の擢《ほほあらあら》しきこと
津頭謁官頻　津頭《しんとう》に吏に謁《えつ》すること頻なり

海水をくみあげて藻塩《もしお》を焼くのは手なれたもので、煙にむせながらも、せっせと働いている。ところが、あまりの晴天つづきで塩の生産はあがる一方、当然ながら品物がだぶつけば価格は下落する。讃岐の風土は製塩にかなっていて、塩を商売する人びとを貧しくはしないはずなのに。悪徳業者が役人と結託《けったく》し、買い占めて暴利をむさぼる。贈収賄《ぞうしゅうわい》もありそうだ。零細な製塩業者や小売人たちが、税関の役人を相手に、なんだかんだと荷出しの波止場でもめているようだ。悪徳業者が中間で搾取《さくしゅ》している、土豪が利益を独占している、役人のなにがしは鼻グスリを嗅《か》がされて手心をくわえている、などと直訴がつづく。中小企業が大手に泣かされるのは、現代だけではないのだ。

「寒早十首」の最後は、山で生きる樵《きこり》や薪《たきぎ》売りをうたう。

・何人寒気早　何《いづ》れの人にか　寒気早き
寒早採樵人　寒は早し　採樵《さいせう》の人
未得閑居計　未《いま》だ閑居《かんきよ》の計《はかりごと》を得ず
常為重擔身　常に重く擔《にな》ふ身たり
雲巌行処険　雲巌《うんがむ》　行く処《ところ》険《けは》しく
甕牖入時貧　甕牖《をういう》　入る時貧なり
賤売家難給　賤《やす》く売れば　家給《きふ》し難《がた》し
妻孥餓病頻　妻孥《せいど》　餓《う》ゑと病ひと頻なり

毎日、山に入って木を切る。「樵」には雑木や薪の意味もあるので、柴を採りあつめ、それを売って生計をたてている者も含むのだろう。汗《あせ》して山で働いているが、暮らしは楽にはならず、暇などどこにもないありさまだ、という。ずしりと重い材木を担《かつ》ぐばかりの山暮らしの毎日。「雲巌」は雲がかかるほど高い巌。危険な頂《いただき》や山腹での作業がつづくのだろう。「甕牖」は破《わ》れた甕《かめ》の口を明かりとりにしたような家。

これは儒教の聖典の一である『礼記』「儒行」に、

儒に、一畝《いちぼ》の宮《きゆう》、環堵《くわんと》の室、篳門圭窬《ひつもんけいとう》、蓬戸甕牖《ほうこをういう》、衣《ころも》を易《か》へて出《い》で、日を并《あは》せて食《くら》ふも、上之《かみこれ》に答ふれば敢《あへ》て以て疑はず、上答へざれば敢《あへ》て以て諂《へつら》はざる有り。其の仕此《しかく》の如き者有り。

とある表現である。右の一文は、志をもった儒門の人の清貧を述べたもの。わずか一畝（周・春秋時代で約二アール）ほどのせまい宅地、一丈四方の小屋、土塀のくりぬき穴に竹の編み戸、蓬《よもぎ》の戸にこわれた瓶の窓。ただひとつしかない衣類を、家の者が代わるがわるに着て外に出る。食事といえば二日分、三日分をかねてただ一回。

そうした極貧にありながらも、ことを進言して君主が応じてくれるなら、よろこんで職にはげみ、何の疑いももたず、たとえ応答がなくとも、こびへつらってまで用いられようとはしない、忠臣一途の暮らしぶり。高尚《こうしよう》で潔白、私利私欲がないゆえの貧しさ、そのシンボルのひとつが「甕牖」なのだ。これは、食うことに汲々としている「採樵の人」とは別次元としかいいようがあるまい。

「倉廩《さうりん》実《み》ちて、則《すなは》ち礼節を知り、衣食足《た》りて、則ち栄辱《えいじよく》を知る」とは、『管子』「牧民」のことばである。日常生活の衣食がじゅうぶんに足りてこそ、名誉とは何か、恥とは何かを知るのであって、妻や子が飢えて病気になっている「採樵の人」にとって、儒者の清貧の志など腹の足しにもならない。こうしてみると、道真のうたう「甕牖」とは、ほとんどパロディかブラック・ユーモアでしかない。

道真が讃岐で見たのは、地を這《は》うように生きる、波濤《はとう》のすみで息をこらすように生きる、貧しい人びとの群れだったのである。

# したたかに生きる

もし道真が、貧しい人びとを憐憫《れんびん》のまなざしだけで見ていたなら、たぶん作品の面白みは半減するだろう。下層民を哀れんでいるだけではない。たとえ貧困のどん底にあってもしたたかに生きる、そのような姿も発見する。「藺笥《ゐげ》の翁に問ふ」「翁に代《かは》りて答ふ」「重ねて問ふ」「重ねて答ふ」の連作は、こうだ。

・問尔皤皤一老人　問はくは「尓《なむぢ》　皤皤《はは》たる一老人
名為藺笥事何因　名づけて藺笥《ゐげ》といふ　事何にか因《よ》る
生年幾箇家安在　生年幾箇《しやうねんいくばく》ぞ　家安《いづ》くにか在《あ》る
偏脚句瘻亦具陳　偏脚《へんきやく》としどりあしにして句瘻《くる》とくせなる　亦《また》　具《つぶさ》に陳《つら》ねよ」といふ
（「藺笥の翁に問ふ」）

・藺笥為名在手工　「藺笥《ゐげ》の名をなすこと　手工に在り
頽齢六十宅山東　頽齢《たいれい》六十　山東に宅《いへゐ》せり
毒瘡腫爛傷脚偏　毒瘡《どくさう》腫《は》れ爛《ただ》れて傷《いた》べる脚偏《あしゆが》めり
不記何年自小童　何《いづ》れの年といふことを記《き》せず　小《をさな》き童《わらはべ》よりなり」といふ
（「翁に代りて答ふ」）

・近前問汝更辛酸　「近くに前《すす》め　汝《なむぢ》に問《と》はむ　更に辛酸《しんさむ》なることを

年紀病源是老残
売笥村中応賤価
生涯定不免飢寒
・二女三男一老妻
茅簷内外合声啼
今朝幸軟慇懃問
扶杖帰時斗米提

年紀病源　是れ老残なり
笥《け》を村の中に売りても価賤《やす》かるべし
生涯定めて飢ゑと寒さとを免れざらむ」といふ　（「重ねて問ふ」）
「二女三男　一老妻《らうせい》
茅《かや》の簷《のき》の内外《うちと》にして声を合せて啼《な》く
今朝《こむてう》　幸《さいはひ》に軟《へへやか》なり　慇懃《ねむごろ》に問ひたまふこと」といふ
杖《つゑ》に扶《たす》けられて帰る時　斗米《とべい》を提《ひきさ》げたり　（「重ねて答ふ」）

国庁にやってきた貧乏なじいさんと国守道真の、コミカルな問答がはじまる。「名をなぜ藺笥の翁というのかね。歳はいくつで、家はどこ」「からだが不自由なようだが、どうしたのかね」。「藺草で飯盛り器をつくるから、藺草のじいと申します」という。「歳は六〇、山手の東に家はあります。からだ？　ああ、たちのよくない吹き出物で、足のよろつく身になりました。いつの歳かはおぼろげながら、子どもの頃からでございます」。

「もっと前へ出ておいで。老いさらばえたその身では、つらいことも多かろう。どれほど藺笥を編んだとて、村で売っても二束三文、死ぬまで飢えと寒さをまぬかれまいぞ」。道真の「近くに前め」のことばには、脚を引きずりながら「藺笥」を売り歩く、せむしの老人への同情がある。

「家は女二人に男が三人の子だくさん、それに婆さんがひとり。オンボロ屋敷の軒下じゃあ、腹をすかせ泣きわめくありさまでございます。ありがたや国守さま、ねんごろにお声をかけてくださって、今日はおかげをもちまして、ずいぶんと気分もなごんでございます」。連作の最後は、藺笥のじいさんが、米を配給されて帰ったことがうたわれている。

当時も、貧者・老人・病人で自活できない場合には、必要に応じて官物を支給し救護する制度があった。平安時代版の高齢者福祉・障害者支援プラス生活保護の制度である。「戸令」に、

凡そ鰥寡《くわんくわ》、孤独、貧窮《びんぐ》、老疾《らうしち》の、自存《じぞん》するに能《あた》はずは、近親《ごんしん》をして収養《しゆやう》せしめよ。若《も》し近親無くは、坊里《ばうり》に付《さづ》けて安恤《あんじゆつ》せしめよ。

とあり、さまざまな生活困窮者への救済について記されているし、障害や疾病については、さらにこまかに区分し、その度合いに応じた保護・支援をもうけている。(2) 国守の道真を前に、さんざん貧乏や病で苦しんでいるさまをしゃべりまくり、杖をつきつき帰っていくときには、ちゃっかり一斗（現在の四升、七・二リットル）の米袋をさげていったというのだ。苦労話が四升の米に化けたのである。

生活保護の施策とは、しかるべき所轄《しよかつ》のしかるべき役人の手続きと決済をへて、おこなわれるもの。すると、藺笥のじいさんの口ぐるまに、まんまと乗せられた感がないわけではないが、それに気づいた道真は、つい苦笑してしまっただろう。下層民にしてみると、〈したたか〉とは「生きる」ことと、ほとんど同義語ではなかったか。その原点をみつめる道真には、等身大のヒューマニズムがあふれているのである。

注

(1) このあたりは、白楽天の七言詩「薛台《せつたい》の為に亡を悼む」を想い起させてくれるだろう。その詩に「半死の梧桐老《ごどうらう》病《びやう》の身　重泉《ちようせん》一念一たび神《こころ》を傷ましむ　手に稚子《ちし》を携へて夜院に帰れば　月冷《ひやや》かに房空《ばうむな》しうして人を見ず」という。

薛台なる人物の妻が亡くなった時にその死を悼んだ詩で、なかば枯れた梧桐《あおぎり》のような老病の身でありながら、幼い子の手を引き、「重泉」（黄泉《よみ》の意）に行ってしまった妻のことを思う薛台の姿をうたっている。

（2）「残疾」「廃疾」「篤疾」の三区分。「凡そ一つの目盲《めみず》、両つの耳聾《みみきかず》、手に二つの指《ゆび》無く、足に三つの指無く、手足に大きなる拇指《かひゆび》無く、禿《かぶろ》は瘡《かさ》にして髪無く、久漏《もるやまひ》、下重《げぢう》、大瘻瘇《やうしう》、此の如き類は、皆残疾《ぜんしち》と為《せ》よ。癡《おろかひと》、瘂《おふし》、侏儒《ひきひと》、腰背《こしせなか》折《を》れたらむ、一つの支《えだ》廃《すた》れたらむ、此の如き類をば、皆廃疾《はいしち》と為よ。悪疾《あくしち》、癲狂《てんわう》、二つの支廃れたらむ、両つの目盲《めみざ》らむ、此の類をば、皆篤疾《とくしち》と為よ」（「戸令」）。

# Ⅵ　とまらぬ栄進、その果てに

# 異常な官僚人事

仁和五年（八八九）四月二七日に改元。寛平元年となった。『菅家文草』にはそれを祝った作品「開元の詔書を読む、絶句」が見える。「端午の日、艾人《がいじん》を賦《ふ》す(1)」のあとに収められているから、改元の勅書が讃岐にとどいたのは、節句（五月五日）過ぎてからだったのかもしれない。

明王欲変旧風煙
詔出龍楼到海壖
為向樵夫漁父祝
寛平両字幾千年

明王《めいわう》変へむことを欲《ほり》す　旧《もと》の風煙《ふうえん》
詔《みことのり》は龍楼《りようろう》より出でて　海の壖《ほとり》に到《いた》る
為《かるがゆゑ》に樵《せう》夫《ふ》漁《ぎよ》父《ほ》に向ひて祝ふ
寛平《くわんぴやう》の両字　幾千年

「寛平」の元号は、寛仁公平（心ひろく憐れみ深く公平）の意である。天子である宇多は、旧来の風紀を一新しようとし、改元の勅を発した。龍楼とは宇多のいる禁中を表す。詔勅は禁中から出て、やがて南海道の讃岐国までつたえられた。そこで国守のつとめとして、改元を宣布し新元号を祝おうとするのだが、まわりは樵《きこり》や漁夫ばかり。それでも「寛平」の新しい御代《みよ》が、これから幾千年も栄えるように祝福したとうたうのである。

この寛平の時代、ひろく知られているように、道真は宇多から手厚い知遇を得るようになるのだ。その予兆らしきものは、「懐《おも》ひを書《しる》して諸の詩友に呈し奉る」に道真自身が書き残した、次のようなメモにうかがえそうである。

　予州《われくに》の秩《ちつ》已《すで》に満ち、符を被《かかふ》りて京に在り。分付《ぶんぷ》の間、朝士に接せず。故《かるがゆゑ》に作る。

内容をたどってみると、どうやら道真の帰任は、異例なはこびで進んだらしい。本来なら、後任者が讃岐に到着、一二〇日以内に後任者と各部門の引き継ぎ、在任中欠損をしたものについての弁済、諸帳簿にあやまりがないかの査定とつづき、その証明書（解由《げゆ》状）を発行してもらう。そしてそれを太政官に提出し許可がおりて、はじめて帰途につくというのだが、道真は来任の前に、はやばやと讃岐をはなれてしまったようだ。

「符」は国守交替の太政官符をいう。それをもらっただけで、「分付」（交替手続きの一切）が完了していないにもかかわらず都にもどったために、まさか公然と政府関係者と会うわけにもいかない。そこで、こうして詩歌を進呈するというのである。

作品「懐ひを書して諸の詩友に呈し奉る」では、

折轅遵渚去春廻　　折《くじ》けたる轅《ながえ》は渚《なぎさ》に遵《したが》ひて　去《い》んぬる春し廻《めぐ》れり
閑臥涼風半死灰　　涼しき風に閑《しづか》に臥して　半《なかば》は死にたる灰のごとくなりき
公事聞人談説得　　公事《くじ》は人に聞きて　談《かた》らひ説くこと得《え》たり

野情趁我寂寥来　　野情《やじやう》は我を趁《お》ひて　寂寥《せきれう》来れり

と、うたっている。去年の春はボロ車に乗り海岸線沿いに部内を巡行、秋は涼しい秋風の中に閑居して、半ば死灰のようにしていた。国守としてやらなければならない公務は、周りの者たちの助けがあって、まずまずすませることができたが、鄙《ひな》びた田舎暮らしの空気にどっぷりつかっているうちに、何ともわびしくなってしまったのだよ。これが、道真の讃岐暮らしの総括である。

作品の後半では、こう。

不観釈奠都堂礼　　釈奠《しやくでん》　都堂《とだう》の礼を観《み》ず
何賜重陽内宴盃　　何《いか》にぞ重陽　内宴の盃《さかづき》を賜《たま》はむ
為向当時詩友謝　　為《かるがゆゑ》に当時《そのかみ》の詩友に向ひて謝す
今年翰苑出庸材　　今年の翰苑《かんゑん》　庸材《ようざい》を出しなむ

今年は春も秋も孔子廟堂でおこなわれるはずの釈奠が中止となった。来る九月には重陽の宴、年が明けた正月二一日には内宴が催されようが、「分付受領」の手続きがおわっていないので、そうした宴に出るのは、さすがにはばかられる。そこでこうして詩一篇をもってわびるという。それのみならず、わたし(道真)が参加しないので、今年は凡庸な顔ぶれになってしまうだろう、と。道真は自身の文才を頼みにするところもあっただろうが、これでは厭《いや》みっぽくて、あまりに不遜《ふそん》にすぎるのではないか。

ことはそれだけではない。右の「懐ひを書して諸の詩友に呈し奉る」のすぐ後に、「九日宴に侍《はむべ》りて、同じく『仙潭の菊』といふことを賦す。各一字を分つ、製に応《こた》へまつる。〈探りて祉《し》の字を得たり〉」がある。参加がはばかられたはずの重陽節の宴席に出席、「応製（制）」つまり天子である宇多の勅命にこたえて、自作を披露している。「還《かへ》りて愧《は》づらくは　功無《いさを》くして天の祉《さいはひ》を降《くだ》さむことを」。これが道真作の結びである。外官として何の業績もなく帰任したのに、天子よりこうした幸いをうけることは、何とも愧《は》ずかしいことだ、と宇多のとくべつな計らいがあったことをうたっているのだ。

じつは「懐ひを書して諸の詩友に呈し奉る」の前には、「三月三日、雅院に侍り。侍臣に曲水の飲を賜ふ、製に応へまつる」といった詩がある。三月三日だから、いわゆる上巳の節であり、禊《みそぎ》をして心身を清め、その後に飲食をともにした。舟遊びをしたり、流れに盃を浮かべて詩歌を競作する曲水の宴もひらかれる。曲水の宴はやくは顕宗《けんぞう》天皇の元年、二年、三年に見える（『日本書紀』）が、これが史実かどうかはわからない。聖武天皇の時代、「三月 己亥《つちのとゐ》、天皇、鳥池《とりのいけ》の塘《つつみ》に御《おは》しまして五位已上を宴《うたげ》したまふ。……また、文人《ふみひと》を召して曲水の詩を賦《うた》はしむ」（『続日本紀』神亀五年・七二八年）と宴のようすが記録されており、八世紀には宮中行事になっていた。その後はひさしく廃《すた》れてしまったようだ。

この一首で、道真は、

四時不廃歌王沢　　四時《しいじ》　王沢《わうたく》を歌はむことを廃《や》めず
長断詩臣作外臣　　長く詩臣の外臣たらむことを断《た》たむ

と、うたっている。四季折々の歳時の風流をおこして、天子のめぐみを謳歌したいので、ひさしく文人詩臣としてお召しになり、ふたたび田舎まわりなどにさせないでいただきたい、と。この作にも「応製」とあって、宇多天皇の催した肆宴《しえん》の席に、道真の姿があったのは明らかだろう。宇多は道真を破格の寵をもって処していたというほかないのである。

寛平三年（八九一）二月に蔵人頭に補され、さらに三月に式部少輔に任じられた。四月にはいって左中弁を兼務する。翌年四年一月に従四位下に叙《じょ》せられる。暮れには左京大夫を兼務。さかのぼる五月一〇日に、労作である『類聚国史』を選進している。さらに『三代実録』の選修にもかかわっており、儒家・文人としても充実した年だったはずだ。

五年（八九三）二月には、いよいよ参議に任じられた。父の是善が貞観一四年（八七二）に参議になったのと同じように、政府の中枢のポストを得たのである。式部大輔を兼務、同じ二月に左大弁に転じ、三月に勘解由長官、さらに四月に春宮亮を兼ねた。たいそうな出世である。六年八月に遣唐大使を兼務、九月に遣唐使の派遣がとりやめになった後は、一二月半ばに侍従となった。

七年の官僚人事は、どうみても異常ではないか。前年六年の政務中枢の顔ぶれは、右大臣の藤原良世（七三歳）など藤家が八名、左大臣の源融（七三歳）など皇室の血をひく源家が六名、菅家はもちろん道真ひとりである。そして七年の人事異動はこうだ。左大臣源融、右大臣藤原良世、大納言源能有《よしあり》（五一歳）、中納言藤原時平（二五歳）、中納言源光（五〇歳）で、ここまでは前年と同じ。下座にあたる権中納言藤原国経《くにつね》（六八歳）も同じ。

ところが、この国経の上座に、それまで末席にいた道真がすわることになる。国経は、あの贈太政大臣藤原長良の子である。そればかりではない。皇太子の外祖父藤原高藤（五八歳）、贈太政大臣藤原冬嗣の孫の有実《ありざね》（三九歳）、さきの左大臣源常《ときわ》の子の直（六六歳）、光孝天皇の皇子の源貞恒（四〇歳）、道真の前任者（讃岐国守）で能吏とうたわれた藤原保則（七一歳）(2)など、これらの人びとの座席をいっきにとび越えて、道真は中納言のポストにつく。祖父や父も三位まで昇ったものの、中納言にはなっていない。菅家の大躍進といえば、なるほど目をみはるほどの大躍進なのだが、門閥重視の政界では、これでは幹部のすべてを敵にまわすことになりかねないではないか。

## 寛平御遺誡、時平の場合

寛平九年（八九七）六月、右大臣源能有の死で人事異動。時平は大納言左近衛大将に、そして道真は権大納言右近衛大将に任じられている。源融のあと左大臣となっていた良世は、高齢で実質的にはリタイアしているから、大臣職は空席となっており、時平と道真が雁行《がんこう》して最高位についたのである。

七月には三一歳の若さで宇多天皇が譲位する。皇位を継承した敦仁《あつぎみ》親王（醍醐天皇）は、藤原高藤の娘胤子《たねこ》を母に第一皇子として誕生、皇位についたのはわずか一三歳の子どもだった。宇多上皇は醍醐に『寛平御遺誡《くわんぴやうのごゆいかい》』をさずけたが、これが政界に思わぬ波紋を広げたのである。『御遺誡』に完本はなく、原本がどれほどのボリュームがあったのかわからない。さまざまな書物に引用されたものを、後に集めたものらしく、残っている部分にも前後が欠けているのがあって、内容がよくわからないのも多い。

「……努力努力《ゆめゆめ》」「……二、三度朕失《あやま》てり。新君慎《つつし》め」「……失つべからず」「朕すでに失てり、新君慎め」「……忘るることなかれ怠ることなかれ」といった戒めの文言がならぶ。「朕失てり」という、自身はやりそこなったので、ゆめゆめ慎んで誤りをおかすなというあたりは、じつに血のかよった遺戒になっている。

有憲《ありのり》昇殿すべからざるの状、去年神明《こぞしんめい》を引きて定国《さだくに》に附《つ》けて、申し遂《と》ぐることすでに了《をは》りぬ。忘るることなかれ。

といった一条もある。有憲なる人物の素性はまったくわからないが、定国は高藤の子のひとり。醍醐にとっては母方の叔父にあたり、有憲も縁戚《えんせき》関係にあった者か。なにかの不敬があったのだろうか。宇多の口調はかなりきびしい。

一風かわったことがらでは、

小恠《せうくわい》小異《せうい》に依《よ》りて、以て軽々しく神祇陰陽等を召すことを忌《い》むべし。

とある。周囲に少々あやしげな現象が起こっても、神祇官や陰陽寮に占わせるな、というのだ。うろたえてバタバタすることのない、天子としての冷静さをもとめたのである。右の文面を裏返し読むなら、当時の宮中周辺に、いかに不可解なできごとが多かったかが想像される。醍醐の治政のうえで、もっとも神祇官や陰陽寮の官僚たちを手こずらせるのが「菅帥の霊魂宿忿《しゆくふん》のなすところ」(『日本紀略』)になろうとは、よもや『寛平御遺誡』を書いた宇多も、それを受けとった醍醐も想像だにしなかっただろう。

このような『寛平御遺誡』で注目されるのは、周知のように時平と道真への言及。まず時平について、次のように述べている。

左大将藤原朝臣は、功臣《こうしん》の後なり。その年少《わか》しといへども、すでに政理《まつりごと》に熟《くは》し。先《さき》の年、女のことにして失《あやま》てるところあり。朕早《つと》に忘却して、心を置かず。朕去《い》ぬる春より激励《はげまし》を加へて、公事《くじ》を勤めしめつ。またすでに第一の臣たり。能《よ》く顧問に備へて、その輔道《ほだう》に従へ。新君慎め。

「女のことにして失てるあり」は、興味ぶかい。父は関白太政大臣、母は宇多天皇の従姉妹《いとこ》という血筋で、最高のサラブレッドだった。宮中でなにかと話題にならないはずもない。女性をめぐるスキャンダルなら、なおさらだろう。『今昔物語集』（巻22）「時平の大臣国経の大納言の妻を取ること第八」は、時平が伯父にあたる大納言国経の妻が若く美しいのを聞き知り、年始のあいさつに出向き、酔った国経からまんまとその妻をゆずり受けたといった話をつたえている。この女性は在原業平の血をひく棟梁《むねはり》の娘らしい。棟梁の娘は国経に嫁して子をなしたものの、すでに齢八〇になった国経には不満があった。やっと二〇歳をこえたばかりだったという。屋敷にやって来た時平を簾《すだれ》ごしに見て、次のように思うのである。『今昔物語集』の一部を読んでみよう。

此《こ》の大納言の北の方は、大臣《おとど》の居給《ゐたま》へる喬《そば》の簾《すだれ》より近くて見るに、大臣の御形《おほむかた》ち、音《こゑ》、気《け》はひ、薫《たきもの》の香より始《はじめ》て、世に不似《に》ず微妙《めでた》きを見るに、我が身の宿世《しくせ》心疎《う》く思《おぼ》ゆ。「何《いか》なる人此《かか》る人に副《そひ》て有らむ。我れは年老《としおい》て旧臰《ふるくさ》き人に副たるが事《こと》に触《ふれ》て六借《むつかし》く思ゆるに」。弥《いよい》よ此《こ》の大臣を見奉るに、心置所《こころおきどころ》無《な》く侘《わび》しく思ゆ。

北の方は時平を見ながら、老いてひからびた夫に連れそっている辛気《しんき》くさいわが身を嘆く。一方、国経といえば、甥ごながら正月に訪れてくれた時平への感動と酒の勢いで、御簾のなかにみずから手をさし入れて北の方の袖を取り、引き出物として与えてしまう。明け方になって酔いもさめ、「北の方は」と周囲の侍女らに声をかけて、昨夜の顚末を知った国経は、こうだ。

　女房共有《どもあり》し事共《ことども》を語るを聞くに、極《きはめ》て奇異《あさま》し。「(時平の訪問は)喜《うれし》とは思ひ乍《なが》ら、物に狂《くるひ》けるにこそ有りけれ。酔心《ゑひごころ》とは云乍《いひなが》ら此《かか》る態《わざ》為る人や有ける」、嗚呼《をこ》にも有り、亦難堪《またたへがた》くも思ゆ。取り可返《かへすべ》き様《やう》も無ければ、「女《をむな》の幸《さいはひ》の為《す》る也けり」と思ふにも、亦我れ老《おい》たりと思《おもひ》たりし気色《けしき》の見えしも妬《ねた》く、悔《くやし》く、悲《かなし》く、恋しく、人目には我が心としたる事の様《やう》に思はせて、心の内には破無《わりな》く恋《こひし》くなむ思《おもひ》けり。

酩酊《めいてい》していたとはいいながら、おのれのとった行動が馬鹿らしくもあり、堪《た》えがたくもある。だからといって、いまさら返してほしいともいえない。日頃、北の方がこの自分を老いぼれだと思うようすを見せていたのも、しゃくにさわる。悔しく悲しく、また恋しく、人目では自分の意志でしたことのように思わせ、その実、いいようもなく恋しい思いにうちのめされていたというのである。この北の方は時平とのあいだに、後に三六歌仙のひとりとなる権中納言敦忠《あつただ》を生んでいる。

宇多のいう「女のことにして失《あやま》てるところあり」が、こうした国経の妻を掠奪したスキャンダルと特定はできないものの、あえて『寛平御遺誡』でふれているのは、「此の大臣は色めき給へるなむ少し片輪《かたは》に見え給」(『今昔物語集』)うといった人物評が、けっして的外れではなかったからだろう。権力を掌握していくうえで、好色が武器になるかどうかは、時と場合にもよるだろうが、人の好さがあだになり、国経がトラの子（北の方）を失ってしまったのは、まぎれもなく大きな損失《そんしつ》といえそうである。

## 寛平御遺誡、道真の場合

道真の場合、言及されたボリュームは時平のそれの四倍ほどもある。すでに述べたように、現在われわれが見ることのできる『寛平御遺誡』は原本のままではなく、後代、天神信仰の浸透とともに加筆された可能性も否《いな》めない。いま便宜的に全三段にわけて読んでみたい。

右大将菅原朝臣は、これ鴻儒《こうじゆ》なり。また深く政事《まつりごと》を知れり。朕選びて博士《はかせ》と為し、多く諫正《かんせい》を受けたり。よて不次《ふじ》に登用《とうりよう》し、もてその功に答へつ。しかのみならず朕前《さき》の年、東宮に立てし日、ただ菅原朝臣一人とこの事を論じ定めき〈女知尚侍《しやうし》居りき〉。その時共に相談する者一人もなかりき。

「鴻儒」は、碩学《せきがく》鴻儒とか硯学通儒とかいわれる、いわゆる学問をきわめた人物を形容することば。道真はかつて、

吾家非左将　吾が家は左将《さしやう》にあらず
儒学代帰耕　儒学　帰耕《くゐかう》に代《か》ふ

皇考位三品　皇考《くわうかう》　位は三品《さむぼむ》
慈父職公卿　慈父　職は公卿
已知稽古力　已《すで》に知りぬ　稽古の力
当施子孫栄　当《まさ》に施《うつ》してむ　子孫の栄え

と、うたっていた（元慶六年・八八二、「博士難」）。「左将」は武官の意。菅原は代々「武」でなく「文」（学問）をもって仕える家がらであった。「帰耕」は故郷に帰って農業にいそしむこと。いにしえ中国の陶淵明（三六五～四二七）が「帰去来兮《かへりなんいざ》　田園将《まさ》に蕪《あ》れなんとす　胡《なん》ぞ帰《かへ》らざる」（「帰去来の辞并びに序」）とうたい、彭沢《ほうたく》の県令をやめて帰ったのをふまえたことばだろう。そうでなくて、儒学をもって官途をあゆんでいるというのである。

「皇考」（祖父）の清公《きよとも》は承和六年（八三九）正月に従三位に叙せられ、「慈父」是善は参議・刑部卿となり元慶三年（八七九）に祖父と同じように、従三位に昇った。祖父や父がこうして栄位についたのは、ただしく学問にはげんだからであり、道真自らもまた子孫の繁栄のためには、尽力しなければならないと、宣言する。この度、宇多天皇が『寛平御遺誡』で道真を「鴻儒」としたのは、儒者としてのゆるぎない地位を保証したことになるだろう。宇多は台閣の序列によらずに登用し、道真は忠臣となって宇多に仕えた。

『寛平御遺誡』は、さらに次のようにつづく。寛平五年（八九三）四月、皇太子の選定にあたって意見を求めたのは、道真ただひとりだった。ほかに、そばにいたのは「女知」と「尚侍」のふたり。「女知」はわからないが「尚侍」は藤原淑子。其経の妹であり宇多の養母でもある。それよりなにより、基経を説得して宇多の即位にこぎつけた後宮の最高実力者だった。

たとえ道真が「鴻儒」だろうと、「ただ菅原朝臣一人とこの事を論じ定めき」というのは、どうみても首をかしげたくなる。左大臣源融（七二歳）、右大臣藤原良世（七二歳）、大納言源能有（四九歳）、中納言源光（四八歳）、中納言藤原諸葛（六八歳）、中納言藤原時平（二三歳）、藤原国経（六六歳）、以下参議の源直（六四歳）、藤原有実（三七歳）、藤原保則（六九歳）、藤原有穂（五六歳）、源湛（四九歳）、菅原道真（四九歳）。参議七名のうち有穂、湛、道真の三名は二月に任命されたばかりだった。ましてや道真は、その末席の公卿でしかなかった。宮中で物議をかもさぬはずはあるまい。

ことはこれだけにとどまらなかった。敦仁が皇太子となってわずか二年後、宇多は譲位の意志をもらすようになる。二段目は、こうである。

また東宮初めて立ちし後、二年を経ざるに、朕位を譲らむの意《こころ》あり。朕この意をもて、密々《みつみつ》に菅原朝臣に語りつ。しかるに菅原朝臣申して云はく、かくのごとき大事《だいじ》は、自《おのづか》らに天の時あり、忽《いるかせ》にすべからず。早くすべからず云々とまうす。よて或は封事を上《たてまつ》り、或は直言《ちょくげん》を吐きて、朕が言に順《したが》はず。またまた正論なり。

宇多が譲位したいと、その意をもらしたのも道真だったという。道真は譲位という大事にはしかるべき時期があるのであって、それを軽んじてはならないと反対する。書面でも面と向かっても、宇多のことばにしたがわなかった。そして、第三段でも宇多にしたがわない道真が登場する。

今年に至りて、菅原朝臣に告ぐるに朕が志必ずしも果たすべきの状をもてす。菅原朝臣更に申すところなく、事々《ことごと》に奉行《ぶぎやう》せり。七月に至りて行ふべきの儀、人の口に云々《つつや》きぬ。殆《ほとほと》にその事を延引《えんいむ》せむと欲するに至りて、菅原朝臣申して云はく、大事は再び挙ぐべからず。事留《とどま》るときは変生ず云々とまうせり。遂に朕が意をして石のごとくに転ぜざらしめつ。惣《すべ》てこれを言へば、菅原朝臣は朕が忠臣のみに非ず、新君の功臣ならむや。人の功は忘るべからず。新君慎め云々。

宇多はふたたび譲位の意を道真にもらす。それに対して道真は何も反発することも諫めることもせず、粛々と準備を進めたようだ。ところが七月になって譲位のプランがどこからかもれて、人の口々にするところとなった。「云々《つつや》く」は、あれこれとつぶやく、批判する、の意。天皇はそのうわさにうろたえ、譲位を延期しようとする。道真が宇多のことばにしたがわなかったのは、この時である。

大事は幾度もあってはならない、延期するのはかえって危険である、これが道真の主張である。その箴《しん》言《げん》が天皇の意志を「石」のように強固にしたというから、当時の宮中では、譲位をめぐり、さまざまな臆《おく》説《せつ》と批判の言が飛びかっていた、と想像されよう。宇多はこうして道真のきめたタイミングにしたがって、譲位を決行したのである。道真は私（宇多）の忠実な臣下だけでなく、新帝（敦仁）の功ある臣下というべきだ、とまで断言されれば、醍醐はどのように反応できようか。ましてや、天下国家の大事にあたってないがしろにされた首脳らの反発が生じないはずはない。

## 栄進の果て

寛平一〇年（八九八）四月に改元して昌泰元年となった。宇多天皇の譲位の詔に、天皇が幼いうちは大納言の時平と権大納言の道真が「奏請」（天子に願い出て裁可を求めること）・「宣行」（詔にしたがって政策をおこなうこと）について教導するように、とあったことに公卿らが反発。「両臣にあらざれば勤むべからず」と曲解して、権大納言の源光、中納言の藤原高藤、同じ中納言の藤原国経らが政務をサボタージュあるいはボイコットしてしまう。その結果、とうぜん審議すべきことがらは、ことごとく棚あげにされたままとなったのである。

九月四日付けの、道真の「太上天皇に上《のぼ》せて、諸納言等をして共に外記に参ぜしめたまはむことを請ふ状」には、宇多に「伏して願はくは、太上皇陛下、去年の詔命の意を述べ、今日の申請の誠を察せられ、宜しく諸納言等を喩し、相共に外記（所）に参ぜしめたまはむことを……」と懇請している。さらに九月一九日付けの奏状「重ねて太上天皇に上せて、諸納言疑ふ所の決するの状」では、一八日に上皇が勅書で諭したことをもって「諸納言の疑ふ所、一朝にして氷解す……」と感謝し奏上している。

源光らにしてみれば、すでに政権を去っているにもかかわらず、時平と道真だけを重宝しようとする宇多に反発もあっただろうが、なにより道真が厚遇されるのが面白くなかったにちがいない。コンナコッチャ、俺達、ヤッテラレナイヨナー……。一方、宇多の勅諭に助けられた道真だったが、上皇の影響力をもち出してきたこと自体、また新たな火種になるのを、自覚していなかったはずはない。それでも何とか事態は収拾された。

この年の初冬に、宇多は交野から吉野へと遊覧している。一〇月二〇日に京都をはなれ、川島の原で鷹狩に興じ、二一日に交野に到着。翌日交野を出立し、二三日は大和高市にある道真の別荘に宿泊、二四日に吉野の宮滝に着いた。二八日には摂津の住吉宮参詣のために、龍田山をこえた。一一月一日に朱雀院に還御している。

このたびは幣《ぬさ》もとりあへずたむけ山もみぢの錦《にしき》神のまにまに

『古今集』（巻9羇旅歌）に「朱雀院の奈良におはしましたりける時に、手向山にてよみける」の詞書きのある道真の歌。もちろん百人一首の所収歌でもある。「この度」に「この旅」をいいかけた。この度《たび》の旅《たび》には、幣の用意もじゅうぶんしないでいそいで旅立ってきた、というのである。「たむけ山」は、ここではどこの手向山なのか明らかではない。幣もないとて、かわりにみごとに紅葉したモミジを手向山にささげるので、み心のままにお納めください、とうたう。また「宮瀧御幸記略」末尾にある道真の絶句は、こうである。

満山紅葉破小機　　満山の紅葉　小《ささやか》なる機《はた》を砕く
況遇浮雲足下飛　　況《いは》むや浮べる雲い足の下《もと》より飛ぶに遇《あ》はむや
寒樹不知何処去　　寒《こ》いたる樹は何処《いづく》に去《ゆ》きしかを知らず

雨中衣錦故郷帰　雨の中を錦を衣《き》て故郷に帰らむ

全山の紅葉は小さな機織りでは織れるものではない、それに白雲が足元からはい昇って、その配色のみごとな美しさ。寒枯れした樹はどこかへいってしまい、紅葉していない樹は一本もない。さあ、わたしはこの雨の中、降りかかる紅葉の錦を着て、故郷へ帰ろうではないか、と。「故郷」は旧都である平城京をさす場合が多いが、ここでは道真の故郷をいうのだろう。菅原の氏名《うじな》は、居住地によると考えられ、「大和添下郡菅原郷」(『和名抄』)が「菅原」であるとされる(現在の奈良市菅原町)。野見宿祢と埴輪伝承がのこる垂仁天皇の陵もこの地にあり、いまや権大納言・右大将となり中宮大夫ともなった道真が「故郷」へ帰るのは、文字どおり「故郷へ錦を飾る」ことにほかならなかった。(3) 道真、まさに得意絶頂の時代だったといえよう。

とはいえ、上皇につきしたがったメンバーで明記されている人びとを、「片野御幸記略」・「宮瀧御幸記略」(第一日目のみ紀長谷雄の筆、それ以降は道真の筆)によって列挙してみると、いささか不安にもなる。


「片野御幸記略」

左近衛中将在原友于、左大弁源希、左近衛権中将藤原定国、左近衛少将藤原滋実、中宮職亮藤原恒尚、右近衛権佐良岑衆樹、右兵衛督藤原清経、勘解由使長官源昇、右近衛権中将源善、左兵衛佐源忠相、右兵衛佐平惟世、右近衛権少将源嗣。

「宮瀧御幸記略」

常陸守是貞親王、勘解由使長官源昇、右兵衛督藤原清経、左近衛中将在原友于、右近衛権中将源善、備前介藤原春仁、左馬助藤原恒佐、右衛門権佐藤原如道、中宮大進源敏相。

そのほかに、素性法師が随行し、住吉へ向かう道で別れている。異同はあるが、すでに譲位した身分の気軽な物見遊山であるといえばこのメンバーでもよいのかもしれないが、それでも上皇の行幸にしては、従駕した人びとの身分が低い。このなかで参議は源昇だけである。紀長谷雄が右足を馬に踏まれて扈従《こじゅう》できないので、二日目には都へ帰ってしまったという（長谷雄朝臣、右脚為馬所踏損、不堪従行、申故障帰洛）。宇多が物見遊山に明け暮れているあいだに、洛中では何やらよからぬ動きがあったのではないか。行幸の途中、二六日に醍醐天皇から見舞いの使いが来ている。「内裡の御使、左兵衛佐平朝臣元方、忽ち野中に参じ、寒温寝膳を問ひたてまつる」。これもまた身分はあまりよろしくない。元方は翌日終日従駕し、その翌朝、宇多の勅書をいただいて、京へもどっている。

宇多と道真を中心とするこのツアーは、投げいれた小石のように、宮中という池に波紋をひろげたのではないか。道真いわく、

嗟乎《ああ》、人の意は同じからず。譬ふれば猶《なほ》其の面のごとし。相従ふ者は実を見て以て頌歎《しょうたん》し、相従はざる者は虚を聞きて以て誹謗《ひぼう》す。世の常なり。怪しむべからず。

と（「宮瀧御幸記略」）。翌年昌泰二年二月一四日、道真はついに右大臣兼近衛右大将となったのである。筑紫追放の宣命まで、あと二年。

注

（1）端午の行事として、邪気をはらうために成長した蓬《よもぎ》で人形を作った。これは中国から伝来した風習。六世紀にまとめられた『荊楚歳時記』に、「五月五日、之を浴蘭節と謂ふ。四民並びに蹋《たふ》百草の戯あり。艾《よもぎ》を採りて以て人を為《つく》り、門戸の上に懸け、以て毒気を禳《はら》ふ。……『師曠占《しくわうせん》』に曰く、『歳どし病多ければ則ち病草先づ生ず』と。艾是れなり」とある。道真はこうした「艾人」にわが身をたとえて、「……只《ただ》万家採り用ゐることを知るべし　縦《たと》ひ筋骨《きんこつ》を焚《た》くとも　名を焚《た》かじ」とうたう。たとえ節句がおわりこの身は火に焼《く》べられ失ったとしても、名を汚すようなことはしたくない、秩満（国守任期満了）の日までりっぱに務めたい、との気概をこめている。

（2）藤原保則は、元慶二年（八七八）に讃岐介となった安倍興行《おきゆき》とともに、善政をなした人物である（元慶六年に赴任、三善清行『藤原保則伝』）。道真はこのふたりを、「たまたま明府に逢《あ》ひにたり　安を氏となせり　昼夜に奔波《ほんぱ》して　郷里《がうり》を巡る　遠く名声に感《おご》きて　走《は》せし者《ひと》も還《かへ》れり　周《あまね》く賑恤《しんじゅつ》を施《ほどこ》して　疲れし者も起《た》ちぬ　吏民《りみん》相対して下《しも》は上《かみ》を尊ぶ　老弱相携《たづさ》へて　母は子を知りぬ　更に使君　保の名在《あ》るひとを得たり　臥《ふ》しながら聴《き》くこと流るるが如く　境内《けいだい》清《す》みぬ　春は春に行《あり》かずして　春遍《あまね》く達《いた》る　秋は秋を省《かへり》みずして　秋大きに成《しげ》し」とほめ、「……安を氏と為す者は　我が兄の義《のり》あり　保の名に在る者は　我が父の慈《いつくしび》あり」とうたう（「路に白頭の翁に遇《あ》ふ」）。

保則は横に寝たまま政治をおこなっても、決裁は水がながれるように滞ることがなかったし、国内の汚穢《おわい》は清まった。国守の保則が春をもとめて出歩かなくても、春の光はかがやきわたったし、秋は田んぼの具合いを見回らなくても、大いに収穫があった……興行は自分にとっての兄であり、保則は慈父ともいうべき恩人なのだ、と。道真はその保則をとび越えて、新しいポストについたのである。

（3）これは司馬遷『史記』にある項羽のことば「富貴にして故郷に帰らざるは、繍《しう》を衣《き》て夜行するが如し。誰《たれ》かこれを知らんや」によるか。「故郷」は河内国の土師かもしれない。河内には菅原氏の菩提寺である道明寺があった。

# Ⅶ　遣唐使の廃止

## 東アジアを視野に

寛平六年（八九四）まで、すこし時をもどしてみよう。寛平六年というと、二月一六日に道真が参議の一員となり、四月一日にさらに春宮亮を兼ね、敦仁（醍醐天皇）の立太子がおこなわれた、その翌年にあたる。八月二一日、遣唐大使に任命されている。前年の五月一一日に新羅国の賊が本邦を侵した事件もあって、対中国との対外交渉が政策のひとつとして注目されていたことは理解できるのだが、なぜその大使が道真でなければならなかったのか、大いに疑問のあるところで、これまでにさまざまに説かれている。

道真の動静を東アジアのなかで考えてみる必要はないか。道真が生まれたのは承和一二年（八四五）で、平安遷都からすでに半世紀も経っている。桓武や嵯峨など中国風文化を謳歌《おうか》した天皇の時代は、はるか昔。史書によると、遣唐使の派遣は、舒明天皇二年（六三〇）八月に、犬上三田耜《みたすき》・薬師恵日《えにち》らが派遣されたのを第一次としている。七世紀前半から九世紀にかけておこなわれた国際交流、国家プロジェクトであるこの事業を、あっさり停止させたのはほかならぬ道真である。

先の派遣は承和元年（八三四）で、正月に持節大使藤原常嗣《つねつぐ》、副使小野篁《たかむら》らが任命されているから、寛平六年といえば、すでに六〇年もの歳月が経っている。ましてや、承和の遣唐使は成功裏に遂行されたわけではない。準備に時間がかかり承和三年五月にやっと出発したが失敗、翌年七月に再出発してまたも挫折、承和五年になって再々発した。そのあいだに副使の小野篁は仮病をつかって下船し(1)、さらに「西道謡」なるものを作り遣唐使事業をそしったために、嵯峨上皇の怒りをかい、隠岐に流されている（『続日本後紀』承和五年一二月）。

それでは、三度目の航海をこころみた常嗣らが順風満帆であったかといえば、そうではない。後に話題にしたいが、この渡航に同行した円仁《えんにん》の『入唐求法巡礼行記』によれば、たいへんな航海であったらしい。長安で文宗李昂に拝謁《はいえつ》したものの、帰国するための自国の船もなく、新羅船に乗って帰国するというありさまだった。悲惨《ひさん》をきわめたのである。

にもかかわらず、六〇年を経てなぜふたたび遣唐使の派遣が決定されたのだろうか。それになぜ大使は道真だったのだろうか。

## 海彼を見るまなざし

遣唐使を停止するよう上奏したのは道真だが、だからといって、日本列島の内側にひたすら閉じこもる、コスモポリタニズムのかけらもないような人物だったわけではない。むしろ日本海をぐるりと取り囲む環日本海の情勢、あるいはまた、九州の那の津（博多）から五島列島のかなた東シナ海をはさんで、ユーラシア大陸へとひらかれていく東アジアの情勢を感知する、ゆたかな感性をもっていたというべきだろう。道真は、つねに日本をアジアの中でとらえる、グローバルな意識をもつ氏族の後裔《こうえい》なのだ。生まれながらひろくアジアを見わたす血がながれていたといってよい。

菅原氏がもと土師氏で、アマテラスの神代からつづく氏族であることは、すでに書いてきた。出雲国造の祖アメノホヒである。その一四世が野見宿祢《のみのすくね》で、七月七日の相撲会で当麻蹶速《たぎまのくえはや》に勝ってしまったエピソードが史実かどうかはさておき、朝鮮半島を経て中央アジアから海を渡ってきた力人《ちからびと》の一族がうかんでくる。

いや、そこまで時をさかのぼらずとも、白雉四年（六五三）に土師八手《やつて》が送使となっているのを紹介しよう。この時の派遣は二船で、吉士長丹《きしのながに》と高田根麻呂《たかたのねまろ》を大使に任命し、それぞれの船の送使が室原御田《むろはらのみた》と土師八手である。二船の合計二四一名が、那の大津を出帆し肥前国値嘉《ちか》島（五島列島）で順風をまち、東シナ海へと船を進めたらしい。

秋七月に、大唐《もろこし》に遣《つかは》さるる使人《つかひ》高田根麻呂等《ら》、薩麻《さつま》の曲《くま》、竹島《たかしま》の間に、船を合《こぞ》りて没死《おち》りぬ。唯《ただ》五人のみ有りて、胸に一板《ひといた》を繋《か》け、竹島に流遇《ながれよ》り、所計《せむすべ》を知らず。五人の中に、門部金《かどべのかね》、竹を採りて筏《いかだ》に為《つく》り神島《かみしま》に泊《は》つ。凡《おほよ》そ此の五人、六日六夜《むゆかむよ》を経て、全《もは》ら食飯《ものくらは》ず。是に金を褒《ほ》め、位《くらゐ》を進め禄《もの》給ふ。

土師八手の乗った第二船は、薩摩半島の南端、硫黄島の竹島沖合で難破した。乗組員一二〇名のうち、かろうじて助かったのは五名で、筏を作った門部金はたしかにそのなかのひとりなのだが、残る四名の名は記されていない。大使の高田根麻呂は、その後、史書に名が出てこないところからすると、この海難事故で命をうしなったか。もちろん土師八手も消息が知れない。この難事で没したとすれば、土師氏のなかで悲劇とともにながくその名は伝えられただろうし、もし五名のひとりであったとすると、それはそれで氏族の英雄として伝えられただろう。

天武一三年（六八四）には、朝鮮半島を経由して帰国した大唐学生の土師甥《おい》がいる。一二月六日の、次のようなくだりである。

> 癸未《きび》に、大唐《もろこし》の学生《がくしやう》、土師宿祢甥、白猪史宝然《しらゐのふびとほうねん》、及《また》百済の役《えだち》の時に大唐に没《をさ》められし者《ひと》、猪使連《ゐつかひのむらじ》子首《こびと》・筑紫三宅連得許《とくこ》、新羅に伝ひて至《まゐけ》り。則ち新羅、大奈末《だいなま》金物儒《こむもつぬ》を遣《まだ》して、甥等を筑紫に送る。

土師甥が新羅の金物儒に送られて帰国している。白猪宝然とともに、のちに文武四年（七〇〇）六月に『大宝律令』の撰定の功で禄をたまわっている。同時に帰国したのが斉明六年（六六〇）から天智二年（六六三）に及んだ朝鮮出兵の際に、唐軍に捕虜となっていた猪使子首らであるのは興味深い。彼らが拉致され抑留されたのがいつだったか、くわしくはわからないものの、二〇年近い歳月を大陸で過ごしていたことになる。ことは土師甥たちも同じで、派遣の時期は不明ながら、もっとも近い遣唐使の派遣は天智八年（六六九）だから、このときなら甥たちは一〇年をこえて、長安で学んでいたはずだ。長い歳月の大陸暮らしで、やや日本人離れしてしまった面立ちの甥らを、浄御原《きよみがはら》宮の人びとは、いったいどのように歓待しただろうか。[2]

少し時代がくだる文武元年（六九七）一一月に、土師大麻呂が筑紫館《つくしのむろずみ》で外交交渉にのぞんでいる。これは一〇月二八日に来日した金弼徳《こんひっとく》、金任想《こんにんそう》らを迎えに出たもので、陸路で坂本鹿田《しかた》・大倭五百足《おおやまとのいおたり》が、海路で土師大麻呂・習宜諸国《すげのもろくに》が使者として筑紫にくだっている。来日使一行は翌年正月の拝賀にくわわっているのだが、こうした使節が朝賀に参列するのは、史書ではこれが初見。新羅からの貢物は伊勢・住吉などの神社にたてまつられ、[3]後日に山科山陵造営使となる土師馬手を使者として、大内山陵《おおうちのみささぎ》（天武陵）

にまでも献上されている。新羅朝貢使の動静が重要視される、なにがしかの要因があったのだろう。

神亀元年（七二四）八月二一日に、大麻呂の兄弟と思われる豊麻呂《とよまろ》が、遣新羅大使となって新羅へわたり、翌年の夏五月二二日に帰還している。前回の派遣は養老六年（七二二）五月で、大使は津主治麻呂《つのすじまろ》である。主治麻呂の位階は正七位下なのに、今回の豊麻呂は従五位上であり、かなり高いのに注視すべきだろう。おそらく元正天皇が譲位し皇太子の首皇子《おびとのみこ》が即位したことを、新羅に正式に報知する、重要な役目があったからにちがいない。大使の豊麻呂はその任にふさわしい人材だったのである。

天平二年（七三〇）正月、大宰府で催された梅花の宴（『万葉集』巻5）では、少監《しょうげん》（大宰府次席判官・第三等官）として土師百村や官職名は不明だが土師御道《みみち》の名が見える。[4]百村は、養老五年（七二一）に東宮（のちの聖武）に侍している。『続日本紀』には、佐為王・伊部王・紀男人《きのおひと》・山上憶良ら一六人を「退朝の後、東宮に侍らしめたまふ」とあって、首皇子に帝王学を講じるひとりとして登場するのである。どのような学術分野を担当していたかは不明だが、大陸風の素養だったことはまちがいあるまい。同じ侍講者だった山上憶良が、かつて大宝元年の遣唐少録となって東シナ海を往還した人物であり、先にふれた梅花の宴では、筑前国守のポストにあったことは留意しておいてよいだろう。

天平八年（七三六）二月の遣新羅使に、土師稲足《いなたり》のすがたが見える。[5]大使は阿倍継麻呂、副使は大伴三《み》中《なか》。一行は九年正月二六日に帰国して入京しているものの、大使は対馬で没しており、副使は病を得て三月になって都にもどって来た。注目されるのは、最初にもどった大判官壬生宇太麻呂《みぶのうだまろ》・少判官大蔵麻呂《おおくらのまろ》らが、二月一五日に「新羅国、常の礼《ゐや》を失ひて、使の旨を受けず」と奏していることである。日羅外交は、日本を宗主国とし新羅が朝貢するといったかたちをとっていたから、阿部継麻呂らは侮辱的なあつかいをうけたと憤《いきどお》ったらしい。『続日本紀』は、次のようにいう。

是に、五位已上并せて六位已下の官人、惣《すべ》て四五人を内裏《うち》に召して、意見を陳《の》べしむ。丙寅《ひのえとら》（二二日）、諸司《しょし》、意見の表《へう》を奏《まう》す。或は言《まう》さく「使《つかひ》を遣《つかは》してその由《よし》を問《と》はしむ」とまをし、或は「兵《いくさ》を発《おこ》して征伐《せいばつ》を加へむ」とまうす。……夏四月乙巳《きのとみ》（一日）、使を伊勢神宮、大神社《おほみわのやしろ》、筑紫の住吉《すみのえ》・八幡《やはた》の二社と香椎宮《かしひのみや》とに遣《つかは》して、幣《みてぐら》を奉りて新羅の礼旡《ゐやな》き状を告《まう》さしむ。

官司ごとに意見を聴取し、どのように新羅に対応するかを問うた。もう一度遣新羅使を派遣して失礼を糺《ただ》せというものから、兵力にうったえて征伐すべきだというものまであって、高圧的な姿勢だけが増長している。新羅が無礼だと全国の神社にご幣を奉じて報告しているが、伊勢をのぞけば、いずれも朝鮮半島を征討した神功皇后の伝承をもつ神社ばかりである。八世紀後半にいたって、日羅間はもはやのっぴきならぬ関係になりつつあった。そこで正常化をはかるべく派遣されたのが、天平八年の遣新羅使だったと思われる。その一行のなかに、土師稲足がいたのである。

ひるがえってみると、土師百村が大宰少監として在任していた天平三年（七三一）、朝鮮側の史料『三国史記』（新羅本紀・聖徳王三〇年四月）に「日本国の兵船三百艘、海を越え我が東辺を襲ふ、王、将に命じて出兵し、大いに之を破る」と書かれている。日本の軍船が新羅の領土を侵したので、それを大破したというのだ。『続日本紀』はまったくふれておらず、史実かどうか疑われるところなのだが、「兵船三百艘」といったあたりに新羅側の多少の誇張はあったにしても、朝鮮半島沿岸で紛争があったとみて、まちがいないだろう。最終的には中央政府の判断を仰ぐにしても、朝鮮半島や大陸との外交的なトラブルにいち早く対処するのは、「遠のみかど」と呼ばれていた大宰府政庁だったわけで、土師百村や土師御道らも政庁のスタッフとして、公務に追われていたはずだ。

こうしてみると、土師氏の人びとには、そのながい氏族の歴史のなかで培われた、海彼へのまなざしがあった、というべきだろう。

## 古人・清公・善主

もうすこし道真に近い人びとを見てみよう。まずは曾祖父の菅原（土師）古人《ふるひと》。『続日本紀』延暦四年（七八五）一二月二三日の一文から。

故遠江介《なきとほつあふみのすけ》従五位下菅原宿祢古人が男《をのこご》四人に、衣粮《いりやう》を給《た》びて学業を勤《つと》めしむ。その父の侍読《じどく》の労《らう》を以てなり。

天応元年（七八一）六月に、子の道長ら土師氏一四名とともに、古人が菅原の姓をたまわったことは先に紹介したとおりである。延暦二年（七八三）四月には巨勢総成《こせのふさなり》なる人物が後任として任官しているから、古人はそれ以前に没していたのかもしれない。別に『続日本後紀』承和九年（八四二）の清公《きよきみ》の薨伝《こうでん》には「父古人は儒行世に高く、人と同じからず。家に余財無く、諸児寒え苦《こご》しむ」とあって、当時地方官にありがちな私腹を肥やすような官人ではなかったようである。民生を擁護《ようご》し善政につとめる、そうした人物だったのだろう。

この古人が、山部王（のちの桓武天皇）に漢学を講じていた功績によって、遺児四人は国家から生活支援をうけ、学業にはげむことができた。古人が没したあとの暮らしぶりは、儒家の理想とする「清貧」をとおり越して「赤貧洗うがごとし」といったありさまだった。遺児のひとり清公の薨伝のつづきには、「年少にして略《ほぼ》経史を渉《わた》り、延暦三年詔して東宮に陪せしむ」とあり、清公は刻苦勉励の詮《かい》あって若くして桓武にみとめられ、東宮（早良親王）に侍することになったという。清公については後述するが、古人の遺業が清公を後援したのはまちがいあるまい。

もちろん古人の功績だけが、宮廷での菅原氏の位置を押しあげたわけではない。桓武の生母である高野《たかのの》新笠《にいがさ》の存在をわすれてはなるまい。新笠は延暦八年（七八九）一二月二八日に逝去している。『続日本紀』には、翌九年正月一五日、大枝山陵《おおえのみささぎ》に葬るにあたって小伝が記されていて、それによると、こうである。

> 皇太后《くわうたいごう》、姓は和氏《やまとのうぢ》、諱《いみな》は新笠。贈正一位乙継《おとつぐ》の女《むすめ》なり。母は贈正一位大枝《おほえ》朝臣真妹《まいも》なり。后の先は百済《くだら》の武寧王《ぶねいわう》の子純陀《じゆんだ》太子《たいし》より出づ。皇后、容徳淑茂《ようとくしゆくぼう》にして、夙《つと》に声誉《せいよ》を着《あらは》す。天宗高紹天皇《あめむねたかつぐすめらみこと》龍潜《りようせん》の日、娉《め》きて納《い》れたまふ。今上・早良親王《さはらのみこ》・能登内親王《のとのひめみこ》を生めり。宝亀年中に姓を改めて高野朝臣とす。今上即位《くらいにつ》きたまひて、尊《たふ》びて皇大夫人とす。九年、追《お》ひて尊号を上《たてまつ》りて皇太后と曰《まう》す。その百済の遠祖《とほつおや》都慕王《とぼわう》は、河伯《かはのかみ》の女《め》、日精《ひのかみ》に感《め》でて生める所なり。皇太后は即ちその後なり。因りて諡《おくりな》を奉る。

新笠は、和乙継の娘だという。和氏は百済純陀王の後裔であるという。つまり渡来系の氏族である。母は大枝真妹《まいも》、大江朝臣は延暦九年（七九〇）に桓武帝からたまわったもので、もとは土師氏。高野朝臣は父乙継と新笠が、宝亀年間に光仁天皇からあらたにたまわった姓氏である。

死後に贈られる新笠の謚号《しごう》は「天高知日之子姫尊《あめたかしらすひのこのひめのみこと》」である。これは和氏の遠祖、それはとりもなおさず、百済王の遠祖にあたるわけだが、遠祖都慕王は河伯の娘が太陽に感じて生んだ男児であるという、国建ての伝承をよりどころにしたという。国風の謚《おくりな》にかかわらず、渡来性を全面に出しているところに、桓武天皇の治政の内実が見えてきそうだ。

古人や清公が宮中に進出できた事情として、今上帝の生母新笠の母真妹が土師氏の出自であり、真妹や新笠の推挽《すいばん》がかならずやあったからにちがいない。清公が早良親王（七五〇～七八五）のそばで奉仕できたのも、また然り(6)。

清公を中心にすえてみよう。もっとも注目したいのは、延暦二一年（八〇二）八月に遣唐判官に任じられていることだろう。大使は藤原葛野麻呂、副使は石川道益である。一行は延暦二二年四月に節刀を授与、その月のうちに出帆したものの、失敗。翌二三年三月に再度の節刀授与、七月に再出発している。

帰国後の葛野麻呂の上奏文（『日本後紀』延暦二四年六月）にそって、遣唐使一行の動静をかんたんに追いかけてみよう。七月六日、肥前国松浦郡の田浦（未詳）から四船ともに出航、第一船は八月一〇日に福州長渓県に着き、二三名が長安城へ向かうことを許されている。清公が乗った第二船はそれよりも早く明州に着いていたらしく、二七名が入城を許され、九月一日に明州から帝都へ出発、一一月一五日に到着し、大使一行の到着をまっていたようである。

遣唐使の一行は、唐の朝廷で「遠慕朝貢」をねぎらい歓待されたが、じつは国家として重大なできごとに遭遇することになる。葛野麻呂の上奏文から引用する。

二一年正月元日、含元殿に於て朝賀。二日に天子不予、一三日に天子雍王适《くわつ》崩《ほう》ず。春秋六四。二八日に臣ら承天門に仗を立て、始めて素衣冠を着る。是の日、太子皇帝の位に即《つ》く……。

葛野麻呂らは、偶然にも徳宗（七四二〜八〇五）の崩御と皇太子即位（順宗）の現場に立ち会うことになった。(7) 一行は、大唐帝国の国家の喪事に奉仕し、帰国の途に着く。第一船は六月五日に対馬国下県郡阿礼村に、第二船は六月一七日に肥前国松浦郡鹿島（値嘉島《ちかのしま》か）に着いている。判官の清公はさっそく上奏文を書いて報告したようだが、『日本後紀』は「事多くして載せず」と省略している。清公の大陸での活躍ぶりを知りたいわれわれには、まことに惜しまれるくだりだ。

帰国後の清公の昇進はめざましい。大学助、大学頭、文章博士……。嵯峨天皇は弘仁九年（八一八）に詔をもって、天下の儀式や男女の衣服をすべて唐の法律によって改めるように命じている。そればかりか、文武百官が慣れ親しんできた宮城の門名をすべて唐風に改名して、あたらしい門額をかけよというのである。嵯峨天皇・空海・橘逸勢《たちばなのはやなり》らが揮毫し、空海が應（応）仁門の「應」の一字をまちがえたという逸話がのこる政策である。こうした唐化の政策に清公は大きくかかわっていた。

清公のエピソードをもうひとつ。承和六年（八三九）正月に従三位。高齢と病のため歩くのもままならぬ身で、参内するのも難儀だったが、勅をもって、南殿の梨の木のもとまで牛車から降りることなく進むことがゆるされたという。漢文学隆盛の時代を代表する『凌雲集』『文華秀麗集』『経国集』の三大集にかかわり、文章院を創設した清公は、弘仁・承和の文字どおりの鴻儒《こうじゅ》だったのである。

もうひとり、清公の第三子にあたる善主《よしぬし》にもふれておこう。稿の冒頭でふれたように、善主が遣唐判官

空海が遣唐使として唐に向かう様子を描いた「大師御入唐事」
（「高野大師行状図画」第二巻／公益財団法人白鶴美術館蔵）

となった承和の派遣は、まことに多難な事業だった。承和三年（八三六）五月一四日、大使藤原常嗣らは四隻の遣唐使船に分乗、七月二日に博多津から外海へ出帆したが、大風のために第一船・第四船は肥前国（くわしい場所は不明）に、第二船は肥前国松浦郡別島に漂着してしまい、第三船は難破して大陸へ向かう機能を失ってしまう。三船で翌承和四年、南松浦郡の五島福江島から渡海をこころみたが、またしても逆風にあって第一・第四船は壱岐に、第二船は値嘉島（平戸島か）に、かろうじて漂着している。

翌年（八三八）六月一三日に再々出帆をこころみた。円仁の『入唐求法巡礼行記』によると、使える船は第一船と第四船。円仁は第一船、善主は第四船に乗っていたので、『巡礼行紀』に善主のこまかな動向が書かれているわけではないが、両船は互いに連絡をとりあっており、ときおり善主が顔を出す。

六月一三日に乗船したものの順風をまって博多で三泊、さらに志賀島付近でさらに五泊。六月二三日、五島列島北端の宇久《うく》島《しま》（有救島）に至り、いよいよ外海へと船を進める。風波にさんざん弄《もてあそ》ばれ、第一船は艫《とも》と舳《へさき》に引き裂かれんばかりになって、かろうじて大陸に漂着する。第四船も似たような状態で、ほとんど船の体をなしてなかったようだ。七月二四日になって、第四船の情況が伝えられた。さらに八月八日になって、第二報が伝えられたらしい。

・第四舶の判官は湯水に忍びず、船を下りて白水郎《あま》の宅に居り。未《いま》だ国信物《くにつかひもの》を挙げざるに舶は悉《ことごと》く破裂せり。但《ただ》公私の物は異損なけれども、迎船なきに依り運上せず。

・八日、聞く、「第四舶は猶《なほ》泥上に在りて、未だ泊処に到らず。国信物は未だ運上せず。其の舶の艫棚《ろはう》は離脱して淦水《あかみづ》は殆んど満てり。潮生じ、潮落つるに随ひて船裏は涸沈《こちん》し、渡海の器と為すに足らず。求法僧等は未だ陸地に登らず。頭判官は陸に登りて白水郎の舎に居る。船中の人五人は身腫《は》れて死せり。唐の迎船十隻許《ばかり》来たりて、一日一度国信物を運んで至る。波は高山の如く、風は吹きて運遷すること能《あた》はず。辛苦《しんく》尤《もつと》も甚《はなはだ》し」と。

第四船は座礁して大破し、動きがとれない状態だったようだ。船内には汚泥水が入り、潮の干満のたびに、浮き沈みをくりかえし、もはや船ともいえないありさま。判官（頭判官）である菅原善主はかろうじて陸上し、漁師の苫屋を得たものの、求法僧の常暁らは下船できず、乗組員のうちの五人はここで病死している。第一船でも「船師」（船長）佐伯金成が痢病を患い、発病してわずか一週間ほどで死亡している。その後、善主ら第四船の人びとは複数の小さな船をしたてて、揚州に向かった。

承和五年（開成三年・八三八）一〇月五日、遣唐使の一行はいよいよ長安へと出発する。

入京の官人は、

大使一人、長岑《ながみね》判官、菅原判官、高岳録事、大神《おほみわ》録事、大宅通事、別に請益生《しょうやくしょう》伴須賀雄《とものすがお》、真言請益僧円行等、并《ならび》に雑職以下三五人、官船は五艘なり。……五日、卯終（七時）、大使等は船に乗り発して京都（長安）へ赴けり。終日通夜、雨ふる。

長安城への入京をゆるされたのは、大使藤原常嗣、判官長岑高名、判官菅原善主、録事高岳百興《ももおき》、録事大神宗雄、通辞大宅年雄、請益生伴須賀雄、請益僧円行ら、それに職事官三五名、都合四〇名ほど。五隻の官船に乗って長安へと進路をとる。じつはこの年の九月末に、揚府の都督（淮南《わいなん》節度使）だった「李相公」（李徳裕）をとおして、この八月に文宗李涵《りかん》が讒言を聞き入れ、廃太子は一旦とどまったものの、太子永の補導役だった王少革らを刑死したこと、そして結局は太子も不自然な急死をとげたことなど、宮廷の不穏な情報をすでに得ていただけに、緊張しながらの入城だったにちがいない(8)。

承和六年（八三九）帰国時、藤原常嗣は、日本の船が脆弱すぎて外海の航海に堪《た》えないことをもって新羅船九隻を雇い入れ、それらに分乗している。常嗣の乗る第一船をふくむ七隻は、肥前国松浦郡生属島《いきつきじま》（生月島）に漂着。翌年七月知乗船事《ちじょうせんじ》である菅原梶成らの乗る第二船が南海に漂流し、大隅《おおすみ》国に着いている。したがって、どの船かわからないが、九マイナス八で一隻は消息不明。

帰朝後の善主の半生を追ってみよう。『文徳実録』（仁寿二年一一月）の卒伝によると、七年に兵部少輔、翌年伊勢介、一四年に越前介となっている。その後、地方の監査官である勘解由使《かげゆし》の次官として病没、享年五〇である。善主が遣唐判官となったのは、承和三年（八三六）だから、道真はまだこの世に誕生していない。ただし善主が没した仁寿二年（八五二）には八歳である。道真が幼くして亡くなった子の阿満《あまろ》をうたう哀傷詩「阿満を夢みる」（元慶七年・八八三）の冒頭で、次のようにうたっている。

阿満亡来夜不眠
偶眠夢遇涕漣漣
身長去夏余三尺
歯立今春可七年
従事請知人子道
読書諳誦帝京篇
初読賓王古意篇。
薬治沈痛纔旬日
風引遊魂是九泉

阿満亡《し》にてよりこのかた　夜も眠《ねぶ》らず
偶《たまたま》眠れば夢に遇《あ》ひて　涕漣漣《なむだれんれん》たり
身の長《たけ》　去にし夏は三尺《さむじゃく》に余《あま》れり
歯《よはひ》立ちて　今《ことし》の春は七年なるべし
事《こと》に従ひて　人《ひと》の子の道を知らむことを請《こ》ふ
書を読みて　帝京篇《ていけいへん》を諳誦《あむしょう》したりき
初め賓王《ひんわう》が古意篇を読みたりき。
薬の沈痛を治むること　纔《わづか》に旬日《じゅんじつ》
風の遊魂を引く　是れ九泉

夭折した阿満は、ことし七歳になるところだった。「事に従ひて……」は、学問の家である菅原家の子らしく、しっかり勉強します、とでも訳しておきたい。そこで六歳の阿満に駱賓王《らくひんおう》（初唐、生没年は不明）の長編古詩「帝京篇」を暗誦させたというのである。「帝京篇」は今日『全唐詩』（巻77）に見ることができ、つづく「疇昔《ちうせき》篇」にくらべると、やや短くはあるが、それでも相当の長い五言と七言からなる古詩である。

幼い阿満が、

山河千里国　　山河千里の国

城闕九重門　城闕九重の門
不睹皇居壮　皇居の壮んなるを睹《み》ず
安知天子尊　安《いづ》んぞ天子の尊きを知らむや……

と、声をあげて学習にはげんでいたのだろう。ところが病気になってしまう。薬はわずか一〇日ほどの痛みをとめただけで、業風《ごうふう》が吹くなり、阿満の魂は大地の底まで引かれていってしまったのだった。阿満の死については、別の稿でふれ、ここでは六、七歳の幼児が、かなり難解な漢詩を教科書に、学んでいたことを確認しておきたい。

阿満がこうなのだから、道真が同じ年頃に学問を始めていたとみても、まちがいあるまい。嘉祥三年（八五〇）頃からの道真にとって、父是善に海外経験がなかっただけに、伯父《おじ》善主が与えた影響はかなり大きかったはずだ。善主が語ってくれる、東シナの大航海、地平線が見えないほど広大な黄色い大地、さまざまなことばが飛び交う長安城の東の市や西の市、幾重にも甍《いらか》が重なる荘厳《そうごん》な王宮……。道真は心ときめかせながら、その話に聞き入ったことだろう。

## 遣唐大使の道真

このようにみてくると、菅原清公、善主、道真という遣唐使の任命は、ごく自然の流れでもあったといえるのではないか。道真自身についてさらに語ろう。九歳からは本格的に漢詩の創作もはじめたらしい。

円仁の『入唐求法巡礼行記』には、しばしば「筆書」（筆談）の文字がみえる。たとえば、承和五年（八三八・開成三年）の記事からみれば、こうだ。

(a)開元寺の僧元昱《げんいく》来たり、筆言して情《こころ》を通ず。頗《すこぶ》る文章を識《し》る。問ひて国風《くにぶり》を知り、兼ねて土物《くにつもの》を送る。彼《か》の僧は桃菓等を贈れり。寺辺に近く其の院ありと。暫《しばら》く話して、即《すなは》ち帰り去れり。

(b)二四日、辰時、西池寺は「起信論」を講《かう》ず。座主謙、并びに三綱等を先後にして船上に進来し、遠来を慰問す。両僧は、筆書して情を通ぜり。彼の僧等は暫く住《とど》まりて帰り去る。

(c)三十日、開元寺の僧貞順慰問す。筆書し、問ひて府寺名並《ならび》に法師名を知り、兼ねて土物を贈る。

(d)九日、……未時、勾当日本国使王友真は、官店に来たりて僧等を慰問す。兼ねて、早く台州に向かはしむる状を相談して帰り却《さ》る。請益法師は便《すなは》ち土物を使に贈る。登時《そのとき》商人の王客来たる。筆書して国清寺の消息《せうそく》を問ふ。頗《すこぶ》る鬱抱《うつはう》を開き、且刀子《またたうす》等を与ふ。

七月一四日、揚州にある開元寺の僧元昱が円仁らを訪ねてくる(a)。円仁は日本から持って来たものを贈り、元昱は桃をぶらさげてきたらしい。筆談して情報を交換したようだ。西池寺には当時『起信論』の講座があるのを知る(b)。座主の謙法師や「三綱」（寺を統括する三役の僧）らがやって来て、遠来の客である請益僧の円仁や留学僧の円載を慰問した。ここでもやはり筆談している。六日後には開元寺から貞順なる僧が慰問している(c)。

翌八月九日昼過ぎ、王友真が訪ねてきた(d)。「勾当日本国使」は遣唐使一行に関係する事務担当の臨時官。「官店」は公営の飯店（ホテル）。王友真は通辞をともなっていただろうが、ここでは「筆書」の文字が見えず、臨時とはいえ専門官だけに日本語に堪能だったのかもしれない。同じ日に商人の王客が来訪。円仁は筆談して、大いに気が晴れたと記している。こうして遣唐使のスタッフは漢字を書いてコミュニケーションの手段としたのである。

ところが、道真の場合、なまの中国語をあやつることができたのではないか、と思われる。〈読む〉〈書く〉だけでなく〈聞く〉〈話す〉語学力もマスターしていたふしがある。七言詩「王度が碁を囲《かく》むを観て、人に献呈す」を引いてみよう。

一死一生争道頻　　一死一生　道を争ふこと頻《しき》りなり
手談厭却口談人　　手談　厭却《えんきやく》す　口談の人
慇懃不愧相嘲哢　　慇懃《いんぎん》に愧《は》ぢず　相嘲哢《あひてうろう》することを
漫説当家有積薪　　漫《みだりがは》しく説く　当家に積薪《せきしん》有りと

世有大唐王積薪碁経一巻、故云。　世に大唐の王積薪が碁経一巻有り、故に云ふ。

王度なる人物が、囲碁をうつことはそっちのけにして、やれ死んだの、やれ生きたのと、口角沫《あわ》をとばすありさまだという。幾度も手のうちを痛烈に批判してばかりで、ちっともはじるところがない。挙句のはてには、わが王家には王積薪の『碁経』（碁の虎の巻）があると、いいちらしている。今日、囲碁の古典的なテキストとして『玄玄碁経』や『官子譜』があるが、王積薪の『碁経』も、これらと似たようなものだったのかもしれない。周囲のごくありきたりな日常を切りとったような素描である。(9)

囲碁に熱くなっているこの王度を、別の作品では、こううたう。「王度、論語を読み竟《をは》りぬ。聊《いささ》かに盃酌を命じぬ」から。

円珠初一転　　円珠《あんしゆ》　初めて一たび転《よ》む
舞象遂丁年　　舞象《ぶしやう》　遂《つひ》に丁年《ていねん》となりぬ
自此窮墳典　　此れより墳典《ふんてん》を窮めば
何唯二十篇　　何ぞただに二十篇のみならむや

「円珠」は『論語』。王度がこれをすべて中国音で講読し、そのレクチャーが終わったというのである。中国音で読むことで、周公の詩の舞も確かに理解できるようになったし、この先、中国音で古典の研究を究《きわ》めたら、ただ『論語』を読破しただけではない、大きな功徳を得ることだろう、と。一説に、王度は来朝し、大学寮か菅家廊下に身をよせていた唐の通辞ではないかといわれている。『論語』を講じるのだから、日常会話の通訳ではなく、しかるべき学識のある人物だったのだろう。道真の二作品からうかがえるくだけた雰囲気からは、かなり親しい関係にあったように思われてくる。道真は「筆書」だけでなく、いまの中国語をもって、コミュニケーションの手段としていたのではないか。

そう考えると、元慶七年（八八三）に渤海客使が来日したときの、道真の評判も肯《うべな》えよう。この年の四月、渤海客使の裴頲《はいてい》ら一行が入京した。道真は一月に加賀権守になっていたが、重ねて治部権大輔を任じられ、使節団の接待につとめた。

さらに道真は、使節団と接待する人びとの唱和した五九首の作品を蒐集し、序文を書いて詩集を編んでいるのだが、裴頲をもって魏の時代の詩人曹植《そうしょく》（一九二～二三二）にたとえ、「裴大使は七歩の才なり」(10)と絶賛している。他方、裴頲は、道真の詩九首をもって「礼部侍郎は、白氏が体を得たり」（礼部侍郎である道真の詩は、白楽天の詩体を得ている）と評価したという。(11)

ここでいう九首は『菅家文草』に収められているが、そのうちの一首「大使の房を過ぎて、『雨の後熱《あつ》し』といふことを賦す」を読んでおこう。

風涼便遇斂繊氛
未睹青天日已曛
揮汗春官応問我
飲氷海路詎愁君
寒沙莫趁家千里
淡水当添酒十分
言笑不須移夜漏
将妨夢到故山雲

風涼しくして便ち繊氛《せむぶん》を斂《をさ》むるに遇《あ》ふ
青天を睹《み》ず　日《ひ》已《すで》に曛《く》れぬ
汗を揮《ふる》ひて　春官の我に問ふべかりしも
氷を飲《の》みて　海路詎《なん》ぞ君を愁へまゐらせむ
寒沙《かんさ》　趁《お》ふことな　家千里
淡水　添《そ》ふべし　酒十分《じふぶん》
言笑して夜の漏《とき》の移らふことを須《もち》ゐず
夢の故山《こざん》の雲に到らむことを妨《さまた》げむとす

「雨」は五月のうっとうしい雨。涼しい風がしばらくふさいだ気分を取り去ってくれていたのに、今日は青空ものぞくことなく、大雨に降りこめられたままで、日が暮れた。汗をかきながらやってきた治部の役人が、これほどの蒸し暑さでは何か対策をとらないと、渤海の使節に失礼ではないかと心配してうったえる。それに答えて、帰国するときには加賀にある氷室《ひむろ》の氷を船に積み込む手はずになっているので、氷をふくみながら日本海を渡ってほしい、ここで暑いからといって、涼しい故国の砂原ばかり思うのはやめてほしい。これが作品の前半部。

「淡水」は、大使らが滞在している宿舎にそった川すじか。なみなみとついだ酒に、川の流れも趣きをそえている。おしゃべりしたり笑いあったり、宴の夜は時間が過ぎねばいい、あなたが床について故郷の夢をみるのをなんとか妨げ、共にこの歓楽を尽くしたいものだ。これが後半部。

右の作品の「言笑」の二文字から想像されるのは、やはり裴頲と道真のふたりが、共用の外国語であった中国語をもって談笑する姿だろう。道真があやつるなまな中国語は、渉外担当として大いに成果をあげたのではないか、と思われる。

こうして海彼を舞台に活躍した土師・菅原の人びとをたどってくると、道真が遣唐大使となるのは、ある意味では、必然的な時代の要請であったともいえよう。にもかかわらず、寛平六年（八九四）八月二一日、道真は遣唐大使を兼任しておきながら、わずか一カ月後の九月三〇日には、派遣の延期ではなく派遣そのものの停止へと導くのである。

停止に先立ち、唐の商人王訥《おうとつ》に託された在唐僧中瓘《ちゆうかん》の便りによって、「大唐凋弊《てうへい》」であるとの実情を知っていたし、中瓘のレポの内容をふまえて、「諸公卿をして遣唐使の進止を議定せしめたまはむことを請ふ状」も書いている。この文書に「大使参議勘解由次官従四位下兼守左大弁行式部権大輔春宮亮菅原朝臣道真」と、遣唐大使であることを冒頭にすえて署名しているのに注目したい。派遣するしないの可否を議論するように請《こ》う奏状を、大使自身が提案するという不調和、何か奇妙だ。

というより、道真が大使に任じられたからこそ、正面切って派遣の無益を主張できたのかもしれない。唐の政情不安もさることながら、じつは朝廷の財政難に問題があった。そこで道真が頭脳にインプットしていた東アジアの政治・経済・交通のデータ解析から、即座にはじき出した結論は、ひとことでいうなら「民営化」。国家プロジェクトとしてスタートした派遣事業だったが、寛平にいたって、もはや国家主導ではなく民間活力主導の時代であることを感知していたのが、ほかならぬ道真だったのである。

注

（1）大使である常嗣らが乗る第一船が破損したところから、篁の船と取りかえたらしい。そこから両者の間に軋轢が生じ、ついに篁は下船してしまう。

（2）甥らを送ってきた新羅の金物儒は、翌年三月一四日、筑紫館で饗応をうけ、日本に漂着し滞在していた新羅人七名を連れて帰国している。

（3）これより先に、持統天皇六年（六九二）一二月に、伊勢・住吉・紀伊・大倭《おおやまと》・菟名足《うなたり》の五社に、新羅の貢物を献上した例がある。紀伊社は、諸説あって未詳。

（4）土師百村の歌は「梅の花咲きたる園の青柳《あをやぎ》を縵《かづら》にしつつ遊び暮らさな」（巻5八二五）。土師御道の歌は「梅の花折りかざしつつ諸人《もろひと》の遊ぶを見れば都しぞ思ふ」（巻5八四三）。

（5）『万葉集』に「神さぶる荒津の崎に寄する波間《ま》なくや妹《いも》に恋ひ渡りなむ」（巻15三六六〇）の歌がある。

（6）広く知られるように、早良親王は桓武天皇の同母弟。天応元年（七八一）四月、桓武の即位とともに立太子。その後、延暦四年（七八五年）九月に起こった、藤原種継暗殺事件の首謀者のひとりだったことが判明。淡路島に移送される。その期間、早良親王は飲食を一切とらず、配流の途中で死去したが、そのまま屍を淡路に移送して葬られた。皇太子安殿《あて》（のちの平城天皇）が病となり、その原因が早良親王の祟りであると卜占があってより、祟り神としておそれられた。もし早良親王がそのまま皇位を継承していたら、清公の半生はいまの史実とは大きく異なったものになっていたにちがいない。

（7）ただし順宗の在位は八か月あまりで、かわって憲宗が即位する。この憲宗によって唐はしばらくの小康を得るのだが、宦官サイドの勢力を削ごうとするあまりに粛清がすぎたか、憲宗は宦官陳弘志《ちんこうし》によって殺害された。

（8）遣唐使一行の交渉役となっていた李徳裕は、のちに宰相となる人物。世に牛李の党争といわれる派閥抗争の一党の旗頭で、もう一方の旗頭が牛僧孺《ぎゅうそうじゅ》。派閥争いで牛僧孺が台頭すると、李徳裕一党はことごとく左遷された。文宗が崩じ武宗李瀍《りてん》が即位した後、李徳裕は中央に復帰して宰相となった。藤原常嗣らが彼に会った二年後である。

開成四年（八三九）の文宗に、次のようなエピソードがある。思政殿で病にふせっていた文宗が当直学士の周墀《しゅうち》なる配下に、自分は歴代の皇帝の誰に似ているかと問う。周墀はあたりまえのように、いにしえの堯や舜に似ていると返答する。文宗はさらに問いかけて、周の赧王《たんおう》や後漢の献帝《けんてい》に似てないか、と。周墀は、赧王は秦に滅ぼされた周の最後の王であり、献帝は魏の支配にくだった後漢最後の帝であって、ともに亡国の王、文宗とは異なると即答する。すると文宗は、次のようにいうのである。

赧、献は強き諸侯に制を受け、今、朕《われ》は家奴《かど》に制を受く。此を以て之を言ふ、朕は殆ど如《し》かざるなり。

赧や献は諸侯によって手足をしばられ、このわたしは「家奴」（宦官）によって拘束され、手も足もでない。すべて宦官らの思うままだ。文宗はその襟《えり》を涙でぬらして嘆いたという。文宗の弟である武宗李瀍《りてん》もまた、宦官によって擁立された皇帝である。こうして宦官が支配する異様な宮廷を見聞したのが、承和年間の遣唐使の一行だった。

（9）囲碁や将棋の争いといえば、官僚たちの基礎テキストの一書だった『文選』に、「博弈論《はくえきろん》」（韋弘嗣　二〇〇？～二七三）がある。いわゆる賭博《とばく》は有害無益だと述べるのだが、道真の七言詩とならべて読むと、なかなか面白い。今は現代語訳で紹介する。

現在の人は、ただ学問をしないで博弈にうつつを抜かし、仕事をおろそかにし、寝食を忘れ、昼だけでは足りず、夜も燈《ひ》をともしてつづけている。棋盤に向かって争い、勝ち負けがきまらないときには、精神を集中し研ぎ澄ませたために、神経は苛立《いらだ》つし体は疲れるしで、日常の仕事をほうっておいて行わず、客が来ても会いもせず、どんなにおいしい料理があろうと、どんなにすばらしい音楽があろうと心にとめる余裕もない。衣類を賭けるようになってくると、こまを動かしたり進路をかえたりする時には、破廉恥《はれんち》そのもので、怒りが顔に現れる。それほど必死になってみたところで、それらは棋盤の上だけのものであって、その努力は棋盤の目の間だけのものにすぎない。敵に勝ったところで封爵の贈りものもないし、敵の陣をとってみたところで実際に土地が手に入るわけでもない。そのテクニックは六芸《りくげい》（男子たるものが学ぶべき技芸である、礼・学・射・御・書・数）ではなく、国を治めることとも無関係。これで立身出世した者はいないし、官吏として採用された者もいない。戦陣で博弈のテクニックを考えてみたところで、孫子や呉子の兵法に及ぶべくもない。学問の面からみても、孔子一門の中には入れない。……毎日を無駄にし仕事もしない。つまり何も益などありはしない。

(10) 曹植が兄の文帝曹丕《そうひ》に責められて、七歩あるく間に作ったという即興詩。「豆を煮て持つて羹《あつもの》と作《な》し、豉《し》を漉《こ》して以て汁と為す、萁《まめがら》は釜下《ふか》に在りて燃え、豆は釜中に在りて泣く、本《もと》と同根より生じたるに、相煎ること何ぞ太《はなは》だ急なる」。兄弟を豆と豆がらにたとえ、豆がらで豆を煮るので、豆が釜の中で泣いている。兄弟なのになぜこれほどまでにわたしを苦しめるのですか。文帝は弟の文才に驚いたという

(11) これは道真の作品「余《われ》近ごろ、詩情怨一篇を叙べ、菅十一著作郎に呈《しめ》せり。長句二首、偶然《たまたま》に訓《むく》いらる。更に本韻に依《よ》りて、重ねて答へて謝しまつる」の「九首の詩篇は勅を奉りて裁《つく》れり」の割注にある一文。道真は「……余が心に一つの徳だにもなきに、身に三つの官あり。惣《す》べて言へば、事は恩《うつくしび》の奨《すす》めに縁《よ》れり。更に勅《みことのり》の旨を被《かがふ》りて、仮に号《なつ》けて礼部侍郎《れいほうしらう》といひて、渤海入覲《にふきん》の大使、裴頲と相唱和したりき。詩惣《す》べて九首、追《したが》ひて慚愧《ざんき》せるなり」と。自分の作品を裴頲が読んで、白楽天の詩の体を得ているなどというのは、いつわりの多いお世辞にすぎないと知っている、これが道真の言なのだが……。裴頲の好評を道真が喜ばなかったはずはない。

# Ⅷ　歴史の皮肉

# 白紙にもどす

最近の受験生は、遣唐使廃止の年号を「白紙にもどす」と暗記するらしい。「白紙」つまり西暦八九四年、道真の進言で、朝廷は遣唐使の派遣をとりやめている。八月二一日に遣唐大使をはじめ多数のスタッフの任命があり、翌月三〇日にははやばやと停止を決定しているから、わずか四〇日ほどでこのプロジェクトは「白紙」となった。

道真が九月一四日に審議事項として提起したことがらを、かいつまんでいうなら、主に次の二項目。昨年、留学僧の中瓘《ちゅうかん》がよこした便りによると、唐は内紛がつづき政情不安である。これまでの派遣をふりかえっても、使節が東シナ海を渡るのは容易ではない、よって再審を請いたい（「諸公卿をして遣唐使の進止を議定せしめたまはむことを請ふ状」による）。

そもそも遣唐使の派遣は、国家資本を投じる大プロジェクトのはずだが、その審議は二週間あまりで終了する。何ともあっけない幕引きで、道真は名ばかりの遣唐大使となった。派閥争いに明け暮れる唐にもはや学ぶべきものがなかったからか、道真自身危険きわまりない航海にしりごみしたからか。どうやら、ことはそれほど単純ではなさそうである。

中国東北地方には、当時、渤海国《ぼっかい》があった。日本史にはじめて渤海国が登場してくるのは、古く首領高《こう》斉徳《せいとく》ら八人が出羽国に漂着した、神亀四年（七二七）九月二一日である。政府は迎使を出羽に派遣して衣服を支給し、その労をねぎらっている。この時の使節は二四名で、出羽国に到着したものの、大使の高仁義以下一六名は蝦夷《えみし》によって殺害され、かろうじて高斉徳らが死をまぬがれた。その後、使節一行は入京し、五年正月の参賀に参加する。二月には、本邦最初の送渤海客使が任命され、彼らに送られて六月に帰国している。

高斉徳がもたらした渤海国王武芸の国書は、国家間の外交文書として堂々たるものである。長い引用になるが、それほど難解な語句もないので、後述のために一読しておこう。

武芸い啓《まう》す。山河域《さかひ》を異にして国土同じからず。延《ほの》かに風猷《ふういう》を聴《き》きて、但、傾仰《けいかう》を増《ま》す。伏して惟《おもひ》みれば、大王天朝命《だいわうてんてうめい》を受けて、日本、基《もとゐ》を開き、奕葉《えきえふ》光を重ねて、本枝百世《はくせい》なり。武芸　忝《かたじけな》くも列国に当りて濫《みだ》りに諸蕃を揔《す》ぶ。高麗《こま》の旧居に復《かへ》りて扶余《ふよ》の遺俗《ゐしょく》を有《たも》てり。但し、天崖《てんがい》の路阻《へだ》たり、海漢悠《は》悠《る》かなるを以て、音耗《いむかう》通はず、吉凶問ふことを絶《た》てり。親仁結援《しんじんけつじゅ》せむ。庶《ねが》はくは、前経《せんけい》に叶《かな》へ、使を通はして隣を聘《と》ふこと今日より始めむことを。謹みて寧遠将軍郎将高仁義《ねいゑんしやうぐんらうしやうかうじんぎ》、游将軍果毅都尉徳《いうしやうぐんくわきとゐとく》周《しう》、別将舎航《べつしやうしやかう》ら二十四人を遣《つかは》して、状《ふみ》を齎《もたら》し、并せて貂《てう》の皮三百張を附《さづ》けて送り奉る。土宜《くにつものいや》賤しと雖《いへど》も、用て献芹《けんきん》の誠を表さむとす。皮幣《ひへい》珍らかに非ず。還りて掩口《えむこう》の誚《せめ》を慚《は》づ。生理限り有り、披胆《ひたむ》期《ご》せず。時、音徽《いむくゐ》を嗣《つ》ぎて永《なが》く隣《となり》の好《よしみ》を敦《あつ》くせむ。

高句麗の滅亡以降とだえていた国交を再開しようという文書なのだが、日本を「風猷」（風化道徳）がいきとどいた国であることを聞き、親交を結びたいと礼物（貂《てん》の毛皮）をもたせて使節を送ったというのである。「掩口」は口をおおって笑うの意だから、お笑いぐさまで、くらいの謙譲の表現。「音耗」「音徽」

はともに音信、便りの意味。「使を通はして隣を聘ふ」「永く隣の好を敦くせむ」は外交を結ぼうという意思をいうのだろう。

一方、日本側も彼らが帰国する際には、武芸への璽書《じしょ》をもたせている。

天皇、敬《ゐやま》ひて渤海郡王に問ふ。啓を省《み》て具《つぶさ》に知りぬ。旧《もと》の壌《くに》を恢《かへ》復して聿《ここ》に曩《さき》の好《よしみ》を脩《をさ》むることを。朕《われ》、以てこれを嘉《よ》みす。義を佩《お》び仁を懐《おも》ひて有境《さかひ》を監撫《みな》で、滄波《うなはら》隔《へだ》つと雖も、往来《いきき》を断たざるべし。便ち、首領高斉徳らが還《かへ》る次《つぎて》に因《よ》りて、書《ふみ》并《あは》せて信物《しんぶつ》の綵帛《さいはく》一十疋、綾《あや》一十疋、絁《あしぎぬ》二十疋、糸一百絇、綿二百屯とを付《さづ》く。仍《より》て送る使を差《えら》ひて発遣《はっけん》して郷《くに》に帰らしむ。漸《やや》く熱《あつ》し。想ふに平安《おだひ》にして好《よ》からむ。

旧高句麗国を再興し、使いを送ってよこした武芸に国交を結ぶことを約束して、褒美《ほうび》を下賜し、送使に引田《ひけた》虫麻呂を任命している。この送客使一行が帰朝したのは天平二年（七三〇）八月二九日であり、かなり長期にわたる滞在である。国交の具体的な施策が、政務官レベルで時間をかけて検討されたのだろう。ご覧のように、朝廷は渤海国が「朝貢」したとみなしているが、これは日本側がそう解釈していたにすぎない。渤海はあえてそれに異議を唱えなかっただけである。渤海を建国した大祚栄は唐から渤海郡王に封ぜられ、二代目の武芸もこれを襲ったが、唐が渤海に無断で黒水州をおいたことから、両国の国交が次第に悪化。渤海としては、唐そして唐と国交のある新羅をけん制する必要が生じた。そこで日本との関係の成立をいそいだのである。

「朝貢」にこだわる日本と「朝貢」は方便であって交易に熱心な渤海とのあいだで、トラブルが生じないほうが、かえっておかしいほどだ。渤海国からの使節は三五回、日本からの使節も一三回を数えるが、天平宝字二年（七五八）二月、天平宝字五年（七六一）一〇月、延暦一七年（七九八）四月の三回あるだけである。

・天平勝宝四年（七五二）　王の啓が臣名を書かず、上表がないことを責める。
・宝亀二年（七七一）　王の表文が無礼であるとして信物を返却。大使壱万福は表文を改め、陳謝。壱万福らは、宝亀四年まで在日。
・宝亀四年（七七三）　表文が無礼だとして朝廷に召さず、帰国させる。これ以降は筑紫道をとって大宰府で入国の手続きをとるように命じる。
・宝亀一〇年（七七九）　表文が無礼だと放還。
・弘仁八年（八一七）　勅書をあたえず帰国させるが、帰路で遭難。船を与えて帰国させる。
・弘仁一四年（八二三）　入京させずに帰国。入朝は一二年ごとと命じる（一紀一貢）。
・天長二年（八二五）　契期に反して来航。右大臣だった藤原緒嗣は、来日を「商旅」として入京停止を請うたが、不許可。入京し、交易して三年五月に帰国。
・天長四年（八二七）　契期に反して来航。入京させず。
・貞観一三年（八七一）　入京したが、天皇は引見せず。京都での私交易をゆるす。
・貞観一八年（八七六）　渤海が「一紀一貢」の廃止を請うが、認めずに放還する。
・寛平四年（八九二）　入京させずに放還する。

いずれも「朝貢」の制度をはずれ、交易を目的に来日した例である。渤海使の人びとは出航した後、リマン海流にのって南下し、さらに東鮮暖流にのって出羽国方面に漂着した。朝鮮半島にそって南下すると筑紫道の大宰府に来着できるのであるが、新羅との関係がよくない当時、わざわざ不穏な南路をとるはずもない。来着地がわからない場合もあるものの、筑紫道にもっとも近いところでも長門国であって、大宰府のある那の津に漂着した例はない。

天長二年（八二五）には、藤原緒嗣が、隠岐に来着した使節を「商旅」であるから、国賓あつかいする必要はないといらだっている。また、貞観一三年（八七一）には、大量の物資をかかえてやって来た大使楊成規ら一〇〇名を越える一行に、交易をおこなうのを許可している。渤海からしきりに来訪するのは、たくましい商魂の集団だったのである。日本からの遣渤海使は、弘仁元年（八一〇）に送使が発遣したのを最後に、渤海国へ出向くことはついになかった。

にもかかわらず、渤海使がそれから一〇〇年後の延喜二二年（九二二）までつづくのは、政治外交ではなく、まさに交易のうまみがあったからにほかならない。革製品・蜂蜜・唐の工芸品などを日本にもたらし、金・水銀・椿油・絹織物などを自国に運ぶ貿易だけでなく、唐で暮らす日本人の便りや品物、入唐者や帰国者も、この渤海の船が運んだのである。

渤海国の船だけではない。じつは新羅の場合も同じ。新羅は中国の山東半島に新羅坊と呼ばれる租界（外国人居留地）をもち、唐と新羅そして日本のあいだを、物資を満載して新羅船が往来していた。いまくわしくはふれないが、天武元年（六七二）に金押実が来朝したのを始発に、承和七年（八四〇）まで頻繁に来日している。渤海使よりも早くに正史から新羅使の記事がなくなるのは、商業化するのが早かったからにほかならない。かたちばかりは「朝貢」、内実は入国後の往来と京城での交易。新羅も渤海も、日本に宗主国の庇護《ひご》を求めていたわけではない。

## 承和元年の遣唐使

それでは、日本から派遣された遣唐使一行は、ひたすら公務を遂行していただろうか。円仁の旅行記『入唐求法巡礼行記』に、乗組員が禁止品を買い付けて連行されたくだりがある。これは承和六年（開成四年・八三九）二月のこと。帰国のために揚州で出発の準備をしている最中《さなか》のできごとである。

・（二十日）先に入京せる使節の内の監国信春道《はるみち》宿祢永蔵《ながくら》、雑使山代吉永、射手上教継、長岑判官の傔従白鳥、村清、清岑等十余人一船に乗りて来たる。……上都は売買するを得ざるに縁《よ》り、便ち件の人等を差《つか》はし、雑物を買ふ為《ため》に来たる。……第四船の監国信菅原梶成並びに通事朴正長は、勅断の色を買ふに縁りて、相公は人を交《つか》はして来喚す。使に随《したが》ひ州に入りて去《ゆ》けり。……暁際、第四船の通事、知乗等は免れて趁《はし》り来たる。長官の傔従白鳥、清岑、長岑、留学等四人は、香、薬等を買ふが為に船を下りて市《いち》に到る。所由の為に勘追せられ、二百余貫銭を捨て逃走し、但三人のみ来る。

・二一日、早朝発して去く。大使の（傔従で画師の）粟田家継は、先日物を買ふ為に船を下りて市に往《ゆ》けり。所由は捉縛して、州裏に留着す。今日免ぜられて来たる。

・二二日……射手身人部《むとりべ》貞浄は市に於て物を買ひ、先日捉はれて州裏に閉縛せられ、今日放たれ来たる。又物を失はざるなり。……史生越智貞厚《おちのさだあつ》は、先日市に往きて物を買ふ。所由は州に報じて処分を請へり。今日趁り来たれり。

朝貢の品々を管理する役人だった菅原梶成と通事の朴正長が、交易禁止品を買った廉《かど》で「州」（役所）からの呼び出しがあり、やってきた役人に連行されている。逮捕をまぬがれたのか、明け方になってもどってきた。そうこうしている間にも、別に白鳥らも市に出かけ係官に取り調べられ、仕入れのために用意していた銭を投げだして逃げ帰った。じつは白鳥らは、長安の都では売買ができないので、楚州には向かわず、わざわざ船をしたててやってきたというから、密貿易の確信犯であって、商魂たくましいというほかあるまい。

翌日、連行され留置されていた画師の粟田家継がもどってきた。二二日は、同じく留置されていた身人部貞浄、史生越智貞厚が釈放されてもどってきた。

記録している円仁は、こうした事件をすべて網羅しているわけではないだろうから、乗組員が唐の役人の厄介になったのは、三日間だけにかぎったことではあるまい。錦・綾・羅・穀・繍・紬・真珠・金・鉄など、自由に交易することが禁止されている物資こそ、商売上では〈うま味〉があったはずだ。「穀」とは、今日でも輸出入にきびしい制限がある、種モノだろう。積み荷にして日本へ持ち帰れば、品物によっては「宮市」[1]で破格な値で取引できたからである。国家間の往還は、すでに国家事業ではなく民営にゆだねる時代となっていた。

# 真備と道真

入唐留学生中瓘《ちゆうかん》の報告をふまえ、道真が遣唐使の停止を上奏し（九月一四日）、その建議書が提出されて半月足らずで、派遣は取りやめとなった（九月三〇日）。当時の国際情勢を鑑《かんが》みれば、道真の判断が至当だっただろう。かさねて宇多朝は、律令のゆるみと荘園の増大で、たとえ大地主の公家らは豊かでも、税収の減った国家の台所は火の車でもあった。こうして国家プロジェクトは「白紙」となったのである。

遣唐使史をふりかえってみると、危険きわまりない東シナ海を二度までも往還した人物がいることに気づかされる。昌泰三年（九〇〇）一〇月、右大臣であった道真に辞職を勧告した三善清行《みよしきよゆき》の便りに「伏して惟《おもんみ》るに、尊閤《そんかふ》は翰林《かんりん》より挺《てい》して槐位《くわいゐ》にまで超昇せらる。朝の寵栄、道の光花、吉備公の外、また美を与《とも》にするもの無し」と見える「吉備公」、すなわち吉備真備がその人である。「尊閤」は道真をいう。「翰林」は、中国で碩儒や学者を召して詔勅など公文書を掌《つかさど》った役所（翰林院）や翰林院の役人（翰林学士）をさす。ここでは文章博士くらいの意味。「槐位」は中国では最高の位にある三つの官職で、本邦では太政大臣・左大臣・右大臣あるいは左大臣・右大臣・内大臣をいう。

要するに、道真が文章博士に就任してより右大臣にいたるまで、周囲がおどろくほどの昇任をかさねてきたことを指摘する。朝廷での栄達にしても学問の道での盛栄にしても、皇族や藤原氏以外で昇りつめた人物は、かの吉備真備しかいないのだから、自身の止足《しそく》を知って、すみやかに大臣の職を辞しなさい、と。

清行が辞任を勧告する根拠のひとつとした、この真備とはいったいどのような人物だったのだろうか。ともに右大臣となった真備と道真の半生を、遣唐使の派遣というタームで括《くく》ってみると、意外におもしろい一面がのぞけてくるように思われる。

真備は、天平七年（七三五）三月に帰朝した遣唐使一行（大使は多治比広成《たじひのひろなり》）の中に「入唐留学生従八位下下道《しもつみち》朝臣真備」と見えるのが、歴史に顔を出す最初。右衛士少尉下道国勝の子、中流以下の家がらの出自である。霊亀二年（七一六）八月に任命された遣唐使（大使は多治比県守《あがたもり》）とともに渡唐しているから（養老元年・七一七年、難波発）、一九年の研鑽を経て帰国したことになる。同期の留学生仲間のひとりに、「天の原ふりさけ見れば春日なる三笠の山にいでし月かも」の歌で知られる阿倍仲麻呂がいる。(2)

仲麻呂は、天平勝宝五年（七五三）に、遣唐大使の藤原清河《きよかわ》とともに、鑑真の渡日を要請し、自身も帰国しようとしたが失敗。朝衡と名をあらため、科挙にも応じ進士及第して、秀才の名をほしいままにした。玄宗皇帝に厚遇され中央官僚を歴任、安南節度使としても治績をあげ、宝亀元年（大暦五年・七七〇）に七三歳で異国の土となった。(3)

真備といえば、もっぱら鴻臚寺の教場で、『礼記』や『漢書』などを学んでいたらしい。宝亀六年一〇月の薨伝には「経史《けいし》を研覧して衆芸を該渉《かいせふ》す」とあるところから、よくいえば博学、悪くいえば一芸に心血をそそぐことのない、マルチタイプの修学スタイルだったようだ。少し面倒だが、この下道真備が帰国後、朝廷に献上した品々をリストアップしてみよう（『続日本紀』天平七年四月二六日）。

唐礼《とうれい》一三〇巻　太衍暦経《だいえんれききょう》一巻　太衍暦立成《だいえんれきりつせい》一二巻　測影鉄尺《かげをはかるくろがねのしやく》一枚
銅律管《あかがねのりちかん》一部　鉄如方響写律管声《くろがねのほうきようのごとくりちかんのこえをうつすもの》一二条　楽書要録《がくしようろく》一〇巻
絃纏漆角弓《つるまきにうるしぬれるつのゆみ》一張　馬上飲水漆角弓《うまうのうえにみずをのむうるしぬりのつのゆみ》一張　露面漆四節角弓《おもてをあらわしよふしにうるしぬれるつのゆみ》一張

射甲箭《よろいをいるや》二〇隻　平射箭《ひらいのや》一〇隻

唐礼には『貞観礼』（六三七年成立）、『永徽（顕慶）礼』（六五八年成立）、『開元礼』（七三二年成立）があって、もっとも整った『開元礼』が完成したのは開元二〇年九月である。したがって、すでに開元礼も施行されてはいたが、真備が帰国する時期にはまだひろく普及していたとはいえず、彼が将来したのは、『永徽（顕慶）礼』だったようだ。

『太衍暦経』と『太衍暦立成』は、暦とそのデータマニュアルのテキストである。わが国で暦が用いられるようになるのは、欽明天皇の時代で、六朝時代に何承天なる人物が編んだ元嘉暦（元嘉二二年・四四五から施行）である。ずっと時代がくだり、持統四年（六九〇）一一月からは、この元嘉暦と唐の高宗時代に李淳風が編んだ儀鳳暦（麟徳暦）を併用するようになる。併用期間は六年間ほどで、やがて儀鳳暦に一本化。この儀鳳暦は淳仁天皇の天平宝字七年（七六三）まで七二年間にわたって採用された。そして真備が将来した大衍暦の登場である。この暦が唐で公用されるようになるのは、開元一七年（七二九）だから、彼は最新の暦をもって帰国したことになる。

真備には、次のような奇譚《きたん》が伝わっている（大江匡房《まさふさ》『江談抄』巻3「吉備大臣入唐の間の事」）。

……よりて、帝王ならびに作者もいよいよ大いに驚きて、元のごとく楼に登らしめて、偏《ひと》へに食物《じきもつ》を与へずして命を絶《た》たんとす。「今より以後楼を開くべからず」と云々。鬼物《おに》聞きて吉備に告ぐ。吉備、「尤《もと》も悲しき事なり。もしこの土《ところ》に百年を歴《へ》たる双六《すごろく》の筒《どう》・簺盤《さいばん》侍《はべ》らば、申し請《う》けんと欲《おも》ふ」と云ふに、鬼云はく、「在り」と云ひて求め与《あた》へしむ。また筒（棗《なつめ》）、盤（楓《かつら》）なり。簺《さい》を枰《へい》の上に置きて筒を覆《おふ》ふに、唐土の日月《じつげつ》封ぜられて、二、三日ばかり現れずして、上は帝王より下は諸人に至るまで、唐土大いに驚き騒ぎ、叫喚《さけ》ぶこと隙《ひま》なく天地を動《とどろ》かす。占はしむるに、術道の者封じ隠さしむる由《よし》推《おしはか》る。方角を指すに、吉備の居住する楼に当る。吉備に問はるるに、答へて云はく、「我は知らず。もし我を強く冤陵《えんりょう》せらるるによりて、一日《ひとひ》、日本の仏神に祈念するに、自《おのづか》ら感応《かんのう》有るか。我を本朝に還《かへ》させらるべくは、日月何ぞ現れざらんや」と云ふに、「帰朝せしむべきなり。早く開くべし」と云へり。よりて筒を取れば、日月ともに現はる。ために吉備すなはち帰へらるるなりと云々。

引用したくだりのあらすじを追いかけてみよう。[4]鬼に助けられ、さらに住吉神や長谷《はせ》の観世音の加護もあって、さまざまな難題を解決してきた真備だったのだが、高殿にのぼらされ幽閉されて食物も与えられなくなったという。そこで鬼に一〇〇年を経《へ》た棗で作られた筒と楓で作られた盤をもってこさせ、賽《さい》をすごろく板の上において筒で覆う。すると、日月が封じられ闇だけがつづいて、天下は大混乱となった。これに懲《こ》りた唐は、しぶしぶ彼の帰国をゆるしたというのである。

こうした話が伝えられたのは、それまでの暦学をさらに大きく変革した大衍暦の存在に、真備がかかわっていたからだろう。儀鳳暦の太陽年は三六五・二四四八日、朔望月は二九・五三〇六〇日、大衍暦の太陽年は三六五・二四四四日、朔望月は二九・五三〇五九日。比喩的にいうなら、吉備真備は、それまでの日本に流れていた時の速さを、やすやすとかえてしまった男なのだ。

つづいて、測影鉄尺。日影を測量するためのスチール尺。銅律管と鉄如方響写律管声、ともに音律を調整する楽器で、真備はこれらとともに、則天武后勅撰の音楽書である『楽書要録』をもって帰っている。

兵器もあった。「絃纏漆角弓」は騎馬兵が用いるような小型の強弓、「馬上飲水漆角弓」「露面漆四節角弓」は蒔絵や部分だけを漆で塗った弓で、実戦向きと儀礼用の弓か。同じように、「射甲箭」は鎧《よろい》をつらぬくような鋭い鏃《やじり》をもつ矢、「平射箭」は鏃がそれほど鋭くなく儀式や遊戯用の矢だろう。真備はこうした中国の近代兵器にも関心をもっていたのである。おそらくたくましい雑学が、遣唐留学生である吉備真備を成長させたのだろう。

## 真備の帰国、そして左遷

帰国後、正六位下を授けられ大学助《だいがくのすけ》となって、孝謙天皇に『礼記』や『漢書』を進講。天皇の寵を得て、従五位上中宮亮兼右衛士督《うえじのかみ》へと、トントン拍子で出世する（天平九年・七三七）。ところが天平一二年（七四〇）に、大宰少弐だった藤原広嗣《ひろつぐ》が筑紫で叛乱。橘諸兄のブレーンのひとりの真備は、玄昉《げんぼう》とともに誹《ひ》謗《ぼう》され、まるで天下の盗人《ぬすっと》呼ばわりされている。「玄昉の左翼」「斗筲《とさう》の小人」「有為《いうゐ》姦雄《かんいう》の客」というのが真備への悪口。玄昉の左翼にいるチンピラ、口も八丁手も八丁のワルといった意味合いだろうか。

広嗣軍一万は、都から派遣された大野東人・紀飯麻呂ら征討軍一万七〇〇〇によって鎮圧。敗走した広嗣は肥前国で斬殺されたが、広嗣の亡魂鎮まらず、玄昉は仏教界のポストを行基にうばわれて筑紫の観世音寺へと追い出され、翌年失意のうちに没している。真備も、朝廷の実権を藤原仲麻呂がにぎってからは、筑前国に左遷されている。それどころか、都へもどされることなく、さらに遠国の肥前国へと左降されるという不遇だった。

ところが、である。ところが真備は意気消沈したりしない。天涯《てんがい》の鄙の地にありながらもしたたかに生き、ふたたび中央の政界に浮上してくるのである。天平勝宝二年（七五〇）九月に、遣唐使が任命されている。大使に藤原清河（従四位下）、副使に大伴古麻呂（従五位下）、判官に大伴御笠《みかさ》（正六位上）・巨万大山《こまのおおやま》（正六位上）・布勢人主《ふせのひとぬし》（正六位上）らをメンバーとする一行である。

翌年天平勝宝三年一一月、出発も迫る時期になって、なぜだか吉備真備（従四位上）が副使として追加して任命される。それも大使の清河よりも副使の古麻呂よりも、位階は真備のほうが高いのに、である。節刀をいただく時期（天平勝宝四年閏三月）には、大使の清河に正四位下、副使の古麻呂に従四位上が授けられており、清河は真備よりも上位、古麻呂は同位になっている。ここでの真備への昇叙はない。しかし、胸中に何か思うところがあったようで、遣唐副使の任をおりることはなかった。

在唐時、新羅の使節と席次争いが生じる。帰国した副使大伴古麻呂のレポートによると、こうだ。

「……天子、蓬莱宮含元殿《ほうらいきうかむぐゑんでん》に朝《でう》を受《う》く。是の日、我を以て西畔《せいはん》第二吐蕃《とばん》の下《しも》に次《つ》ぎ、新羅使を以て東《とう》畔《はん》第一大食国《だいじきこく》の上《かみ》に次ぐ。古麿論《あげつら》ひて曰はく、『古より今に至るまで、新羅の日本国に朝貢《でうぐ》すること久し。而《しか》るに今、東畔の上に列し、我反《かへ》りてその下に在り。義《ことわり》、得べからず』といふ。時に将軍呉懐実、古麿が肯《かへ》にせむ色を見知りて、即ち新羅使を引きて西畔第二吐蕃の下《しも》に次ぎ、日本使を以て東畔第一大食の上《かみ》に次ぐ」といふ。

唐の周辺国である四つの国の席次をめぐって、副使の大伴古麻呂が日本の使節が新羅のそれの下位にあることにクレームをつけ、席次をかえさせたというのである。古麻呂の言い分もわからないではないが、中国側から見てみると、山東半島に租界をもち、帝都の長安に毎年のようにやってくる新羅の使節と年をへだてて入唐する（時には三〇年ほどのへだたりがある）日本からの使節と、いったいどちらを優遇するかは、火を見るよりも明らかである。

にもかかわらず、日本の遣唐使一行の席次を上位にあらためたのは、副使の真備と唐に残ったまま唐王朝につかえている朝衡（阿倍仲麻呂）のとりなしがあったからに他ならない。大使藤原清河、副使の大伴古麻呂らは大いに面目をほどこしたことだろう。やがて、遣唐使一行は留学生・留学僧らと別れ、四船に分乗して帰国をこころみる。

第一船（大使・藤原清河）は、阿児奈波島《あこなはしま》（沖縄）まで着いたものの、安南《アンナン》（ベトナム）まで流されて、失敗。かの鑑真を乗せた第二船（副使・大伴古麻呂）は、同じように阿児奈波島に着き、北上して薩摩国阿多郡秋妻屋浦（南さつま市坊津町秋目）に漂着している。第三船に乗っていたのが吉備真備で、真備らも暴風雨で流され益久島《やくしま》（屋久島）に漂着、出発後、ふたたび暴風雨にあい、かろうじて紀伊国牟漏崎《むろのさき》（和歌山県西牟婁郡串本町）に着いている。かなりおくれたものの、第四船（判官・布勢人主）は薩摩国石籬《いしがき》浦（揖宿郡頴娃町か）に漂着した。

こうして文字どおり命がけで帰国。古麻呂は左大弁となったが、なぜだか真備は大宰大弐に補任され、またまた地方に飛ばされている。どうやら藤原仲麻呂から疎んじられたらしい。天平勝宝五年（七五三）の遣新羅大使であり、かつ天平宝字二年（七五八）の遣渤海使となって帰国したばかりの小野田守も大宰少弐に再任されている。先に席次争いの事件についてふれたけれど、新羅との関係はさらに緊張の度をましていたし、そればかりか中国では安禄山の乱が勃発。大陸の紛争のとばっちりをおそれた政府は、大宰府強化のために真備や田守のちからを必要としたらしい。筑前国に朝鮮式の山城である怡土城《いとじょう》を造営する。真備はその吃緊《きっきん》な外交問題の最前線に立たされたのである。

天平宝字二年一二月、安禄山の動向に注意して対応策をたてるように、詔勅がくだり、山城の完成をめざして激務がつづく……(5)。そこで大宰府は中央に向けて、翌年三月に次のような防備上の問題を上申している。大宰帥は船王《ふねのおおきみ》なのだが、実際に施策にタッチしていたのは、真備だろう。上申文のあちこちには、合理的な考察に長《た》けた真備の口吻がうかがえそうだ。すこし長くなるが、一読してみよう。

> 府官の見る所、方《まさ》に安《やす》からぬこと四有り。警固式《けいこしき》に拠《よ》るに、「博多の大津と、壱伎《いき》・対馬等の要害《ぬみ》の処とに、船一百隻以上を置きて、不虞《ふぐ》に備ふべし」とあり。而《しか》るに今、船の用ゐるべきもの無し。交《こもごも》、機要を闕《か》く。安からぬことの一なり。大宰府は、三面に海を帯《お》び、諸蕃是《しょばんここ》に待つ。而るに、東国の防人《さきもり》を罷《や》めしより、辺戍日《へんじゅひ》に荒散せり。如《も》し慮《おも》はぬ表《ほか》に、万一変有らば、何を以てか卒《にはか》に応《こた》へ、何を以てか威《いきほひ》を示さむ。安らぬことの二なり。管内の防人は、一《もは》ら城《き》を作ることを停《とど》め、勤《つと》めて武芸に赴《おもむ》かしめ、その戦陣《せんぢん》を習《なら》はしむ。而して大弐吉備真備論《と》きて曰はく、「且《か》つ耕《たかへ》し且つ戦ふは、古人《こじん》善しと称《い》ふ。乞《こ》ふ、五十日教へ習はしめて、十日城を築くに役《やく》せむ」といふ。請《こ》ふ所行ふべしと雖《いへど》も、府僚《ふれう》或は同じくせず。安からぬことの三なり。天平四年八月二二日に、勅《みことのり》有りて、所有《たも》てる兵士《ひやうじ》は、全《また》く調《でう》・庸《よう》を免《ゆる》し、その白丁は調を免して庸を輸《いだ》さしめたまひき。当時《かのとき》は民息《いこ》ひて兵《いくさ》強くして、辺鎮《へんちん》なりと謂《い》ひつべし。今、管内の百姓、乏絶《ぼふぜつ》せる者衆《ひとおほ》し。優復《うぶく》有らずは、以て自ら贍《にぎあ》ふこと無けむ。安からぬことの四なり。

有事の際の問題点を四項目にまとめて上申している。その一に、外敵防衛のための軍船がない。本来なら一〇〇隻以上なければならないのに、皆無。その二に、東国からの防人の派遣を廃止したために（天平宝字元年閏八月）、それにかえて西海道七国[6]から徴兵してはいるものの、軍隊の体をなしていない。その三に、ましてや防人たちは築城の労働ばかりで、肝心な軍事訓練ができていない。そこで真備が五〇日を教練にあて一〇日を労働日と提案したが、政庁内で意見がわかれている。その四に、すでに兵士たちは庸と雑役を免除されているがさらに調も免除すべきである。

これら大宰府から申告された項目に、すぐに中央政府から報勅が発布されている。軍船の建造は公費を用いて実施すること、防人の教練は真備の提案どおりに、ただし、兵士たちの調の免税は認めない。

天平宝字八年正月（七六四）、真備は造東大寺長官に任じられて上京している。ただ怡土城の完成は神護景雲二年（七六八）二月であって、真備が筑紫を離れるときはまだ完成していなかった。すると、大宰府にとばされて一〇年もの間、自身がプランニングした怡土城の築造と兵士たちの軍事教練に、黙々とはげんでいたことになるだろう。

ちなみに、真備とともに遣唐副使となって活躍した大伴古麻呂は、天平宝字元年（七五七）七月、橘奈良麻呂、黄文王《きふみのおおきみ》、道祖王《ふなとのおおきみ》らとともに藤原仲麻呂をのぞこうとしたが露見。獄中で拷問の杖に打たれながら、壮絶な死をとげている。その七年後には、奈良麻呂らを死地に追った仲麻呂（天平宝字二年八月に恵美押勝《えみのおしかつ》の名を賜う）が、謀反の疑いで追われることになるのだが、真備の処しかたは、宝亀六年（七七五）の薨伝によると、こうである。

八年、仲麻呂謀反《むへん》す。大臣、その必ず走らむことを計《はか》りて、兵《いくさ》を分《あか》ちてこれを遮《さきき》る。指麾《しき》部分甚《はなは》だ籌《ちう》略《りやく》有り。賊遂《あたつひ》に謀中《はかりこと》に陥りて、旬日《じゆんじつ》にして悉《ことごと》く平《たいら》ぐ。功《いさをし》を以て従三位勲二等を授けられ、参議中衛大将《ちうゑのだいしやう》と為《な》る。

中国の兵法に明るく、かつ一〇年あまりも怡土城で最新の軍事教練を実践していた真備には、仲麻呂の逃走するルートを予測し追討軍をどう送るかなど、対処するのは造作ないことだったにちがいない。やがて中央政界でポストを得て、天平神護二年（七六六）一〇月、ついに右大臣の地位まで昇りつめる。中納言の任官がこの年の正月、大納言の任官が三月だから、まことに目まぐるしい。その昇任をもはや誰もとめることができなかったのだろう。(7) 宝亀二年に退職願を提出して致仕、悠悠自適の余生を楽しみ、日本ではじめて天長節を祝った宝亀六年一〇月二日、八一歳で没した。天寿をまっとうしたというべきだろう。

## 渡唐する道真

真備の半生を素描してくると、軽重のちがいは多少あるとはいえ、道真のそれと重なっている。下道氏にしても菅原氏にしても、藤原氏にくらべれば、家門の高下は明らか。両者ともに若かりし頃の刻苦勉励。地方豪族の出自で右衛士少尉にすぎない下道国勝の子に生まれた真備が、右大臣にまでも昇るとはだれも想像しなかっただろう。とはいえ、人生これ塞翁《さいおう》が馬、筑前国守に、さらに肥前国守となって左遷。道真もまた、式部少輔・文章博士・加賀権守の三官を止めて讃岐国へ守として転出させられた。田舎暮らしを憎む道真。「時を失《うしな》へる臣」「愛を移されたる妾《こなみ》の　人の前に哭《な》くに似たり」（「首夏《しゆか》に鶯《うぐひす》を聞く」）と嘆く道真がいる。

やがて帝の寵愛を得たふたりは、まさに破竹の勢いで栄進をかさねる。たとえば帰朝後の真備は、天平七年（七三五）には従八位下から一挙に正六位下に、何と一〇階も昇進、翌年には外従五位下、その翌年

渡唐し無準師範から衣鉢を会得したと伝えられる姿を描いた「渡唐天神像」（九州国立博物館所蔵、落合晴彦撮影）

九年には従五位上へと昇叙された。道真の昇進もまた然り。道真のうしろには、宇多天皇そして醍醐天皇がいる。右大臣となった昌泰二年（八九九）には、妻の宣来子《のぶきこ》が従五位下を授けられるといった繁栄ぶりである。ところが、昌泰四年一月二五日、右大臣の職をとかれて大宰権師として左遷。そして、延喜三年（九〇三）二月二五日、五九歳の道真は、謫所の大宰府で悲しみに沈んだまま、逝くのである。それにしても道真よ、あなたはまだ五九歳ではないか。

歴史に、もしも……は禁句だろうが、もしも道真が真備のように遣唐使のスタッフとなって渡唐していたら、難波から瀬戸内海を西下し、大宰府や鴻臚館で風や潮をまち、東シナ海へと乗り出していたら、国勢は衰えていたとはいえ、権謀術数のうずまく唐の政治にじかにふれ、政治家として学ぶことも多かっただろう。それよりなにより、広大な黄色い大地のエネルギーは、その後の彼の生き方を大きくかえたのではないか。地平のかなたまで際限のない大地を踏みしめたか否か、遣唐使となって東シナ海を往来したか否か。このちがいは、度外視できないかもしれない。遣唐使の停止から九年後、道真は、こともあろうにアジアへの門戸である大宰府に左遷され、大陸へとつづく海原を眺めながら、この地で没した。これではまるで、歴史の皮肉ではないか。

三〇〇年後の鎌倉時代、道真は宋の杭州に遊学し、無《ぶ》準《じゅん》師《し》範《ばん》（仏鑑禅師・一一七八〜一二四九）から衣鉢を受けた。

此事やまともろこしの伝記にかきのせぬ事なるを、をろかなる身のあさき心にては、さること有べしとさだめむ事はばかりおほし。又このことはりすべて有べからずといはむ事、その咎《とが》をまねきぬべし。聖神仙昇の後より無準の在世の比《ころ》までをかぞふるに、三もちあまりの星霜《せいさう》をかさねたり。またから国わが日の本のさかひをことにせること、はるかなる八重のしほぢをへだてて、雲の濤煙《たうえん》の浪《なみ》いく千里と云《いふ》ことをしらず、またかしこにかたちをあらはし給《たまひ》けむこと、凡情《ぼんじやう》にておしはからば、かたがたにつけてうたがひありぬべき事ぞかし。しかはあれど、一心法界《いつしんほふかい》に遠近《ゑんきん》のへだてなし。千万劫《ごふ》の転変又即今のうちをいでず。　（『両聖記』花山院長親《ながちか》）

道真がこの世を去ってから無準に会うまでに久しい歳月が流れているし、両者の間は幾千里とへだてている。「凡情」（ふつうの人間のもっている常識）からみると、ことが史実とは考えられないのだけれど、「一心法界」といった境地からすると、時間や空間を超越して存在するのが真如《しんによ》なのだから、三〇〇年前は即「今」であり、東シナ海のへだてた遠近の差などなく、中国が日本であってもよいではないか。これが花山院の主張する、渡唐天神のエピソードである。道真はついに海を渡るのだ。

注

（1）承和六年（八三九）一〇月二五日に建礼門の前に張舎を建てて、内蔵寮の官僚や後宮女官らが舶来の唐ものを交易した。はやくは天平神護元年（七六五）一〇月一九日に称徳天皇が紀伊行幸の途中、海浜で市をひらいた例、神護景雲三年（七六九）一〇月二一日に同じ称徳天皇が由義宮で市をひらいた例などがある。もともと宮市は中国の宮廷内にもうけられた臨時的なバザールだったが、次第に宦官らが必要な物資を庶民から半強制的に買い上げる場所となった。

（2）これは『小倉百人一首』第七番歌として有名。『古今和歌集』巻九「羇旅歌」の巻頭歌でもある。「唐土《もろこし》にて月を見てよみける」の詞書きと次のような長い左注をともなっている。「この歌は、『昔、仲麻呂を唐土にものならはしに遣《つか》はしたりけるに、あまたの年を経《へ》て、え帰りまうで来ざりけるを、この国より又使ひまかりいたりけるに、たぐひてまうで来なむとていでたちけるに、明州《めいしう》といふ所の海辺にて、かの国の人うまのはなむけしけり。夜になりて、月のいとおもしろくさしいでたりけるを見てよめる』となむ語り伝ふる」。この一首は、明州（浙江省寧波）で月を見ながらうたったことになっているが、別に送別会の席で、三〇余年前の日本を離れるときの光景を思い出してうたったという説もある。

（3）藤原清河は帰国することなく唐で没している。河清と名をあらため唐朝につかえ、中国の女性とのあいだに喜《き》娘《じょう》とよばれる女児が誕生。河清が没した後、喜娘は宝亀九年（七七八）、日本へ帰還する遣唐使に同行して中国を離れた。東シナ海で遭難し船は大破、かろうじて浮いている舳《へさき》に乗り漂流して肥前国天草郡西仲島（鹿児島県出水郡長島町）に着いた。

（4）この鬼は、かつて日本からやって来た遣唐使のひとり安倍の某で、大臣として派遣されたのに、高殿に登らされ食べ物を与えられずに死に、鬼になったのだという。遣唐使になった安倍（阿倍）といえば仲麻呂なのだが、仲麻呂なら大臣でなく留学生として渡唐したのだし、ましてや真備と同じ養老元年（七一七）に入唐しているから、もちろん史実ではない。

（5）じつは前年のうちに安禄山は子の慶緒に殺されているが、その情報は日本にはまだ入っていなかったらしい。

（6）薩摩と大隅をのぞく七国をいう。天平宝字三年（七五九）三月からは、さらに日向国からの徴兵もなくなっている。

（7）こうした異常ともいえる栄達の背後に、孝謙天皇に寵をうけた道鏡の存在があった。道鏡について、ひとこと。天平宝字五年（七六一）、平城京のリフォームのために一時近江国に移っていた孝謙上皇のかたわらに侍して、看病。上皇の信頼を獲得した。時の天皇だった淳仁天皇がこれに不満をもらしたために、上皇と天皇は相容れぬ関係になってしまう。他方、道鏡といえば、天平宝字七年（七六三年）に少僧都、翌年天平宝字八年には太政大臣の藤原仲麻呂が殺されたため、太政大臣禅師に任じられた。そして、翌年にはついに法王となった。仏教の理念に基づいた政策をおこなったものの、上皇の崩御で権力を失い、神護景雲四年（七七〇）八月二一日、造下野薬師寺別当（下野国）として左遷。赴任地の下野国で没している。

# Ⅸ　謫居の人

## 追放の宣旨

道真追放の宣旨《せんじ》には、罪状らしい罪状がうかがえない。寒門の出自ながら大臣にまでなったのに、分をわきまえない、権力をひとりじめにしようとする悪心があり、宇多上皇におもねり諂《へつら》い、醍醐天皇の廃帝を画策したという。醍醐の弟斉世《ときよ》親王の室が道真のむすめだったから、この親王を天皇にしようとしたというのだが、たしかにそうなら大罪だろう。

こうしたことがらは、すでにふれたとおりで、別に後代の歴史物語『大鏡』を見ると、次のように語っている。

醍醐の帝の御時、この大臣《おとど》、左大臣の位にて年いと若くておはします。菅原《すがはら》のおとど、右大臣の位にておはします。その折、帝御年いと若くおはします。左右《さう》の大臣に世の政《まつりごと》を行ふべきよし宣旨下さしめたまへりしに、その折、左大臣、御年二十八九ばかりなり。右大臣の御年五十七八にやおはしけむ。ともに世の政をせしめたまひしあひだ、右大臣は才世《ざえ》にすぐれめでたくおはしまし、御心おきても、ことのほかにかしこくおはします。左大臣は御年も若く、才もことのほかに劣りたまへるにより、右大臣の御覚えことのほかにおはしましたるに、左大臣やすからず思《おぼ》したるほどに、さるべきにやおはしけむ、右大臣の御ためによからぬこと出できて、昌泰《しやうたい》四年正月二十五日、大宰権帥《だざいのごんのそち》になしたてまつりて、流されたまふ。　　　　　（上巻、「左大臣時平」）

一一世紀初頭に成立したらしい『大鏡』は、道真の左遷を「さるべきにやおはしけむ、右大臣の御ためによからぬこと出できて」という。史実はどうであれ、「よからぬこと」とぼかして、あいまいにしている。それを「さるべきにや」、つまり前世からの運命であったのではないかとも語るのである。道真は有罪か無罪かが、しばしば争点にもなるが、具体的な罪にあたるものは、おそらく何もなかったのではないか。

右大臣の地位のはく奪と筑紫への左遷は、宇多上皇には知らせずに断行されている。宇多はそれを聞き、仁和寺から御所にかけつけたものの、藤原菅根《すがね》と衛士らが建春門《けんしゅんもん》をかためて通さない。むなしく踵《きびす》を返すしかなかった(1)。これは一七歳の醍醐天皇の裁量ではあるまい。宇多と醍醐と道真、この三者の関係をたたねばならない人びとのしわざだろう。左大臣であった時平が、『大鏡』の語り手がいうように、道真よりも才能がなかったとは思われないし、道真に対する醍醐天皇の寵愛をひたすら羨《うらや》んでいたとも思わない(2)。とはいえ、三〇歳をこえたばかりの時平に、時として道真は息苦しいほどの圧力となっていたというべきか。藤家や源家の人びとには、彼の巨人的な存在そのものが、罪と映っていたのではないかと思うのだ。せまい宮中、いまや〈巨人〉と化した従二位右大臣道真の居場所は、もはやどこにもなかったのである。罪人を護送する領送使《りょうそうし》には左衛門少尉善友益友《よしとものますとも》が任命された。すべての職権をうばわれ一週間も経たない二月一日（一説には、二月二日）、筑紫へと追われたのである。

すでに高官になっていた長男の高視《たかみ》は土佐へ、二男の景行《かげつら》は駿河へ、三男の兼茂《かねしげ》は飛騨へ、そして四男の淳茂《あつしげ》は播磨へ、それぞれ流された。妻の宣来子や年長の女児たちは京にとどめられ、聟の斉世親王は出家して身の潔白をあらわした。道真は男女ふたりの幼子をともなったようである。言い伝えでは、男児の名を隈麿《くままろ》とも隈若《くまわか》ともいい、女児の名を紅姫《べにひめ》という。こうして、道真の家族は六か所にちりぢりになった。

## 配所に暮らす

伝送蹄傷馬　伝《むまや》は　蹄《ひづめ》の傷《やぶ》れにたる馬を送る
江迎尾損船　江《かう》は　尾《とも》の損《そこな》はれにたる船を迎ふ
郵亭余五十　郵亭《いうてい》　余ること五十
程里半三千　程里　三千に半《なかば》せり
税駕南楼下　駕《のりもの》を税《おろ》す　南楼《なむろう》の下《もと》
停車右郭辺　車を停む　右郭《いうくわく》の辺《ほとり》

右の作品は長編「叙意一百韻」の一部。筑紫までは陸路で一四日、海路で三〇日である。「伝」は官営の駅をいう。駅舎で疲れきった馬をとりかえようとするのだが、おそらく官符によって道真一行に食料や馬の供給をおこなうことが禁止されていたのであろう、蹄《ひづめ》がわれくたびれはてた馬にそのまま乗って旅をつづけるしかなかった。港では給食したりあたらしい船の都合をつけてくれることもない。艫《とも》が半分毀《こわ》れかけたような船が近づいてきて迎えてくれるだけであった。

領送使にともなわれて西下するのだから、ある意味で立派な咎人《とがにん》。それなりの扱いがあってしかるべきだろう。官界の半数は道真の主宰する私学菅家廊下の出身者で占められていたという。したがって、地方職にある官僚たちのなかには、かつて道真を師として仰いだ人びとも数多くいたとみるべきである。右大臣の職をとかれたとはいえ、流されていく道真を支え守ろうとする人びとが必ずやいたと思われる。

京のはるか天涯《てんがい》の地ではあったが、大宰府はただそれだけの一地方都市ではなかった。いうまでもなく、朝鮮半島そして大唐帝国への門戸である。かつて大宰少弐として赴任した（左遷された）藤原広嗣が叛乱《はんらん》をくわだてた際には、征討軍一万七〇〇〇の派遣が必要だった（天平一二年・七四〇）。式部卿兼大宰帥であった宇合《うまかい》を父にもつ広嗣とはいえ、父亡き当時は式部少輔を経て大和守を兼任していたくらいで、けっして高官だとはいいがたい。にもかかわらず、征討軍に対峙した広嗣軍は一万ほど集まっていたらしい。

それでは、もし朝廷に弓引く者が、元の右大臣だったらどうだろうか。采配のふりかたによっては、広嗣の乱のスケールではすまないほどの大乱になっても、不思議ではあるまい。もともとコスモポリタン的な資性をもつ道真なら、朝鮮半島や中国の支援をとりつけることもできたかもしれない。だから、とことん彼を孤立させること――これが政府がとった策だった。

民衆の好奇の眼にさらされながら、流人は瀬戸内を西へと下り、やがて配所につく。与えられた宿舎は、古びたあさましいほどのあばらやだった。右郭十条のあたりにあったようだ(3)。

移徙空官舎　　空《むな》しき官舎に移徙《うつ》り
修営朽松椽　　朽ちたる松椽《しょうてん》を修め営む
荒凉多失道　　荒凉として多く道を失ふ

広袤少盈廛
井壅堆沙甃
籬疎割竹編
陳根葵一畝
斑蘚石孤拳

広袤《くわうぼう》少しきも廛《いちくら》に盈《み》つ
井《ゐ》壅《ふた》ぎて　沙《いさご》を堆《うづたか》くして甃《いしたた》む
籬《まがき》疎《おろそか》にして　竹を割《さ》きて編《あ》む
陳《ふる》き根の葵《わさび》　一畝《ひとうね》
斑《まだら》なる蘚《こけ》の石　孤拳《ひとにぎり》

榎社（太宰府市朱雀）。道真が大宰府に配流されてから、逝去する延喜３年（903）まで謫居した跡。当時、都から赴任してきた官人の官舎「南館」であったとされている

ひさしく人が暮らしていなかったのだろう、生活に必要な調度品も用具もろくになく、昔はさぞや立派だったろうが、いまや朽ちかけた松材の建物を修繕する。荒れはてて官舎につづく道も埋もれている。「広袤」は官舎の敷地の広さをいうのだろう。「廛」はやしき・店の意味。「店」だとすれば、公館の敷地であるにもかかわらず、人びとが勝手に入り込み、もはやどこまでが役所やら何やら、小屋がけのバザールを作っていたのかもしれない。

管理しなければ家は荒れる。井戸も底にたまった土砂で埋まってしまい、つかいものにならない。渫《さら》って水を汲めるようにし、井戸の周りもつき固める。垣根も穴ぼこだらけ。人も獣《けもの》も、勝手気ままに出入りできるような

ありさまだったのだろう。公館なら築地《ついじ》があってよさそうだが、とっくの昔に毀《こわ》れはてて、今やかろうじて籬《まがき》を廻《めぐら》していたということか。竹を割り編んで開いている穴を修繕したのである。

庭先は風情を楽しむための豊かな植え込みがあっただろうに、いまや前栽《せんざい》ならぬ野菜畑。誰が栽培していたものか、山葵《わさび》の古株がごろごろしている。かつては庭石だったのだろう石が、動かせなくてワサビ畑にまだらに苔《こけ》むして、ごろりところがっている。これではまるで百姓家《ひゃくしょうや》ではないか。

屋漏無蓋板　屋《をく》さへ漏れて　蓋《おほ》はむ板ぞ無き
架上湿衣裳　架の上に　衣裳を湿《うるほ》す
篋中損書簡　篋《ふむはこ》の中に　書簡を損《そこな》ふ
況復厨児訴　況《い》復《は》むや　厨児の訴《うるた》へむや
竈頭爨煙断　竈頭《さうとう》に爨煙《さんえん》断《た》えにたることを
農夫喜有余　農夫は喜び余り有《あ》るに
遷客甚煩懣　遷客は甚だしく煩懣《はんまん》す

（「雨の夜　一四韻」一部）

春の雨はそれほどはげしくもないのに、屋根は雨漏りし、修理するにも葺《ふ》き板がない。衣類を濡らし、わずかな書籍や文箱《ふばこ》をかかえて狼狽《ろうばい》する。ましてや、台所の料理人が炊《かし》ぐ米がないと訴えてくる。もう、竈《かまど》からけぶりもたたぬありさまなのだ。農民たちは収穫が多くて米もじゅうぶんにあって喜んでいる。しかし流され人のわたしに分けてくれる者は誰もいない。内心では同情してくれるのだけれど、政庁の役人の目を憚《はばか》って、米の一合も手渡してはくれない。何とも憤懣《ふんまん》やるかたなし。

これが道真の暮らしぶりだった。

## 家書、来《きた》る

京に残って暮らす妻から、宅配便が届いた。便りは三か月ぶりである。

消息寂寥三月余
便風吹著一封書
西門樹被人移去
北地園教客寄居
紙裹生姜称薬種
竹籠昆布記斎儲
不言妻子飢寒苦
為是還愁懊悩余

消息寂寥たり　三月余
便風《びんぷう》吹きて著《お》く　一封の書
西門の樹《うゑき》は人に移《うつ》されて去りぬ
北地の園は客《かく》をして寄《やど》り居《を》らしむ
紙には生姜《しやうが》を裹《つつ》みて薬種と称《しよう》し
竹には昆布《こんぶ》を籠《こ》めて斎《いもひ》の儲《まう》けと記せり
妻子《せいし》の飢寒《きかん》の苦しびを言はず
これがために還《かへ》りて愁《うれ》へて　余《われ》を懊《なやま》し悩《なやま》すなり

「家書を読む」と題された七言詩。妻となった女人は、師島田忠臣の娘宣来子《のぶきこ》である。嘉祥三年（八五〇）頃に生まれたといわれており、承和一二年（八四五）に誕生した道真より五歳ほど年下である。当時の慣習にしたがって、道真が元服した天安三年（八五九）に結婚したとすると、すでに父是善や師忠臣の指導のもと、文章生の受験勉強に励んでいた頃だろう。成婚から四〇年の歳月をともにした宣来子は、夫の努力も栄達も苦悩も、もっとも身近にあって見ていた人物といってよい。

妻の便りの内容は、こうだ。西門のそばの庭木は売りました、北側の空き地は貸したので、よそさまが仮住《かりず》まいしています。生姜《しょうが》が包んであって、表書きには「お薬」と書いてある。ショウガは漢方の生姜《しょうきょう》で、根を乾燥させたものを服用した。発汗・健胃・感冒・おう吐《と》・食欲不振などに効能がある。同じショウガを、湯通ししたり蒸したりして乾燥させたものが乾姜《かんきょう》。乾姜は、冷え症の改善に大いに効能があるといわれる。さらに竹籠には昆布がつめてあって、これには「精進のときの食料」とメモ。西洞院五条坊門、宣風坊（左京五条）にあった道真邸でも、けっして暮らし向きは楽ではないだろうに、道真の健康を第一に案じてくれる、宣来子の思いやりがうれしい。

仁和元年（八八五）のころの創作だろうか。次のような一作がある。

此君分種旧家根
一二年来最小園
今夏新生長又直
剪将欲入釣翁門

此《こ》の君は種《しゅ》を旧家の根より分《わか》てり
一二年よりこのかた　最も園に小《ちひさ》かりき
今《こと》の夏新《あらた》に生ひて長くしてさらに直《すぐ》なり
剪《き》りて釣翁《てうをう》の門に入れむと将欲《す》

旧家の竹の根を分けてもらってここ一、二年このかたは、小さな竹林でしかなかったけれど、今年は新しい筍《たけのこ》がぐんぐんのびて、真っすぐに成長した。そこでこれを剪《き》って、釣りのじいさんのところにもって行って、釣りざおにしようじゃないか、と。「新竹」（今年の竹）と題する作品である。「此の君」とは竹の異名。中国六朝時代の詩人である王子猷《おうしゆう》の故事による。(4) 道真はこの竹をたいそう気に入っていたようで、寛平二年（八九〇）のころ、「源納言、家の竹を移し種《う》ゑたまふに謝し奉る」の作品を作っている。「源納言」は源能有《よしあり》で、寛平二年には中納言正三位・右大将・皇太子傅・按察使。道真の家の竹を能有が所望したらしく、彼は自慢の竹をほり移植してやったのを喜んだ。作中「此の君を吟嘯《ぎむせう》して　口に飡《ものく》ふことを棄《す》つ」とうたっている。よほど「此の君」を愛していたのだろう。(5)

妻の便りにあった「西門の樹は人に移されて去りぬ」の庭木が、具体的に何であったのかわからないが、おそらくこの「此の君」も根分けして売られてしまったかもしれない。「家書を読む」の創作からしばらくして、やや長い五言詩「雪の夜に家なる竹を思ふ〈十二韻〉」を作っている。

自我忽遷去　我れ忽《たちま》ちに遷《うつ》り去《さ》りしより
此君遠離別　此の君に遠く離《はな》れ別《わか》れにき
西府与東籬　西府と東籬《とうり》と
関山消息絶　関山《くわんざん》　消息《せうそく》絶えぬ
非唯地乖限　ただに地の乖《そむ》き限《さは》れるのみに非ず
遭逢天惨烈　天の惨烈なるに遭《あ》ひ逢《あ》ふ

冒頭の一部を読んでみた。道真がとつぜん左遷の命をうけて西国に下ったので、宣風坊の庭に植えてあった「此の君」とも遠く離れてしまったと嘆く。鎮西の大宰府と京のわが家の垣根とは、幾つもの関所と幾重にも連なる山脈にへだてられ、もはや家からの便りさえこない、と。続けて、ただはるかに離れているだけでなく、きびしい寒気に遭遇したとうたっている。夜もすがらしきりに降る雪。貧しい人びとの住む家いえは、すっかり雪に埋もれてしまった。(6)

自宅の「此の君」への思いから、やがて配所の近くに生えている竹、それも雪の重さに耐えかねてへし折れてしまった竹に関心をよせる。

抱直自低迷　　直《ちょく》を抱《うだ》きて　自ら低《た》れ迷《まど》ふ
含貞空破裂　　貞《てい》を含《ふふ》みて　空《むな》しく破《わ》れ裂《さ》けぬ
長者好漁竿　　長き者は漁竿《ぎょかん》に好《よ》かりしに
悔不早裁截　　悔《く》ゆらくは　早く裁《た》ち截《き》らざりしことを
短者宜書簡　　短き者《もの》は書簡《しょかん》に宜《よ》かりしに
妬不先編列　　妬《ねた》まくは　先づ編み列《つら》ねざりしことを
提簡且垂竿　　簡《ふむだ》を提《さ》げ且竿《さを》を垂《た》りたらませば
吾生堪以悦　　吾が生悦《よろこ》びに堪へたらましものを
千万言無效　　千《ち》たび万《よろづ》たび　言ふとも効《しるし》なからむ
漣洏亦嗚咽　　漣洏《れんじ》としてまた嗚咽《をえつ》す
縦不得扶持　　縦《たと》ひ扶持《ふぢ》すること得ずとも
其奈後凋節　　凋《しぼ》みに後《おく》るる節《せつ》を其奈《いかん》

竹は真っ直ぐ伸びるのが、性《さが》。ひたぶる貞節な心をもちながら、それでも雪の重圧につぶれてしまった。長い竹は釣りざおにすればよかったし、短い竹は竹簡《ちくかん》や筆筒《ふでつつ》にすればよかった。竹簡を手に書斎をうろうろしたり、さおを傾けて釣りを楽しんだり……そこに生涯の最大の楽しみがあったのに、いまさら後悔してもしかたがないのだ。「漣洏」は涙が流れるさま。たとえあの雪で折れた竹を助け支えてやることができないにせよ、一筋に伸びようとした竹の性が痛いほどに感じられるのである。

都でのありふれた日常生活をふりかえりながら、それがどれほど幸せなことであったか。むなしく割れてくだけた竹は、あまりにも実直でひたぶる貞節な資性ゆえに、流され人となってしまったわが身そのものではないか。竹の性は〈直〉、そして悲しい哉《かな》、道真の性も〈直〉なのであった。

## 唐を夢む

同じように竹をうたっても、道真の心にほんのり明かりがさしたような作品もある。あまり話題になる作品ではないが、意外に秀作ではないか。「竹の床子《しやうし》に題す　通辞の李彦環が送るところ」を紹介しよう。

彦還贈与竹縄床　　彦還《けんくわん》　贈り与ふ　竹の縄床《じようしやう》
甚好施来在草堂　　甚だ好し　施来《しつら》ひて草堂に在《お》くこと
応是商人留別去　　是れ商人の留《とど》めて別れ去《い》にしならむ

自今遷客著相将
空心旧為遥踰海
落涙新如昔植湘
不費一銭得唐物
寄身偏愛惜風霜

今より遷客《せんかく》　著《つ》きて相将《あひもち》ゐなむ
空心《くうしむ》は旧《ふ》りぬるは　遥《はるか》に海を踰《わた》りしがためならむ
落涙は新にして　昔湘《しやう》に植ゑしが如《ごと》し
一銭を費《つひや》さずして　唐物《たうぶつ》を得たり
身を寄せて偏《ひとへ》に愛して風霜《ふうさう》を惜《をし》む

「竹床子」とは、今いうところの安楽椅子。竹で骨格を作りそこに縄をはって座面としたもの。李彦環《りけんかん》は中国人の通訳で、那の大津（博多湾）にあった鴻臚館《こうろかん》あたりに在留する中国の商人だったらしい。帰国するにあたって、長年つかっていた椅子を道真に贈ってくれた。そこで左遷されてきたこのわたし（道真）が、これからは大いに愛用しようというのである。はるばると海を渡ってきた舶来の椅子は、潮風にさらされたからか、年を経てすでに傷《いた》みはじめている。

さて、その椅子に涙がこぼれかかると、いにしえ湘妃《しようひ》が涙をそそいだので生じたといわれる斑竹《はんちく》のように思われてくる。舜《しゆん》の妻であった娥皇《がこう》と女英《じよえい》は、舜が没したのを悲しみ、湘水に身を投げて河の神となったという。道真は、舜と湘妃らのラブストーリーに、しばし身をまかせ、楽しんでみようというのだ。

それだけではない。「縄床」といえば、すぐに白楽天の登場を期待できよう（「詩を詠ずるを愛す」）。

辞章諷詠成千首
心行帰依向一乗
坐倚縄床間自念

辞章諷詠　千首を成し
心行《しんぎやう》帰依《きえ》一乗《いちじよう》に向ふ
坐して縄床《じようしやう》に倚《よ》りて間《かん》に自ら念ふ

前生応是一詩僧　前生応《ぜんせいまさ》に是《こ》れ一詩僧《しそう》なるべし

楽天はいう。数知れないほどの詞章をなし、心身ともに仏道に帰依している。安楽椅子に身をよせてつくづく思うのは、ひょっとしたらわたしの前世は、詩をつくることをもって修行とした僧だったのかもしれぬ、と。「縄床」の材料が竹だったかどうかはわからないが、楽天も「縄床」を愛用していたのだろう。

唐代の詩人たちの作品をくくってみると、「縄床」はかならずしも白居易だけの愛語ではないが、彼には右の例以外にも「此処《ここ》に縄床を置き　傍辺《ばうへん》に茶器を洗ふ」（「睡後《すゐご》の茶興に楊同州を憶《おも》ふ」）、「松下の軒廊竹下の房　暖簷《だんえん》の晴日《せいじつ》　縄床に満つ」（「東院」）、「夫婦老いて相対し　各《おのおの》一縄床に坐す」（「三年の除夜」）、「浪《なみ》を洗ふ清風水に透《とほ》る霜《しも》　水辺間坐《かんざ》す一縄床」（「秋池」）、「家を出でてより来常《このかた》に自在　身に縁《よ》る一衲《なふ》一縄床」（「自遠禅師《じをんぜんし》　遠、無事を以て仏事と為す」）といった表現を見ることができる。

緑の葉が影をゆらし、蒼い苔の生えた新樹の下に「縄床」をすえ、そのかたわらでお茶を煎じて楽しむ。あるいは東の書院での暮らしを写して、松樹のもとに廊下がのび、一群の竹のもとには部屋があり、軒先にはあたたかな日だまりができて、安楽椅子を照らしている、と。楽天は、といえば、相手もなしにひとり酒を飲み、ついウトウトとまどろんでしまうのである。

あるいは、大晦日にも「縄床」がうたわれる。家族の年越しの風景で、子どもたちは長幼残らず新年のあいさつに行列をつくり、楽天はもう七〇にもなろうとする年齢だから、子どもたちが順々に献杯してくれる。妻の楊《よう》氏と結婚したのがいつ頃なのかははっきりしないが、元和五年（八一〇）に女児金鑾《きんらん》が二歳の半ばで夭逝しているから、楊が嫁《か》したのは、おそらく元和のはじめあたりだろう。(7) 開成三年（八三八）大晦日のいま、長い間、苦楽をともにしてきた妻楊氏と相並んで座っているのである。

また、あるいは秋の一日にも「縄床」がうたわれている。池には清らかな風が吹き、霜はとけて水面は鏡のように澄みわたっている。そこで池のほとりに椅子をすえ、眺めていると、目をくもらせる世俗の塵も心の垢《あか》も、ことごとく消え失せていく。ここは池か？　いや修道院ではないか？　すがすがしさをもたらす秋日の池を讃美するのである。

すがすがしさといえば、自遠禅師もそうで、出家してよりこのかた、ひと揃いの袈裟衣と「縄床」以外は何にもたず、世俗からとき放たれて自在、樹下や石上をもっぱらとしている人物。ひとたび会えばまるで寺にでも参籠《さんろう》しているようだ、と。

道真は唐からもたらされた竹でできた「縄床」に身をゆだねながら、いったい何を思っていたのだろう。まぼろしのうちにもう一脚をすえ、それに座らせた妻宣来子《のぶきこ》と語らっていたのだろうか。それとも酒を呑むのは得意ではなかったけれど、東院に座して眠る楽天のように、軒先の陽だまりで眠りこける、ひとときのやすらぎを得ていたのだろうか。唐わたりの「縄床」ゆえに、はるか東シナ海の潮鳴《しおな》りがふと道真の耳に聞こえていたかもしれない。同じ「縄床」に座っていても、束縛も支障もなく心のままに生きるのをゆるされた自遠禅師ではなく、道真は世俗に絡めとられ世俗に喘《あえ》ぐしかない、流され人であった。

道真が「縄床」の故郷《ふるさと》である中国に旅立つのは、すでに書いてきたように、およそ三〇〇年後のことである。

注
（1）一説によると、宇多上皇は一月三〇日にもふたたび宮中に行幸し、建春門外で二月一日まで夜を徹して座りこみをやったらしい。もちろん何の進展もなかった（『日本紀略』延喜元年一月による）。

（2）『大鏡』に、時平の笑い癖のくだりがある。時平は「もののをかしさをぞえ念ぜさせたまはざりける」（何かにつけていったんおかしがると、どうにもがまんがおできにならなかった）というのである。

座につきて、こときびしく定めののしりたまふに、この史《し》、文刺《ふんさし》に文はさみて、いらなくふるまいて、この大臣《おとど》に奉るとて、いと高やかにならしてはべりけるに、大臣文もえとらず、手わななきて、やがて笑ひて、「今日は術《ずち》なし。右のおとどにまかせまうす」とだにいひやりたまはざりければ、それにこそ菅原の大臣、御心《みこころ》のままにまつりごちたまひけれ。

時平が大臣席につき、きびしく裁定しているさい、書記のひとりが書類を文挟みにはさみ、わざとおおげさな動作をして奉る。そしてたいそう高々と放屁した。時平は笑いこけてしまい、「右大臣に決裁をまかせる」のことばさえ満足にいえないほど。それによって道真が思いどおりにできた、というのである。

時平の豪放磊落《ごうほうらいらく》の性格を語る一例だろう。

（3）宿舎のあった場所は、大宰府天満宮の飛び地（太宰府市朱雀六丁目）に比定されていて、榎《えのき》社が祀られている。

（4）『世説新語』「任誕」にある。王子猷は、人の空き家に仮住まいすることがあったので、さっそくそこに竹を植えさせた。ある人物が「ほんのちょっと住むだけなのに、わざわざそのようなことをしないでもよいではないか」という。彼は、しばらくの間うそぶきうたっていたが、竹を指さして「一日たりとも此の君なしにおられようか」（何《なん》ぞ一日《いちじつ》も此の君無《な》かる可《べ》けんや）といった。この故事をふまえて「竹」のことを「此の君」というようになった。

（5）讃岐国守の時代にも、「此の君」を偲んでうたった作品がある（「家竹を思ふ」）。

三畝琅玕種有筠　　三畝の琅玕《らうかん》　種《う》ゑて筠《たかむな》有り
始従旧宅小園分　　始め旧宅の小園より分《わか》ちたりき
纔馮客夢遊魂見　　纔《わづか》かに客夢《かくむ》の遊魂に馮《よ》りて見る
適問家書使口聞　　たまたま家書の使口《しこう》に問ひて聞く

殊恨低迷摧宿雪
不期長養払秋雲
子猷一日猶馳恋
豈敢渉年無此君

殊《こと》に恨むらくは　低迷《ていめい》して宿《のこ》りの雪に摧《くじ》けむこと
期《き》せず　長養して秋の雲を払はむことを
子猷《しいう》一日だに　猶《なほ》し恋《おも》ひを馳《は》せしものを
豈《あに》敢《あ》へて年を渉《わた》りて此《こ》の君なからむや

旧宅から宜風坊の新宅へ移植した竹は、筍《たけのこ》も生えてくるほどになっている。讃岐で夢にみるのは家の竹である。最近、都から便りをもってきた使いによると、降り積もった雪にたれさがったのが、ついに折れてしまった、と。秋空をおおうほどに丈高くなれとは願わないが、せめて雪に折れないほどの竹になってほしい。一日でも会わずにいられぬと、竹をこよなく愛した王子猷ではないけれど、わたし（道真）とて一年以上も会わずにいられようか。いささか度が過ぎた竹フェチの道真である。

（6）配所の東側には片野の集落、西から南にかけては通古賀の集落があった。

（7）この金鑾を後に「爾《なんぢ》と父子と為《な》る　八十有六旬　忽然として又見ず　迩来《じらい》三四春」とうたっている（「金鑾子を念ふ」）。八六旬＝八六〇日で没したのである。楽天は五八歳ではじめて男児が生まれた（太和三年・八二九）。崔児《さいじ》と名づけたが、これまた三歳で夭逝してる。ただ一女があって監察御史の談弘暮に嫁いだことが記されている（「酔吟先生墓誌銘」に見える）。たとえ妾《しょう》の生んだ子どもを入れても、彼はあまり子沢山《こだくさん》ではなかったようだ。

# X　子らの声

# リストラされた父

員外の権帥である道真には、政庁からの呼び出しもかからないし、この地では詩歌を披露するような華やかな宴ももよおされない。

去年今夜侍清涼
秋思詩篇独断腸
恩賜御衣今在此
捧持毎日拝余香

去《い》にし年の今夜《こよひ》　清涼《せいりやう》に侍《はむべ》りき
秋の思ひの詩篇　独り腸《はらわた》を断《た》つ
恩賜《おんし》の御衣《ぎよい》は今此《ここ》に在《あ》り
捧《ささ》げ持ちて日毎《ひごと》に余香《よきやう》を拝《はい》す

「九月十日」と題された七言詩。「去年」とは昌泰三年（九〇〇）九月一〇日のこと。道真は重陽の節会に右大臣右大将として奉仕し、醍醐天皇の側近に侍していた。一〇日には重陽後朝の詩歌の宴があった。勅題「秋の思ひ」では、「君は春秋に富み臣は漸《やうや》くに老いにたり　恩《うつくしび》は涯岸《がいがん》無くして報いむことはなほし遅《おそ》し」とうたっている。醍醐は一六歳、道真はすでに五六歳、はてしない恩をたまわりながら、それに報いることなく、こうして老いてゆくばかり、思うにまかせぬもの、と憂愁の情を披露する。するとこの一作に醍醐は「叡感《えいかん》のあまりに御衣をぬぎてかづけさせ給」（『十訓抄』）うたのだった。それを配所まで大切に持ってきていたのである。

衣類に焚《た》きしめられた香りは、華やかな雅宴を思い起こさせよう。しっとりとひろがる私語《さざめき》や笑い、その中心となっている醍醐の所作のひとつひとつ、若々しいはりのある声……。いまや道真の身辺にひびくのは、子らの声ばかりである。

『大鏡』には、こうである。


この大臣《おとど》、子どもあまたおはせしに、女君たちは婿《むこ》とり、男君たちは皆、ほどほどにつけて位どもおはせしを、それも皆方々に流されたまひてかなしきに、幼くおはしける男君・女君たち慕ひ泣きておはしければ、「小さきはあへなむ」と、おほやけもゆるさせたまひしぞかし。


こうして、筑紫の地にふたりの子どもをともなったようである。先にもふれたが男の子は隈麿《くままろ》とも隈若《くまわか》ともいい、女の子は紅姫《べにひめ》という。幼い子らは、父を慕って西下したのだが、それはあたたかい母の肱《かいな》を失うことでもあった。

道真には高視・景行・兼茂ら男子一一人、寧子ら女子三人があったというから、大所帯である。讃岐国守だった頃の道真は、

男愚女醜稟天姿　男《をのこご》は愚にして女《むすめ》は醜し　天に稟《う》けたる姿ならくのみ
依礼冠笄共失時　礼に依る冠笄《くわんけい》　共に時を失へり
寒樹花開紅艶少　寒樹《かんじう》花開《さ》きて　紅艶《こうえむ》少《まれ》らなり

暗渓鳥乳羽毛遅暗渓《あむけい》鳥乳《とりじゅ》して　羽毛遅《うぼうおそ》し

家無担石応由我家に担石《たむせき》なく　我に由《よ》るべし

業有文章欲附誰業《なりはひ》に文章有り　誰にか附けむとする

と、ぼやいている（「子を言ふ」）。男の子たちは利口でないし娘たちは器量がわるい。これは生まれつきだからしかたがないにしても、地方赴任の父親では、加冠元服や裳着《もぎ》の祝いもしてやれぬ。冬の枯れ木は花を咲かせても紅の色つやは知れたもの、それがわが娘。暗い谷間に育つ鳥は、羽毛の生え方も何とも遅い、それがわが息子。「担」は一《ひと》かつぎの重さ、「石」は米など穀物の量の単位。要するに、家には貯《たくわ》えらしい貯えもないので、ひとえに父であるわたしの稼《かせ》ぎにかかっているのだというのである。先祖からゆずられた文章道の家業はあるが、さて後継ぎをと思ってはみるものの、頼りない息子たちでは何ともしかたがない。これが道真のぼやきの内容である。

無実の罪が晴れるよう、道真が幾度も登頂し天を拝したといわれている天拝山（筑紫野市）の「天神様の径」

国守時代の道真には、まだ「我に由るべし」といえるだけの方便《たつき》があった。今、あらゆる官職を失った道真は、文字どおりリストラされてしまった父でしかないだろう。第一線で活躍していた頃には妻子と睦《むつ》みあうマイホーム・パパではなかったらしいが、配所の人となってからは、昼メシ時にもいつも一緒であり、寝るところもまた同じ。子どもたちの勉強は自ら手をとって教えた。

父道真はこの子らと何を語らったのだろうか。都会っ子、それも貴族の子に生まれて何不自由なく暮らしていたのに、ひな暮らしが面白いはずはあるまい。ときには泣いてむずかり、父を困らせることもあったらしい。五言詩「少《をさな》き男女を慰む」から、その一部を引用して読んでみよう。

臨暗有燈燭　暗きに臨みては燈燭《とうしょく》有り
当寒有綿絮　寒きに当《あた》りては綿絮《めんじょ》有り
往年見窮子　往《い》にし年窮《せま》れる子を見たりき
京中迷失拠　京の中《うち》に迷《まど》ひて拠《よりどころ》を失《うしな》へり
裸身博奕者　身を裸《あかはだか》にして博奕《ばくえき》する者《ひと》
道路呼南助　道路　南助《なむすけ》と呼べり
徒跣弾琴音　徒跣《かちはだし》にして琴を弾《ひ》く者《ひと》
閭巷称弁御　閭巷《りよかう》　弁《べん》の御《ご》と称《とな》へり
其父共公卿　其の父は共に公卿《くぎやう》にして
当時幾驕倨　当時《そのかみ》　幾ばくか驕《おご》り倨《おご》れりし
昔金沙土如　昔は金《こがね》をも沙土《いさごつち》の如くなりき
今飯無饜飫　今は飯《いひ》にすら饜《あ》き飫《あ》くことなからむ
思量汝於彼　汝《なむぢ》を彼らに思量《しりやう》するに

天感甚寛恕

天感《てんかん》　甚《はなはだ》しく寛恕《くわんじよ》なり

配所での生活が不如意だったことは、いまさらいうまでもないだろう。幼い子どもたちにしてみると、京ことばもろくに通じないようなところで暮らすのだから、がまんしがたいことも、浜の真砂《まなご》の数ほどあったにちがいない。父の道真は、暗くなったら灯《あか》りをともす油もあって闇にとまどうこともないし、寒くなったら、ほらすこしボロボロだけれど、綿入れだってあるじゃあないか、と慰める。「綮」は真綿が古くなってやぶれてしまったもの[1]。

昔、貧乏のどん底で途方にくれて喘《あえ》いでいる人と会ったのだよ。この人は都の中をほっつきまわるのだけれど、暮らしの算段がつかない。着るものも着ないようなありさまで、博打《ばくち》うちだ。世間じゃあ、南助《なんすけ》と呼んでいるそうな。はだしの乞食姿で、琴を弾いて門付している人もいる。町中じゃあ、弁《べん》の御《ご》と呼んでいる。道真が持ちだしてきたのは、この男女ふたり。作品には道真自身が書きこんだらしい分注があって、それぞれ、

・南大納言の子、内蔵助《くらのすけ》、博徒《ばくと》なり。今なほし号《なつ》けて南助といへり。
・俗《ぞく》に貴女を謂ひて御《ご》と為す。蓋《けだ》し夫人女御《にようご》の義に取るならし。藤相公弁官《しやうこうべんくわん》を兼ぬ、故《かるがゆゑ》に其の女《むすめ》を称《い》へり。

と、人物の素性を語っている。

南助は南淵大納言年名《としな》の子、内蔵助良臣のことで、年名が亡くなったあと、家勢がおとろえ落ちぶれて

博徒になってしまった。弁の御の出自も明らかで、もとは名家のお嬢さん。藤原氏で参議かつ大弁の職についたものは、今日の眼でみると、複数の人物がいて特定できない。道真のいた当時、藤原某という人物がいて、生まれ育ちからいえば深窓の佳人となったはずのその娘が、いまやはだしで歩きまわって客をさがす、門付の女になりさがっているのだ。

さらにつづけて、道真はいう。ふたりの父はかつて「公卿(2)」だったから、驕《おご》りたかぶって人を見下していたし、たいせつな黄金もまるで土くれのように扱っていた。ところが今は、日々の飯《めし》にさえこと欠く始末なのだ。彼らにくらべたら、左遷されリストラされてしまった、なんともみじめな父をもつお前たちとはいえ、天の責めを負うとはいってみても、まだまだ天は寛大で恵まれていると思うのだよ。

こうした父の慰めのことばを、子どもたちがいったいどのように受けとめ理解していたか、残念だが作品中にうたわれていない。

## はしゃぐ子どもたち

配所の筑紫だからといって、子らのことが数多くうたわれているわけではない。それでも、たとえば次のような作品、七言詩「菊を種《う》う」に、

将布貿来孀婦宅　　布を将《も》て貿《か》へ来る　孀婦《さうふ》の宅

与書要得老僧園　　書を与へて要《もと》むること得たり　老僧の園

と、近くの民家の寡婦《やもめ》の女性に布を与えて物々交換をしたり、筑紫で知り合った老僧に便りを送って、菊の株をわけてもらったりしたらしい。これを軒《のき》近くの小さな庭に植えている。ガーデニングの楽しみも、親子一緒だっただろう。子どもたちのはしゃぐ声が、南館に響いていたはずだ。

老僧の素性はわからないが、別作に「山僧」ともあり、もし同じ僧なら道真に「杖」を贈ってくれた人物でもある（「山僧杖を贈る、感有りて題す」）。また「山僧」というので、政庁近くにある観世音寺ではなく、南の郊外にある伝最澄開山の椿花山武蔵《ちんかざんぶぞう》寺の僧かもしれない。[3]「山僧杖を贈る、感有りて題す」では、こうである。

扶持無処遊花月　　扶持《ふぢ》しては　花月に遊ばむに処《ところ》なし
抛棄有時倚竹籬　　抛《な》げ棄《す》てては　時有りて竹の籬《まがき》に倚《よ》せたつ
万一開眉何事在　　万が一《いつ》も眉を開かば　何の事か在る
暫為馬被小児騎　　暫《しばら》く　馬と為《な》りて小児に騎《の》られむ

せっかく杖はもらったものの、もっていたところで「花よ月よ」と遊山するところもない。そこでなげ出したまま竹の籬《まがき》にたてかけておくばかり。もし万が一赦免されることがあって憂いの眉をのび開くことがあるならともかく、それまでは子どもが竹馬がわりにまたがって遊ぶだろう、と。ここにも子どもたちの声がある。どのような形の杖だったか想像でしかないが、もし握りのついた杖なら、握りの部分を馬の頭《かしら》に見たててまたがって遊べただろう。配所のせまい庭先に、夢中になって遊ぶ子どもの声がしていたと思われる。

子どもの描写が少ないのは、道真が関心をもたなかったからではあるまい。公務からは一切外されていたので急ぎ出かけることもない、政庁の官僚たちが集まって雅宴をもよおすこともない。貧しい暮らしながら、一日一日と平穏な毎日が重なるばかりだったからこそ、とりたてて作品にも登場しないのだろう。貧しさというと、こういう詩句もある。先にも引用した「敍意一百韻」から部分を読む。

鬱蒸陰霖雨
晨炊断絶煙
魚観生竈釜
蛙咒聒階甎
野豎供蔬菜
廝児作薄饘

鬱蒸《うつじょう》たり　陰霖《いむりむ》の雨
晨炊《しんすい》　煙を断《た》ち絶《た》つ
魚観《ぎょくわん》　竈釜《さうふ》に生《な》る
蛙咒《あじゅ》　階甎《かいせん》に聒《かまびす》し
野豎《やじゅ》　蔬菜《そさい》を供す
廝児《しじ》　薄饘《はくせん》を作る

五月雨《さみだれ》がずっとつづいて、鬱陶《うっとう》しい、なんとも不快で蒸《む》し蒸しする。貧しくて朝飯を炊くこともままならず、竈《かまど》の煙もこのところ途絶《とだ》えがち。長雨でへっついも釜も水びたしになって、魚たちの道観《どうかん》ができてしまった。階段の敷き藁《わら》あたりもまたずぶ濡れで、蛙がずらりならんで大合唱、なんともやかましい。このあたりの描写は、まるで一二世紀の「鳥獣人物戯画」のようにコミカルではないか。さあ魚だカエルだと、大人の苦労をよそに子どもたちは大騒ぎ。

「豎」は子どもの召使いをいうのだろう。普段から使っている百姓の小倅《こせがれ》か。「廝」は身分の低い召使いの意。台所の賄《まかな》いをやってくれる下働きがいたのだろう。百姓のせがれが野菜をもってやって来てくれるし、厨房《ちゅうぼう》ではお手伝いがうす粥《かゆ》を作ってくれる。人が訪れるにぎわいと温かい粥の湯気《ゆげ》。ここにも安堵《あんど》のひとときが流れている。こうしたところにも、もちろん、子どもたちのはしゃぐ声が響いていたはずだ。

次の一作「秋夜」を読んでほしい。

床頭展転夜深更　　床《とこ》の頭《ほとり》に展転して　夜　深更《しむかう》なり
背壁微燈夢不成　　壁に背《そむ》けたる微《かす》かなる燈《ともしび》に夢も成《な》らず
早雁寒蛬聞一種　　早き雁《かり》も寒《こ》いたる蛬《きりぎりす》も　聞くに一種
唯無童子読書声　　ただ童子《どうじ》の書を読む声のみ無し

夜も更けたのに、寝床で眠れぬままに寝返りをうっている道真がいる。常夜灯がわりに壁にむけた燭台のほのかな灯りにさえ目がさえてしまって、ついに夢をみることもできない。深まる筑紫の秋、シベリアから渡ってきた雁の声も、凍《こご》えて鳴きよわるコオロギの声も、昨年の秋となにもかわらない。ただあの子がテキストを暗誦している声だけが聞こえない、と。

分注に「童子は小男《せうなん》が幼《をさな》き字《あざな》、近曽《ちかごろ》夭亡《えうばう》せり」とある。深まる延喜二年（九〇二）の秋、男の子が亡くなったのである。「童子」は坊主《ぼうず》と同じように子どもを呼ぶ愛称だったといわれているから、うちの坊主の声だけがしないというのだろう。唐詩に「雁」の例語は多いが「蛬」はそれほど多くない。白楽天の、

煙景澹濛濛
池辺微有風
覚寒蛬近壁
知暝鶴帰籠
長貌随年改
衰情与物同
夜来霜厚薄
梨葉半低紅

煙景澹《たん》として濛濛《もうもう》
池辺微《すこ》しく風有り
寒さを覚えて蛬《きよう》壁に近づき
暝を知りて鶴籠《かご》に帰る
長貌《ちやうばう》年に随《したが》ひて改まり
衰情《すゐじやう》物と同じ
夜来霜厚薄《やらいしもこうはく》
梨葉《りえふ》半《なかば》低《た》れて紅《くれなゐ》なり

（「秋晩」）

が、紹介するのにもっともよい例か。

　これは秋の夕方の情景をうたった五言詩である。あたりは小暗くなり、池のほとりでは秋風が吹く。夏のなごりはすでになく、寒さを感じたコオロギがわずかなぬくもりを求めて壁に近づき、冬がくるのを知っているのか、鶴もおのれの籠にもどってきた。わたしは、といえば、流れる時とともにもはや老いまさり、心情も眼の前の秋の景物と同様に朽ち果てていく。昨夜は霜がたいそう降りたとみえて、梨の葉も生気を失い、たれて半ば色づきはじめた。楽天は晩秋の景物に、老いてますますか細くなっていく、わが命のゆくえを見る。この時、楽天はコオロギだったのである。

　道真は、こうした楽天の作品を脳裏に浮かべていたにちがいない。もちろん、道真がうたうのは、これから失われようとするものではない。もはや二度と聞くことのかなわない、すでに失ってしまった子どもの声である。子ども、後代の伝承で呼ばれている名でいうなら、隈麿を死なせたのがいつだったのか、た

榎社の南東の小高い丘の上にある隈麿のものとされる墓（太宰府市朱雀）

しかなことはわからない。

先にふれた「雨夜」に「春の夜　漏　長きに非《あら》ず……脚気《かつけ》と瘡癢《さうやう》と　陰《かげ》を垂《た》りて　身に遍《あまね》く満つ」とあって、道真は、脚気や皮膚病に苦しんでいる。この春の「雨夜」から「秋夜」までの間に収められているのは、「竹の床子に題す」と「野大夫を傷《いた》む」の二作のみで、詩作にふけるゆとりもなかったらしい。この酷暑の季節に、隈麿は病を得てか栄養失調で弱って死んだのではないか、と思われる。

「秋夜」には、胸を咬むような慟哭はうたわれてはいない。ただ聞こえてこない隈麿の声に、無意識に耳をそばだてている父道真がいるだけである。道真の心底に沈んでいく悲しみが、かえって傷痕《しょうこん》の深さをうかがわせるだろう。じつはこの父は、隈麿だけでなく先にふたりの男の子を失っていた。

## 阿満を悼む

道真三九歳、元慶七年（八八三）。阿満とその弟を相次いで死なせている。前年には大納言藤原冬緒を誹《そし》る匿名《とくめい》の詩が出回り、その落首《らくしゅ》があまりにもうまいというので、世間は道真作だと疑った。七年には渤海使裴頲《はいてい》と唱和した道真作は、あまりにも下手だと腐《くさ》した（「詩情怨〈古調十韻〉菅著作に呈《しめ》し、兼ねて紀秀才に視《しめ》す」）。はげしい学閥抗争のなか、菅家廊下はますます盛況で、五、六坪ばかり渡殿《わたどの》を増築した。こうして身辺があわただしいさ中、男児が七歳で病死したのである。

阿満亡来夜不眠
偶眠夢遇涕漣漣
身長去夏余三尺
歯立今春可七年
従事請知人子道
読書諳誦帝京篇
初読賓王古意篇。

阿《あ》満《まろ》亡《し》にてよりこのかた　夜も眠《ねぶ》らず
偶《たまたま》眠《ねぶ》れば夢に遇《あ》ひて　涕漣漣《なむだれんれん》たり
身の長《たけ》　去《い》にし夏は三尺に余れり
歯《よはひ》立ちて　今《ことし》の春は七年なるべし
事に従ひて　人の子の道を知らむことを請《こ》ふ
書を読みて　帝京篇《ていけいへん》を諳誦《あんしょう》したりき
初め賓王《ひんわう》が古意篇《こいへん》を読みたりき。

阿満は六歳の夏、つまり七つの誕生日を迎えることなく夭逝した。菅家は代々学問の家がら、幼い阿満は「しっかり勉強します」と、初唐の詩人駱賓王《らくひんおう》の長篇「帝京篇」を諳んじていた。はじめは「古意篇」を読んでいたという。もちろん、これは読書というのではなく、長句を丸暗記して学修することを意味する。

道真は師の島田忠臣のもとで学び、『菅家文草』の冒頭に収められた五言詩「月の夜に梅花を見る」を創作し、その割注で「時に年十一。厳君田進士をして試みしめ、予《われ》始めて詩を言へりき。かるがゆゑに篇の首《はじめ》に載《の》するなり」と記している。これは斉衡二年（八五五）の作。

次いで「蠟月に独り興ず」があり、割り注に「時に年十有四」とあり、これは天安二年（八五八）の作。次いで「残菊の詩」があり、割注に「十韻、時に十六」とあり、これは貞観二年（八六〇）の作。

そして「赤虹《せきこう》の篇を賦し得たり、一首」「青を詠ずといふことを賦し得たり、一首」「躬桑《きゅうそう》を賦することと得たり、一首」「折楊柳を賦すこと得たり、一首」の諸作品がならび、「赤虹……」の割注に「七言十韻、此《こ》れより以下四首は、進士の挙に応ずるに臨みて、家君日毎に試せり。数十首有りといへども、其の頗観《ややみ》つべきものを採りて留むるなり」とある。貞観三年、道真一七歳である。この年、いよいよ国家試験に臨むために、父の是善が毎日七言十韻詩の創作を課したというのだ。道真は忠臣や是善の指導のもと、学力を身につけていったのである。

幼くして亡くなった阿満もまた、父の道真と同じように、年を重ねるごとに学ぶ内容もふえ、父のもとで文章生の試験をめざし勉学に励むはずだったのに……。

薬治沈痛纔旬日　　薬の沈痛を治むること　纔《わづか》かに旬日《じゅんじつ》
風引遊魂是九泉　　風の遊魂《いうこん》を引く　是れ九泉《きうせん》
尓後怨神兼怨仏　　尓《それ》より後　神を怨《うら》み兼ねて仏を怨みたり
当初無地又無天　　当初《そのかみ》　地なくまた天もなかりき
看吾両膝多嘲弄　　吾が両つの膝を看て嘲弄《てうろう》すること多し
悼汝同胞共葬鮮　　悼《いた》まくは　汝《なむぢ》が同胞《はらから》の共に鮮《わかじ》に葬《はふ》れることを
阿満已後、小弟次夭。　　阿満已後《よりのち》、小《わか》き弟次《つ》いで夭《えう》せるなり。

医薬の手はつくしたけれど、薬はせいぜい痛みをおさえるだけ。それも効《き》いたのはわずかに最初の一〇日ほどで、それからは頼みの薬もまるで役立たず、業風《ごうふう》がさっと吹いて阿満の魂を冥界へ連れていってしまった。「九泉」は黄泉《よみ》の意。子を奪われた親は、神を怨み仏を恨んで、天もなければ地もないありさまだった。

どうかすると、自分の両ひざをつくづくと見て、つい笑ってしまうこともある。幼い男の子ふたりが、父のひざを分けあい得意になっていたあの日を思い出すと、不憫《ふびん》でならないというのである。弟のなにがしも、兄のあとを追うように冥府へ旅立ってしまった。

少し中略して、引用をつづけよう。

那堪小妹呼名覓　那《な》んぞ堪《た》へむ　小妹《せうまい》の名を呼びて覓《もと》むるに
難忍阿嬢滅性憐　忍び難《がた》し　阿嬢《あじやう》の性を滅《めつ》して憐《あは》れぶに
始謂微微腸暫続　始め謂《い》へらく　微々《びび》として腸《はらわた》暫《しばら》く続くといへりしに
何因急急痛如煎　何に因《よ》りてか　急急《きふきふ》に痛むこと煎《い》るがごとき
桑弧戸上加蓬矢　桑弧《さうこ》は戸の上《うへ》　蓬矢《ほうし》を加ふ
竹馬籬頭著葛鞭　竹馬《ちくば》は籬《まがき》の頭《ほとり》　葛鞭《かつべん》を著《つ》く
庭駐戯栽花旧種　庭には戯《たはぶれ》に花の旧《ふる》き種を栽《う》ゑしを駐《とど》めたり
壁残学点字傍辺　壁には学《まねび》して字の傍《かたはら》の辺《へ》に点《てむ》ぜしを残せり
毎思言笑雖如在　言笑《げんせう》を思ふ毎《ごと》に　在《あ》るが如《ごと》くなれども
希見起居惣惘然　起居を見むことを希《ねが》へば　惣《す》べて惘然《ばうぜん》たり

亡くなった阿満らの下には、ほんとうに年端もいかず兄たちが死んだことさえわからない女児がいて、阿満たちの姿が見えないと、「お兄ちゃん、お兄ちゃん」と呼んでさがすのだ、と。その声がたまらなくつらい。「阿嬢」は阿媽、阿母、阿妳などと同じく、母をいう俗語。お前たちのおっかさんときたら、身も世もないありさまで、はじめは腹の痛みもゆるんで、少しは息もつけるといっていたものの、どうしたわけかにわかに煎《い》るようなひどい癪気《さしこみ》に責めたてられる、ひどいありさまなのだよ。

桑の木で作った弓が戸の上に立てかけてあり、ヨモギの矢もそえてある。これは『礼記』「内則《だいそく》」にある、

子生《うま》るれば、男子なれば弧《こ》を門の左に設《まう》け、女子なれば帨《ぜい》を門の右に設く。……（三日目に）射人桑弧《しゃじんさうこ》蓬矢六《ほうしろく》を以て、天地四方を射る。

による表現だろう。いにしえの中国では男児が生まれると「弧」（弓）を門の左に掲げ、女児が生まれると「帨《ひれ》」を門の右に掲げたという。三日目の祝いの席では桑の弓とヨモギの矢六本とで天地四方を射た。魔よけの儀式をおこなって男の子の前途を祝ったのである。

道真がこうした中国の予祝の儀礼を知らなかったはずはないが、ここでは、どちらかといえば、阿満たちが夢中になって遊んでいた玩具《おもちゃ》の弓矢が、いまや主を失いむなしく立てかけられているのを素描したとみるべきだろう。竹馬も熱心に乗りまわしてくれた主を失った。阿満もその弟も、もう竹馬にまたがって庭を駈《か》けまわることはない。竹馬は葛《くず》で作った鞭《むち》とともに、垣根のほとりに放ったままである。

去年、子どもたちがふざけてばら撒いた種が、年を越して芽を出している。壁には漢字を読むために付

けたヲコト点(4)が、まだあざやかに残っている。おしゃべりしたり笑ったり、お前たちを思うとまるでそこにいるかのようだが、もっとはっきり会いたいと思うと、ぼんやりとしてとりとめがない。しっかと腕《かいな》にいだくことのできない、悲しさよ。

この一作の結びでは、次のようにうたわれている。

到処須弥迷百億　　到る処　須弥《しゆみ》　百億に迷はむ
生時世界暗三千　　生《む》まるる時　世界　三千ぞ暗からめ
南無観自在菩薩　　南無《なむ》観《くわん》自在《じざい》菩薩《ぼさつ》
擁護吾児坐大蓮　　吾が児を擁護《をうご》して　大《おほ》きなる蓮《はちす》に坐《ゐ》させたまへ

九山八海の中心にそびえたつ須弥山の世界をこえ、はるか西方十万億土にあるという極楽浄土までの道を歩いていく子どもたち、きっと冥土の道に迷《まよ》ってしまうだろう。浄土に往生するときには三千世界は暗かろう。大悲大慈でわたしたち衆生をお救いくださる南無観世音菩薩、願わくは冥土をたどるわが子らをお守りいただき、ことなく大きな蓮華のうてなに坐らせてやってほしい。死児を悼《いた》む慟哭の淵は、暗く深い(5)。

いにしえの中国に、「哀辞《あいじ》」と呼ばれる文学のジャンルがある。五世紀末ごろ、劉勰《りゆうきよう》（四六六？〜五二〇？）が書いた文学理論書『文心雕龍』によると、こうである。分かりにくい文なので、あわせて現代語訳もあげておこう。

夫《か》の哀辞《あいじ》の大体《だいたい》を原《たづ》ぬるに、情は痛傷《つうしやう》を主《しゆ》とし、辞は愛惜《あいせき》を窮《きは》む。幼《えう》はいまだ徳を成《な》さず、故《ゆゑ》に誉《ほま》れ察恵《さつけい》に止《とど》まり、弱《じゃく》は務めに勝《た》へず、故《ゆゑ》に悼《いた》み膚《ふ》色《しよく》に加はる。心に隠《いた》みて文を結べば則《すなは》ち事愜《かな》ひ、文を観て心を属すれば則ち体奢《たいおご》る。奢体《しゃたい》もて辞を為《な》せば、則ち麗《れい》なりと雖《いへど》も哀《あい》ならず。必ず情往《ゆ》きて悲しみに会《あ》ひ、文来《きた》りて泣《なみだ》を引かしむれば、乃《はじ》めて其れ貴《たつと》きのみ。

哀辞の本質は、心情の面では痛傷をもっぱらとし、文辞の面では哀惜を徹底的に表現することにある。幼くして死んだ者はまだ徳を完成させていないから、ほめてもせいぜいその聡明《そうめい》なところをほめるにとどめ、若年で死んだ者はまだ社会の実務にはついていないから、哀悼の意もその容姿について述べられる程度である。心の底から痛ましく思って創作すると、満足できる内容になるけれど、だからといって文飾に重きをおいて心を用いると、スタイルばかりが派手になってしまう。派手なスタイルで哀辞を創ると、表面はなるほど華麗ではあっても悲しみの心に欠けてしまう。かならずや心の動きが対象に対する悲しみの情と一致し、作品を読めば涙をさそうようなものであってこそ、すぐれた哀辞なのである。

劉勰は、たとえ感情にまかせて美辞麗句を用いてみたところで、それは美しくはあっても、哀しみの心はかえって欠けてしまうというのである。

ひるがえってみると、道真の創作もこうした中国詩文の正統的な理論をじゅうにぶんに踏まえたものだったといえよう。「阿満を夢みる」は、第一句の「眠」以下「漣」「年」「篇」「泉」……「千」「蓮」と一五字にわたって整然と韻をふみながら、そうした技巧を感じさせないほどに、親の哀傷がうたわれている。まるで一字一句が冥府の子らへの追善でもあるかのように連続する、全二八句の秀抜な抒情詩になっているのである。

# 死児哀傷

元慶七年（八八三）に亡くなった阿満とその弟の場合には、丁重な弔いがなされただろうが、隈麿の場合、配所暮らしの道真がどれほどのことをしてやれたか、想像にあまりある。そのやせた小さなきがらは、南館から見える小高い丘に葬られたという。没したのは、延喜二年（九〇二）の夏か。現在では南館（榎社）のあたりも住宅が建ち並び、まったく見えないけれど、その当時なら低い甍《いらか》の向こうに、奥つ城《き》の丘を仰ぎ見ることができただろう。

こうして子をうたう道真の哀傷詩をたどってくると、まったく時代は異なるものの、近代の詩人山村暮鳥の、次のような一篇が思い浮かぶ（『雲』「ある時」）。

松ばやしのうへは
とつても深い青空で
一ところ
大きな牡丹の花のやうなところがある
こどもらの声がきこえる
あのなかに

うちのこどももゐるんだな

大正四年（一九一五）、長男聖一郎が誕生するも早世。死んだ子どもたちのはしゃぐにぎやかな声が、青空にうかぶボタンの花のなかから聞こえてくるのだ。そして、あの子の声も。(6)

注

（1）このあたりは、過往、同じ大宰府で暮らしていた八世紀の万葉歌人で筑前国守山上憶良の「貧窮問答《びんぐもんどう》の歌」（巻5八九二～八九三）と共鳴する。憶良は、自画像らしい老人を「……寒くしあれば　麻衾《あさぶすま》　引き被《かがふ》り　布肩衣《ぬのかたぎぬ》　ありのことごと　着襲《きそ》へども」とうたい、もっと貧しい人を「……綿《わた》もなき　布肩衣の　海松《みる》のごと　わわけさがれる　かかふのみ　肩にうち掛《か》け……」とうたっている。貧しさとは「飢え」と「寒さ」の代名詞なのだろう。

（2）「公」である太政大臣、左大臣、右大臣、「卿」である大納言、中納言、参議、さらに三位以上の官僚をいう。

（3）武蔵寺の伝承によると、藤原鎌足の子孫にあたる藤原虎麿（一説に蘇我日向臣無耶志とも）が霊木を見つけて薬師如来を彫って祀った。なかなか子どもにめぐまれなかったが、如来のご加護あって、女児瑠璃姫を授かる。ところが流行病《はやりやまい》になって治すべがない。ますます薬師如来に祈ったところ、夢にひとりの僧があらわれ、東方の葦の原に温泉がわいているので、そこで湯治するようにと告げる。こうして瑠璃姫は完治した。この温泉が今日の二日市温泉（薬師温泉・武蔵温泉）だと伝えられている。

『万葉集』には「湯の原《はら》に鳴く葦鶴《あしたづ》は我《あ》がごとく妹に恋ふれや時わかず鳴く」（大伴旅人、巻6九六一）と見え、題詞に「帥大伴卿、次田《すきた》の温泉《いでゆ》に宿りて鶴《たづ》の音《ね》を聞きて作る歌一首」とある。八世紀には次田温泉と呼ばれていたらしい。この大伴旅人は「瘡《かさ》を脚《あし》に生《な》し、枕席《ちんせき》に疾苦《くるし》ぶ」（巻4五六六・五六七左注）と記されていて、脚のできもので苦しんでいたから、次田温泉で療養していたものと思われる。情況は道真の時代も同じだろう。

（4）ヲコト点（乎古止点）は、漢文を訓読する際、漢字の四隅、上下、中央などに点や線を付けて仮名のかわりにした符号。平安初期に始まったが、学問の諸派によって付け方はちがっている。

（5）幼い子どもを悼む和歌に、先にもふれた憶良の「男子《をのこ》の名を古日《ふるひ》といふに恋ふる歌三首」（巻5九〇四～九〇六）がある。ここでは短歌だけを紹介しよう。「若ければ道行き知らじ賂《まひ》はせむしたへの使ひ負ひて通らせ」（九〇五）、「布施《ふせ》置きて我《あれ》は乞《こ》ひ禱《の》むあざむかず直《ただ》に率《ゐ》行きて天《あま》路知らしめ」（九〇六）。幼いからあの世への道も行けまい、賄《わい》賂《ろ》を贈りますので、冥土の使いよ、我が子を背負って行ってほしい。布施をささげてお頼みします、あらぬ方へ誘わないで、まっすぐに連れて行って、天への道を教えてやってくだされ。

（6）山村暮鳥（明治一七年一月一〇日～大正一三年一二月八日・一八八四～一九二四）。複雑な家庭事情のために生家をはじめ転々とし、小学校高等科を中退したあとは、放浪に似たような暮らしを続けていたらしい。暮鳥は「自分の前途は暗黒になつた。陸軍御用商人、活版職工、紙屋、ブリキ屋、貿易商、鉄道保線課、さうした所の小僧、職人、書記と転転流れながれた。女を知り、物を盗み、一椀の食物を乞うたことすらある」（『半面自伝』大五）といっている。詩集『雲』は大正一四年一月にイデア書院から刊行。暮鳥の最後の到達点をしめす詩集。貧乏な生涯をそのまま肯定。多くの作品を身近なところに取材した、まるで常寂光土にあそぶかのような詩境をうたいあげて、平明で簡素。暮鳥は前年一一月に校正を終えたものの、この暮れの一二月に没した。

# Ⅺ　梅の回廊

## 梅をうたう

道真の梅について語ろう。

盈城溢郭幾梅花
猶是風光早歳華
雁足黏将疑繋帛
烏頭点著思帰家

城《あづち》に盈《み》ち郭《くるわ》に溢《あふ》れて　幾ばくの梅花ぞ
なほしこれ風光《ふうくわう》の　早歳《さうさい》の華
雁《かり》の足に黏《ねやか》り将《ゐ》ては　帛《きぬ》を繋《か》けたるかと疑ふ
烏《からす》の頭《かしら》に点《さ》し著《つ》きては　家に帰らむことを思ふ　（「謫居の春雪」）

延喜三年（九〇三）正月、配所の筑紫にも春は訪れる。春の到来を告げるのは梅の花である。いにしえの中国では、長安からはるか遠くウイグル地方あたりまで派遣された防人《さきもり》たちが、しきりに梅花をうたっている。きびしい冬を越し、なごり雪の降る辺境の駐屯地で、春いちばんに咲くこの花に望郷の想いをよせた。[1] 道真もまた西国にあって、都をなつかしみながら梅花をうたうのである。

宣風坊北新栽処
仁寿殿西内宴時

宣風坊《せんぷうばう》の北　新《あらた》に栽《う》ゑたる処《ところ》
仁寿殿《じじゆうでん》の西　内宴の時

人是同人梅異樹　人は是れ同じき人　梅は異なる樹

知花独笑我多悲　知《し》んぬ　花のみ独り笑《ゑ》みて　我は悲しびの多きことを

これは「梅花」と題された一作。「宣風坊の北」は五条坊門西洞院、道真の邸宅があった。その書斎山陰亭の梅樹をいう。先に「書斎記」にふれたが、そこで「戸前近き側《かたはら》に一株の梅有り」と記される、それ。「仁寿殿」は、公事がおこなわれる紫宸殿の北に連なり、呉竹の坪庭をへだてて、西の清涼殿と相対していた。ここには紅梅が植えられていた。「内宴」なら正月の中旬。山陰亭にいたのも仁寿殿にいたのも、そしてこうして南館にいるのもわたし、しかし眺めているのは自宅でも宮廷でもなく、大宰府の梅の花である。梅の花は昔にかわらず春を迎えて、ひとり笑《え》みほころんでいるのに、このわたしといえば、昨年とはうってかわって悲しみにくれるばかりである、と。

## あの梅この梅

道真に梅花をうたう作品は数多く、菊花とほぼ二分しているといってよいだろう。書斎の梅花をうたえば、こうである（「書斎にして雨ふる日、独り梅花に対ふ」）。

点検窓頭数箇梅　点検す　窓頭《さうとう》　数箇の梅《むめ》を

花時不記幾年開
宮門雪映春遊後
相府風粧夜飲来
紙障猶卑依樹立
蘆簾暫撥引香廻
書斎対雨閑無事
兵部侍郎興猶催

花の時　記さず　幾《いく》ばくの年か開《さ》きたる
宮門《きゅうもん》　雪は映ず　春遊の後《のち》
相府《さうふ》　風は粧《よそほ》ふ　夜飲《やいむ》したるより
紙障《ししやう》　なほし卑《ひき》くして樹《き》に依《よ》りて立つ
蘆簾《ろれん》　暫《しば》く撥《かか》げて香を引きて廻《めぐ》らす
書斎　雨に対《むか》へば閑《しづか》にして事なし
兵部侍郎　興なほし催す

道真が兵部侍郎（兵部少輔）を拝命したのは貞観一六年（八七四）一月一五日、二月二九日には民部少輔に転じているので、この間の作だろう。書斎の窓からながめて、花の咲き具合をしらべてみるが、考えてみると、さてこの梅樹にはいつ頃から花がつくようになったのだろうか。庭の梅はどれも咲き初《そ》めで、まだ花は数えるほどであり、咲き誇るといった体ではないらしい。

こうして菅家廊下の梅をめでながら、宮中の内宴を思い出す。いわば回廊のように、あの梅この梅と、道真の詩心は、めぐっていくのである。内宴では「春雪早梅に映ず」と題して詩を賦した。その後、右大臣邸にも招かれて「東風梅を粧《よそほ》ふ」を詠じたが、はたして宮中の春雪は梅に映ってうつくしく、大臣の官舎の梅も東風が化粧して咲かせたように、これまたうつくしかった。つづけて、にわかに宮中や大臣家での梅をうたい込んで、意味がやや明らかではないのに気づいたらしく、次のような割注をほどこしている。

今年内宴《ないえん》に勅《みことのり》有り。「春雪早梅に映ず」といふことを賦《ふ》す。内宴の後朝《こうてう》、右丞相《うじようしやう》、詩客五六人《しかくいつたりむたり》を招き、「東風梅を粧ふ」といふことを賦す。余《わ》れ不才《ふさい》なれども、此《こ》の両宴に侍《はべ》り、故《かるがゆゑ》に云ふ。

「丞相」は唐名で、右大臣の意である。藤原基経が内宴の後朝に、文才のある者を招いて詩宴を催したのだろう。そこでも自作を披露したというのである。『菅家文草』には「早春、宴に仁寿殿に侍りて、同じく『春雪早梅に映ず』といふことを賦す、製に応《こた》へまつる」と「早春に、右丞相の東斎に陪《はむべ》りて、同じく『東風梅を粧はしむ』といふことを賦す、各一字を分つ。〈探りて迎字を得たり〉」の両作がならんでいる。(2)ここでは前者を引いてみたい。

雪片花顔時一般
上番梅桜待追歓
氷紈寸截軽粧混
玉屑添来軟色寛
鶏舌纔因風力散
鶴毛独向夕陽寒
明王若可分真偽
願使宮人子細看

雪片花顔《せつへんくわがん》　時に一般
上番《じやうばん》の梅桜《ばいあう》　追歓《ついくわん》を待つ
氷紈《ひようぐわん》　寸《すん》に截《き》りて軽き粧《よそほ》ひ混《ひた》けたり
玉屑《ぎよくせつ》　添《そ》へ来りて軟《なごやか》なる色寛《いろゆたか》なり
鶏舌《けいぜつ》　纔《わづか》に風力に因りて散ず
鶴毛《くわくぼう》　独り夕陽《せきやう》に向ひて寒し
明王　若《も》し真偽を分《わか》つ可《べ》くは
願はくは　宮人《きゆうじん》をして子細《しさい》に看《み》しめよ

右は仁寿殿で催された内宴で、詔に応えて披露した一首。梅花の小景だが、雪がうたわれているとはいえ、凛然とした冬のきびしさというよりも、どこかしらあえかな趣きがある。ひらひらと降ってくる雪と梅のほころんだ花びらとが、まるでひとつで、見分けがつかない。梅樹を支えているそえ木は、あわ雪をかぶった梅を見て、やがて春たけてほんものの花が咲き出すのを楽しみに待っている、とうたう。「氷紈」も「玉屑」も雪をたとえたもの。氷でできた白い絹を一寸ごとに断ったようなあわ雪が、咲きはじめた梅の花にふわりと落ちて入りまじる。天の仙郷から降りかかる玉のような雪に、繊細な梅花のなまめかしさがますます引き立つ。「鶏舌」は紅梅のはなびらを、「鶴毛」は春雪をたとえたもの。「鶏舌」も「鶴毛」も道真のオリジナルな表現ではないが、読者にあたえるインパクトのあることばだ。

太宰府天満宮参道の二の鳥居。この比較的新しい鳥居は、筑豊の石炭王と呼ばれた 伊藤傳右衛門が寄進した

「鶏舌香」は香辛料のひとつ。フトモモ科の常緑高木である丁字《ちようじ》香の唐名である。白や淡紅色の筒状の花をつける。つぼみや果実を乾燥させたものをふたつに割ると、鶏の舌に似ているところから、こうした名称がついたようだ。八世紀頃、香辛料や生薬として舶来し、後代はもっぱら媚薬としての効能を期待された。

さらに「鶴毛」だが、かの白楽天が雪景をうたって元稹《げんしん》に寄せた、次の一作に見えることばである（「雪中即事 微之に寄す」部分）。

連夜江雲黄惨澹
平明山雪白模糊

連夜の江雲《かううん》黄《き》にして惨澹《さんたん》
平明《へいめい》の山雪《さんせつ》は白くして模糊《もこ》

銀河沙漲三千里
梅嶺花排一万株
北市風生飄散麪
東楼日出照凝酥
……
舞鶴庭前毛稍定
擣衣碪上練新鋪
戯団稚女呵紅手
愁坐衰翁対白鬚

銀河 沙《いさご》 漲《みなぎ》る三千里
梅嶺《ばいれい》花《はな》排《はい》す一万株《しゆ》
北市《ほくし》風生じて 散麪《さんめん》を飄《ひるがへ》し
東楼《とうろう》日出でて 凝酥《ぎようそ》を照す
舞鶴庭前《ぶかくていぜん》毛《もう》稍《やや》定まり
擣衣《たうい》碪《ちん》上《じやう》練《れん》新《あらた》に鋪《し》く
戯団《ぎだん》の稚女 紅手《こうしゆ》を呵《か》し
愁坐《しうざ》の衰翁《すゐをう》 白鬚《はくしゆ》に対す

一晩中、天には黄色い雲がはびこっていたが、夜が明けてみると、ほの白く山には雪が降っている。三〇〇〇里かなたの天の川に白砂があふれたようであり、梅嶺《ばいれい》一万株の花がいっせいに開いたようにもみえる。あるいはまた、北のバザールで風が起こってうどん粉を吹き散らしたようでもあり、東の楼閣に日が昇ってバターを照らしているようでもある。

また庭といえば、鶴が舞いその白い和毛《にこげ》が落ちているようでもあり、砧《きぬた》のうえに練絹《ねりぎぬ》を敷いているようでもある。手鞠《てまり》で遊んでいる女の子は、寒くて赤くなった手にハアッと息をかけて温め、憂いて坐ったままの爺さんは、白い鬚をなでたり捻《ひね》ったり。ここでは白い世界にたったひとつ、少女のてのひらの赤さだけが印象ぶかい。一万株の梅花も前庭に積もった舞鶴の毛も、もちろん雪の比喩である。

道真の作品にもどろう。道真は右に見てきたような唐風の表現を大いに取り入れることによって、風韻ゆたかな宮廷詩を創作する。「明王」は聖明な天子の意。もし天子が紅梅と「鶏舌」、春雪と「鶴毛」の真偽を弁別したいとお望みなら、宮女らに細かく観察させていただきたい、と。

春の雪が梅の花に降りかかっている光景に、さらに宮廷につかえる女房たちの賑《にぎ》わいをそえて一作のとじめとしている。過剰な典故が優美な情緒をかたどらせて、流麗な作品となっている。そして自宅にいてさえ、こうした宮廷の梅花の景と共鳴しあうように、創作は重ねられていくのである。

「書斎にして雨ふる日、独り梅花に対ふ」では、つづけて私邸の梅花が描かれる。「紙障」は屏風やついたての類、「蘆簾」は簾《すだれ》の類。「蘆簾」といえば、白楽天にも「蘆簾」の例があり、「来春更《さら》に東廂《とうしやう》の屋《をく》を葺《ふ》き　紙閣《しかく》蘆簾孟光《まうくわう》を著《つ》けん」（「香爐峯下《かうろほうか》、新に山居を卜《ぼく》し、草堂初めて成る、偶偶《たまたま》、東壁に題す」）とうたっている。香爐峯のふもとに草堂が落成したので、そこで東側の壁に題した詩。同じ草堂をうたうものでことに有名なのは、同題でさらに重ねて創作された四首中の一首だろう。

日高睡足猶慵起　　日高く睡《ねむり》足りて猶《なほ》起くるに慵《ものう》し
小閣重衾不怕寒　　小閣衾《せうかくきう》を重ねて寒《かん》を怕《おそ》れず
遺愛寺鐘欹枕聴　　遺愛寺《ゐあいじ》の鐘《かね》は枕を欹《そばだ》てて聴《き》き
香爐峯雪撥簾看　　香爐峯《かうろほう》の雪は簾《れん》を撥《かか》げて看《み》る
匡廬便是逃名地　　匡廬《きやうろ》便《すなは》ち是《こ》れ名を逃《のが》るるの地
司馬仍為送老官　　司馬《しば》仍《なほ》老《らう》を送るの官と為《な》す
心泰身寧是帰処　　心泰《ゆたか》に身寧《やす》きは　是れ帰処《きしよ》
故郷何独在長安　　故郷何ぞ独《ひと》り長安に在《あ》るのみならんや

陽はもはや高く昇った。睡眠は十分とったはずなのに、それでも起きるのが大儀で、こじんまりとした草堂で夜着を重ねて寝ていると、どんな寒さも平気の平左《へいざ》。遺愛寺の鐘は枕をそばだてて聞いているし、香爐峯の雪は簾をかかげて眺めている。なんとも詩趣にかなった住まいではないか。[3]

「匡廬」は廬山《ろざん》の別称、匡山《きょうざん》ともいう。この山は、周の時代に、匡氏の七兄弟が世俗を離れて庵《いおり》を結び、仙人になったところである。当時、楽天が江州司馬[4]だったことから、司馬は閑職であって老いた身にはちょうどよい。この廬山は世間の名利を避けのがれるところとして適当な地であって、心身が安泰なら身をよせるにはふさわしいところで、かならずしも長安だけが故郷とかぎったことではないのだ、と。

こうして楽天は簾《すだれ》をかかげて、香爐峯《こうろほう》の雪を見るのであり、道真もまた、楽天よろしく簾をあげて梅の花を眺めつつ、うたうのである。思えば楽天は「司馬」を閑職とうたうのであったが、道真もまた「兵部侍郎」（兵部少輔）を閑職とみなして、「書斎　雨に対へば閑にして事なし」と楽天と同じポーズをとっている。

もう一首、道真の宮廷詩から、梅の花をうたった作品を紹介しよう。

花顔片片咲来多　　花の顔《かむばせ》の片片として咲《ゑ》み来《きた》ること多し
冒雨馨香不奈何　　雨を冒《をか》せる馨香《けいかう》　奈何《いか》にせざらむや
羅袖猶欺霑舞汗　　羅袖《らしう》なほし欺《あざむ》く　舞ひの汗に霑《うる》ふかと
花袍自怪沐恩波　　花袍《くわはう》自らに怪しぶ　恩《めぐ》みの波に沐《あらは》るるかと
驚看麝剤添春沢　　驚き看《み》る　麝剤《じやざい》の春沢《しゆんたく》に添ふことを

労問鶯児失晩窠
五出莫誇承渥潤
一天下喜有滂沱

労《ねぎら》ひ問ふ　鶯児《あうじ》の晩窠《ばんくわ》を失ふことを
五出　誇ること莫《な》かれ　渥潤《あくじゅん》を承《う》くることを
一天の下喜ぶ　滂沱《ばうだ》有ることを

「早春に、内宴に侍りて、同じく『雨の中の花』といふことを賦す、製に応へまつる」と題する七言詩。『菅家文草』では元慶三年（八七九）作の「元慶三年孟冬八日、大極殿成り畢りて、王公会《つど》ひ賀《よろこ》べる詩」と元慶六年作の「博士難　古調」との間にあるところから、この時期の創作か。(5)「花顔」はここでは梅の花。花びらを散らすさまがまるで美人がこちらに笑みかけているようであり、雨にうたれてほんのりただようその香りに、さてどうふるまえばよいものやら。内宴で女楽を舞った舞妓たちのうすものの袖が、汗でしっとりと濡れているのではないかと、だまされそうになるほど香っている。「花袍」は内宴に参加した近臣たちの、それ。天子の恩徳の波に浴して、しっとりと潤っているのではないかと、疑われる。宮女や近臣たちのさまは、ともに雨に濡れながら咲いている宮中の梅を擬人化してうたったものである。

「麝剤」は麝香《じゃこう》、ジャコウジカの雄からとれる。漢方としては「当門子」や「臍香《さいこう》」の別称もある。わずかしかとれないところから牛黄《ごおう》とともに高貴薬といわれ、一〇〇倍ほどにうすめて処方する。ただし、ここではジャコウジカそのもの。「鶯児」はウグイスのこと。「窠」は巣の意。やや難解だが、以下のような内容とみてよいだろう。雨のなかの梅花を、ジャコウジカが芳香をただよわせながら春の沢をあゆんでいくようだと、驚き見守り、このまま雨にうたれて散ってしまえば、ウグイスの今宵泊まる宿が失われてしまうと、梅花の労をねぎらう。

「五出」は五片の花弁のある梅のこと。『韓詩外伝』(6)に「凡そ草木は皆五出、雪花ひとり六出。雪花を霙《みぞれ》と曰《い》ふ」とあって、『初学記』『白孔六帖』など、[7] さまざまな書物に引用されている。王勃《おうぼつ》（六五〇〜六七六）、盧照鄰（六三七?〜六八九?）、駱賓王《らくひんおう》（生没年未詳）らとともに、初唐四傑とされる楊炯《ようけい》（?〜六九二）に、「梅花落」と題する五言詩があって「窗外《さうぐわい》一株《しゅ》の梅　寒花《かんくわ》五出開く……」ともある。道真がどこで学んだか確実なところはわからないが、「五出」でもって梅花を表す、エキゾチックな表現だ。

梅花はたっぷりと雨の恵みをうけている。だからといって、驕《おご》りたかぶってはならない。恵みをうけているのは花だけではなく、この広い天下のことごとくがたっぷりと慈雨をうけて、喜んでいるのだから。宮廷の官僚や宮女たちを梅花に譬えた道真は、その雨（天子の恩徳）が、あまねく天下を潤していることをうたい、天子の徳業を讃美して作品のとじめとしている。

## 讃岐国にて

仁和二年（八八六）一月一六日をもって、讃岐国守に任じられた（道真四二歳）。国守時代の道真については、別にふれたので、ここでは梅花をうたう「駅楼の壁に題す」の一作だけを紹介しよう。

離家四日自傷春　家を離れて四日　自《おのづから》に春を傷《いた》ぶ
梅柳何因触処新　梅柳　何に因《よ》りてか触るる処に新なる
為問去来行客報　為《かるがゆゑ》に去来《きよらい》する行客《たびびと》の報《つ》ぐることを問ふ

讃州刺史本詩人　　讃州刺史《さんしうしし》　本《もと》詩人

割注に「州《くに》に帰る次《ついで》、播州の明石駅に到りぬ。此れより以下の八十首は、京より更《あらた》めて州に向へるときの作」と記している。道真は在任中、仁和三年の秋に一旦帰京している。年を越して帰任したようだ。京都の家を離れて四日、明石の駅家でうたった。

　春の景物もおのずと感傷的になりがちで、梅や柳を見ても何ともセンチメンタルな気分に責められる。そこで駅亭を往来する人びとに、あなたがたもそうかと問うてみたが、梅や柳など大して気にもとめないようだ。すると「讃岐国守」という行政マンである道真は、どうやら本来詩人だということになるらしい。道真はどこまでも詩人であることにこだわるのである。

だから、讃岐にもどって晩春がおとずれても、政庁の役務がおわるやいなや、花よ鳥よと浮かれ出てしまう。「春日独り遊ぶ三首」から二首を引用する。

・放衙一日惜残春　　衙《が》を放たれて一日　残《のこ》んの春を惜しむ
水畔花前独立身　　水の畔《ほとり》花の前にして　独り立てる身
唯有時時東北望　　ただ時時東北のかたを望むことあらくのみ
同僚指目白癡人　　同僚指《ゆびさ》し目《め》つく　白癡《はくち》の人なりと

・花凋鳥散冷春情　　花凋《しぼ》み鳥散《さん》じて春の情《こころ》ぞ冷《すさま》しき
詩興催来試出行　　詩興《しきよう》　催《もよほ》され来りて試《こころみ》に出《い》でて行《あり》く
昏夜不帰高嘯立　　昏《くら》き夜も帰らずして高く嘯《うそぶ》きて立てれば

州民謂我一狂生　州《くに》の民は我を一《ひとり》の狂生《たぶれを》なりと謂《い》はめ

と、うたうのである。

「衙」は「御」に通じ、「守り防ぐ」の字義をもつ。警固の兵隊が行ったり来たりしながら守るところから、役所を意味する。ここでは讃岐の国庁。去りゆく春を惜しみ、綾川の土手にひとり出て花を愛《め》でている。どうかすると、都のある東北の方角を眺めてばかりいる。官僚たちはわたしを指さし眉間にしわをよせて、ほれ白痴《うつけ》の守《かみ》が今日も突っ立ってござる、と。

花は凋《しぼ》み鳥たちもどこかへいってしまった晩春なのに、それでもなお、そのさびしさがかえってわたしの詩興を催したてるので、今日もすこし散策してみる。ところが夜がおとずれて暗くなっても帰る気になれず、詩を口にしながらほっつき歩くものだから、讃岐の民百姓たちは、狂人《きじるし》だといいもしよう。

「狂生」は、酔って水中の月をとろうとしておぼれ死んだ詩仙の李白（七〇一～七六二）にも用例が見られるのだが（「梁甫吟　相和歌辞」）、本邦では、いにしえ天平の詩人藤原万里（麻呂）が、

僕《われ》は聖代《せいだい》の狂生《きやうせい》ぞ。直《ただ》に風月《ふうげつ》を以ちて情《こころ》と為《な》し、魚鳥《ぎよてう》を翫《もてあそびもの》と為す。名を貪《むさぼ》り利《かが》を狥《もと》むることは、未《いま》だ冲襟《ちゆうきん》に適《かな》はず。酒に対《む》かひて当《まさ》に歌ふべきことは、是《こ》れ私願《しぐわん》に諧《かな》ふ……。

と、述べている。自分は天子の徳によって治まる御代の狂生《うつけ》だ。ただひたすら風や月を自分の心とし、風流を楽しむことを本性として、魚や鳥を相手に暮らしを楽しむ。名声をもとめ私利私欲をむさぼるのは、かたよらないわたしの心にはピタリとこない。酒を片手にうたうことこそわたしの願いだ。大方の内容は、

こうしたところだろう。

道真は酒をあまりたしなまなかったから、右の一文からそのくだりを省けば、万里の言はそのまま道真のそれを代弁しているといってよい。花鳥風月に遊び、風狂に殉じようとするのである。梅花の景は、〈狂生《きじるし》〉道真がこころゆくまで魂をゆだねることのできる世界だった。

とはいえ、真に〈狂生〉であるものが、自らを〈狂生〉であると自認して形容した例は、古今東西、ありえない。だから、道真もまた、日も経たぬうちに次のようにうたってしまう。「四年三月廿六日作」と題された題詞には、「任に到りてより三年なり」の短い自注がほどこされている。この三月末で讃岐の田舎暮らしも三年目に入るという。

我情多少与誰談
況換風雲感不堪
計四年春残日四
逢三月尽客居三
生衣欲待家人著
宿醸当招邑老酣
好去鶯花今已後
冷心一向勧農蚕

我が情《こころ》の多少《いくばく》を　誰《たれ》とともにか談《かた》らむ
況《いは》むや風雲を換《か》へて感に堪《た》へざらむや
四年の春を計《はか》りみるに　残る日は四《よか》
三月尽《じん》に逢《あ》ひて　客居《かくきよ》すること三たび
生衣《すずしのきぬ》は家人《かじん》を待ちて著《き》むとす
宿醸《しゆくぢやう》は邑老《いふらう》を招きて酣《たけなは》なるべし
好《よ》し去《さ》れ　鶯と花と　今より已後《のち》
冷《すさま》しき心もて　一向《ひたぶる》に農蚕《のうさむ》を勧《すす》めむ

作品中の「風雲を換へて」とは、遠く都をはなれこの鄙《ひな》暮らしをしているわが身には、の意だろう。田舎ではわが心のうちを語り合うものもいないと嘆くのである。「生衣は……宿醸は……」は、藤原公任《きんとう》の『和漢朗詠集』（上巻、夏・更衣）に、源重之の「花の色に染めしたもとの惜《を》しければ衣替《か》へうき今日にもあるかな」の一首とともに編まれており、ことに有名な語句である。[8]

軽くて薄い生絹《すずし》の夏衣は、都の妻が仕立てて送ってくれるのを待つことにしよう、去年から醸《かも》しておいた酒は春が過ぎて熟してきたので、村の爺さんたちを招いていっしょに呑もう。都からの宅配便は伝手《つて》をとおしてそれなりに届けられていただろうが、詩語「生衣」は、楽天の「炎涼遷《えんりやううつ》り次《つ》ぎて速《すみやか》なること飛ぶが如《ごと》し　又生衣《またせいい》を脱《だつ》して熟衣《じゆくい》を著《き》る」（「秋に感じて意を詠ず」）に学んだことばだろう。

なによりここで注目すべきは、「好し去れ」以下の結びの二句だろうか。「好去」は唐代の俗語で「さようなら」「ごきげんよう」の意。ウグイスよ、花よ、ごきげんよう、さようなら。春に未練など残さないで、さっぱり風流韻事の心を捨てさって、農耕や養蚕にはげむように部内の百姓たちを励まそう、という。良吏たろうとするのである。

ところが、である。ところがまだ大して季節もうつっていないのに、またまたこのように吐露《とろ》してしまう道真がいる。七言詩「首夏に鶯を聞く」から——。

行蔵万物不蹉跎
四月鶯声聴甚訛
梁燕雛成争有舌
窓梅子結覚無窠
似移愛妾人前哭

行蔵《かうざう》万物　蹉跎《さた》せず
四月の鶯の声　聴き甚《はなは》だ訛《なま》れり
梁《はり》の燕《つばくらめ》は雛《ひな》成りて　争ひて舌あり
窓の梅は子《み》結びて　窠《うつぼ》なきことを覚《し》る
愛を移されたる妾《こなみ》の　人の前に哭《な》くに似たり

同失時臣意外歌　時を失へる臣の　意《こころ》の外に歌ふに同じ
鳥若逢春応滑語　鳥は若《も》し春に逢はば　滑《なめらか》に語らふべし
臣愚妾老欲如何　臣愚《おろか》に妾老《こなみ》いにたらば　如何《いか》にせむとかする

森羅万象、時のながれにしたがって、けっしてとどまることはない。春もとっくに過ぎさってしまい、うつくしい囀《さえず》りを聞かせてくれたウグイスも、シーズンオフに鳴くので、すっかり訛《なま》ってぼけて聞こえる。梁《はり》に巣くっているツバメは雛も生まれ、大きな口からは赤い舌がのぞいている。窓の外の梅は花弁《はなびら》を落としてすでに久しく、たくさんの青い果実をつぶつぶと実らせている。

時節おくれのウグイスの声たるや、ほかの女人に寵愛をうばわれ、人前をはばからず泣いている妾の声にそっくりだし、はたまた時運に乗りそこねて君主に棄てられた臣下が、その意外さを哀訴しているのに似ているではないか。それにしても、ウグイスは今年の時節におくれたって、来年の春がめぐってくると、またしきりに囀ることもできよう。けれど、臣下が愚かだったり、妾が老いてしまっていては、もはや手のほどこしようがないではないか。道真は、天子の恩愛をうしない長らく南海道の一国にあるわが身を、「四月の鶯」だといい「愛を移されたる妾」だというのである。

どこにあっても、梅花を見ると、次のような雅景にゆりもどされるのが、道真の常だったように思われる。寛平六年（八九四）の初春の作「梅花を翫《もてあそ》ぶ、製に応《こた》へまつる」。

随処有梅惣可憐　処《ところ》に随《したが》ひて梅あり　惣《す》べて憐れぶべし
不如独立月明前　如《し》かじ　独り月明《あきらか》なる前に立ちたらむには

香風豈啻花吹出
半是清涼殿裏煙

香風《かうふう》　あに啻《ただ》に花の吹き出すのみならむや
半ばこれ清涼殿裏《せいりやうてんり》の煙《けぶり》

道真五〇歳。前年には二月一六日に参議となり、式部大輔を兼任。一週間ほどで、同じ月の二二日には左大弁に転じている。さらに三月にはいり一五日に勘解由長官を兼務、四月一日には九歳で太子となる敦仁親王のもとにあって春宮亮を兼ねていた。藤原時平は、寛平三年（八九一）三月一九日に二一歳の若さで参議となっていたが、いよいよ道真も参議となって、政治の中枢にポストをしめるようになったのである。参議任官を祝って時平から玉帯《ごくたい》を贈られたのも、この年だった。[9]

「梅花を翫ぶ」は、宇多天皇の知遇をえて、目をみはるような出世をとげた道真が、宇多の御製に応《こた》えた一作である。初春の候、さまざまなところで梅が開花する。その梅花はことごとく讃美されるのだが、なにより感動をおぼえるのは、月明かりのもとただ一本の梅が月光をあつめて咲いている光景だ、とうたう。宮廷に侍座する道真をつつむのは、花から香りだす風だけではなく、じつは内宴が催されている清涼殿の奥からただよい出る気高い香りも混じっているのであった。

寛平九年（八九七）正月一四日（二四日か）、「早春、宴に侍りて、同《ひと》しく『殿前の梅花』といふことを賦す、製に応へまつる」があり、そこでは「請《こ》ふらくは　多く憐《あは》れぶことな　梅一樹　色青くして松竹　花の傍《かたはら》に立てり」（それほど梅の一樹をあわれんで心配する必要はない。翠《みどり》色のいきいきした松や竹が、梅の花の傍らには立ちそうているのだから）と、うたっている。清涼殿には松や竹もあるのだから、梅の一樹だけをいとおしみなさるな、というのだが、この口吻《こうふん》からは、逆に、道真がいかに梅への思い入れが強かったかがうかがえそうである。

自宅の山陰邸にいても、讃岐国の公邸にいても、はるか流されて命をつなぐ大宰府の南館にいても、目のまえの梅花をとおして道真の詩心がつながろうとするのは、いつも内宴の梅樹だったのかもしれない。

## 処女作

ふりかえってみると、『菅家文草』の巻頭をかざる一首が「月の夜に梅花を見る」であるのは、道真の詩心を語るうえで、すこぶる暗示的だといってよいだろう。

月輝如晴雪　　月の輝《かかや》くは晴れたる雪の如し
梅花似照星　　梅花は照れる星に似たり
可憐金鏡転　　憐れぶべし　金鏡《きむきやう》の転《かひろ》きて
庭上玉房馨　　庭上に玉房の馨《かを》れることを

題詞に自注がほどこされていて、「時に年十一。厳君田進士《でんしんじ》をして試みしめ、予《われ》始めて詩を言へりき。かるがゆゑに篇の首《はじめ》に載《の》するなり」という。先にふれたように、斉衡二年（八五五）の作。「厳君」は父是善、「田進士」は父の門人で文章生の島田忠臣。のちに道真は忠臣の娘の宣来子《のぶきこ》と結婚するから、忠臣は岳父《がくふ》となる人物である。

月が耿耿《こうこう》と照ると、まるで晴れた日の雪のように明るいではないか。梅の花は空にピカピカ光る星のよう。なんともすばらしい、空では黄金の鏡のように月がかがやき、地上の庭園では梅の花房から、ほら芳しい香りがただよってくるよ。月の輝きを一面に降り敷いた雪や金で鍍金された鏡にたとえ、梅花を天空にまたたく星や白玉にたとえている。こうしたたとえを「可憐」で結んでみただけの、平凡な作で、五言絶句らしいリズムの強弱も表現の起伏も、ほとんど見てとれない。習作《エチュード》というべきだろう。

海彼では、梁の簡文帝（五〇三～五五一）に「雪裏に梅花を覓《もと》む」、梁の王筠《おういん》（四八一～五四九）に「孔中丞の雪裏の梅花に和す」、陳の陰鏗《いんこう》（生没年未詳）に「雪裏の梅花」といった雪中梅をモチーフにした作品があり、ことに簡文帝には「月を望む」もあって、こうだ。

流輝入画堂　　流輝　画堂に入り
初照上梅梁　　初照　梅梁に上る
形同七子鏡　　形は七子鏡に同じ
影類九秋霜　　影は九秋の霜に類す
桂花那不落　　桂花は那《な》んぞ落ちず
団扇与誰粧　　団扇は誰がための粧《よそほ》ひ
空聞北窓弾　　空しく北窓の弾を聞き
未挙西園觴　　いまだ西園の觴《しやう》を挙げず

「梅梁」は、「梅杖」が梅樹の枝を意味するように、梅の枝の意か。あるいは「梅屋」と同じように梅をうえた屋敷か。「七子鏡」は七面の鏡で装った鏡台。「九秋」は一年の九〇日が秋であるところから、秋。月には桂の木が生えているという伝説から、団扇は望月に似ているところから、ともに月をうたったもの。「北窓」は書斎、「西園」はもともと上林苑をいうのだが、ここではそこまでの意味はあるまい。

　月光が画堂にまで入りこみ、梅を植えた建物の梁《はり》までも照らしている。月のかたちといえば、七子鏡にひとしいし、ふりそそぐ月明かりは秋の霜のよう。月の世界に生えているという桂の花は散ることなく、円《まどか》で月に似ている扇は、誰のための粧いだろうか。むなしく書斎で演奏を聞き、いまもって西園のさかづきをあげることもない。

　「可憐」も簡文帝の同題詩に「憐れぶべし遠近なし　光照悉《ことごと》く徘徊す」とあり、「可憐」の表現は海彼では多用される表現で、梅の例にかぎれば、梁の鮑泉《ほうせん》（?～五五二）に「憐れぶべし階下の梅　飄蕩《へうたう》風に逐《したが》ひて廻《めぐ》る」（「梅花を詠ふ詩」）の例がある。

　道真は一七歳のときに創作した七言詩「赤虹の篇を賦し得たり、一首」に、「七言十韻、此れより以下四首は、進士の挙に応ずるに臨みて、家君日毎に試せり。数十首有りと雖《いへど》も、其の頗《やや》観つべきものを採りて留むるなり」として『菅家文草』に四首を採っている。「家君」（父の是善）が文章生の試験対策のために毎日課題を出したらしい。ここでは佳作だけを択ぶとしているので、相当量の試作が棄てられたことになろう。ことは一一歳の頃も同じだろうから、師である忠臣を前に飽くことなく創作をつづける、まだ初冠《ういこうぶり》まえでみずらを結った童児道真のすがたがありありと浮かんでこよう。それにしても、なんと耽美的な一作だろうか。

　しばしば人のいうように、この「月の夜に梅花を見る」と延喜三年（九〇三）に絶筆となった「謫居の春雪」は、ひとしく梅をうたうことをもって、呼応しているとみるべきだろう。『菅家後集』は、「五言自詠」から「謫居の春雪」にいたるまでの作品を集め、延喜三年正月のころ、死が近いことを知った道真自身が箱におさめ、紀長谷雄のところに送るよう遺言した作品集である。

今日の流布本となっているのは、藤原広兼なる人物が天承元年（一一三一）に北野社に奉納したもので、すでに道真が没して二〇〇年をこえる歳月を経ている。とはいえ、延長元年（九二三）四月二〇日には、はやくも本官に復して右大臣となり、正二位に叙され、さらに左遷の詔勅も破棄されている。また正暦四年（九九三）五月には左大臣、正一位となり、同じ年の閏一〇月には太政大臣となっており、このあいだも道真の残した『菅家文草』と『菅家後集』は丁重にあつかわれていただろうから、道真のまとめた一本と流布本とに大きな異同があるとは思われない。

もしそうならば、「謫居の春雪」は意味ある一作というべきだろう。「謫居の春雪」以前の作は、次のようにまとめられている。題と作中の一句を列挙してみよう。

・「官舎の幽趣」　秋の雨　庭を湿《うるほ》す　潮《うしほ》の落つる地《ところ》
・「秋の晩《ゆふべ》に白菊に題す」　涼秋《りやうしう》　月尽きて　早霜《さうさう》の初め
・「晩に東山の遠寺を望む」　秋月閑《しづか》に反照《はんせう》に因《よ》りて看《み》る
・「風雨」　偏《ひとへ》に菊花の残《そこなは》れむことを惜《をし》む
・「燈滅《き》ゆ　二絶」　秋天に雪あらず　地に蛍《ほたる》なし
・「秋の月に問ふ」　春を度《わた》り夏を度りて　只今《ただいま》の秋
・「月に代りて答ふ」　蓂発《めいひら》き桂香《かぐは》しくして　半円《なかばまどか》ならむとす
・「九月尽」　今日《こんにち》二年　九月尽
・「偶作」　病《やま》ひは衰老《すいらう》を追ひて到《いた》る

すべての作品に、季節をうかがわせる語句があるわけではないのだが、「九月尽」までは秋の作であり、「九月尽」が延喜二年（九〇二）九月三〇日作であるのは明らかで、秋まではそれなりに創作がつづいている。直前の「偶作」はいつのころの創作かははっきりしないものの、

病追衰老到　病《やま》ひは衰老《すいらう》を追ひて到《いた》る
愁趁謫居来　愁へは謫居《たくきよ》を趁《もと》めて来《きた》る
此賊逃無処　此の賊《あだ》　逃《のが》るるに処《ところ》なし
観音念一廻　観音　念ずること一廻《いつくわい》

と、うたっている。この一作は隋朝の智顗《ちぎ》（五三八～五九八）が講じた『天台止観』（摩訶止観）にある「四《し》山《せん》合来、無逃避処」をふまえたもの。智顗は衰老病死の四苦を四つの山にたとえ、けっしてのがれるところはないと説いている。衰えと病の山の賊がやって来て、謫居の暮らしがはじまると憂い悲しみの山賊が居場所をもとめるかのようにやって来た。もはや死山の賊が襲っても、逃れるところなどないのだ。南無観世音大菩薩、どうぞお救いください。

　創作時は不明ながら、先に七言詩「南館の夜《よ》に、都府の礼仏懺悔《らいぶちさんぐゑ》を聞く」があって、これは延喜元年一二月一九日から二一日まで三日間にわたっておこなわれた礼仏懺悔の法会を背景とする作。次の「歳日の感懐」では「新歳《しんせい》　門《かど》を突きて来《きた》る……合掌《かふしやう》して観音を念ずらくのみ　屠蘇《とそ》　盃を把《と》らせず」と、ここでも観音への帰依《きえ》をうたっている。

　こうしてみると、「偶作」も、延喜二年の礼仏懺悔、一万三千の仏名をとなえるはるかな声を聞きなが

らの作とも、大晦日から元旦にかけての作とも想像されよう。とはいえ「偶作」では、「人《ひと》は　地獄幽冥《いうめい》の理《ことわり》に慚《は》づ」（「南館の夜に、都府の礼仏懺悔を聞く」）、「故人　寺を尋《たづ》ねて去《い》ぬ」（「歳日の感懐」）といった他人への視線はまったくなく、ひたすら死を思い観世音の慈悲にすがる真情しかうたわれていないことに、注視すべきだろう。[10] 死山の賊はすでに道真の命をうかがっていたのである。その後、道真は二か月あまり詩作の筆をとっていない。

## 絶筆、そして死

「謫居の春雪」を、煩をいとわず、もう一度読んでみよう。

盈城溢郭幾梅花　城《あづち》に盈《み》ち郭《くるわ》に溢《あふ》れて　幾ばくの梅花ぞ
猶是風光早歳華　なほしこれ風光《ふうくわう》の　早歳《さうさい》の華
雁足黏将疑繋帛　雁《かり》の足に黏《ねやか》り将《ゐ》ては　帛《きぬ》を繋《か》けたるかと疑ふ
烏頭点著思帰家　烏《からす》の頭《かしら》に点《さ》し著《つ》きては　家に帰らむことを思ふ

延喜三年（九〇三）の春某日、筑紫の天空をおおっているのは、雪、雪、雪。それがまるで梅花がいっせいに咲き散っているようで、都府の内外は白一色の一日となった。「風光」とは、風に吹かれて動く草や木が、日ざしをあびて輝くさまの意。「早歳」とは歳の始めの意。新春の意を含みながら「早歳の華」と春を告げる梅の花をうたっている。

「風光」はそれほど一般的なことばではなく、どうやら道真は、中国文学のアンソロジー『文選』にある謝朓《しゃちょう》（四六四～四九九）の作品あたりに学んだらしい。[11] 謝朓は、「日華《じつくわ》は川上に動き　風光草際に浮ぶ」（「徐都曹に和す一首」）、「歳華にして春に酒有れば　初服して郊扉《かうひ》に偃《ふ》しなん」（「休沐して重ねて還《かへ》る道中一首」）とうたう。これはたんに語句を借りたというのではあるまい。前者は春ののどやかな風景に、官を退きたい思いをうたい、後者も休暇を終えて公務にもどる道中、役職をしりぞき静かに暮らしたいというのが内容である。そのまま道真の心情に共通するものがあるだろう。

天拝山のふもとに建つ武蔵寺（筑紫野市武蔵）。道真が天拝山に登った際に身を清めたとされている

この道真の作品で、もっとも注目すべきは「……雁足……烏頭……」だろう。「……雁足……」はあまりにも有名な、蘇武の雁信にかかわるエピソードである。蘇武（前一四〇～前六〇）が匈奴に遣《つか》いした。単于《ぜんう》は蘇武の漢への帰還を惜しみ、匈奴に仕えるように迫ったが、蘇武はけっして節を曲げなかった。そのために一九年もの間、北海（バイカル湖あたり）に幽閉され、苦境にたえることになるのである。昭帝のとき、上林苑の遊猟《ゆうりょう》で脚に帛書が結いつけられた雁が射落とされた。結ばれていたのは匈奴にいる蘇武からの便りで、そのかわらぬ忠誠心を知った帝は遣いをだして助け出した

という。

「……烏頭……」の主人公は、燕《えん》の太子丹。小国の燕に生まれた丹は、幼いころ趙《ちょう》の人質となった。同じ頃、秦からも政（のちの始皇帝）が人質として送られてきており、ふたりは親しんだ。その後、丹は燕にもどり太子となり、使者となって秦へ行き、昔なじみの政にあいさつをした。ところが、政のあつかいはたいそう冷たいものだった。

秦王は帰国を許さず、もし烏の頭が白くなり馬の頭に角が生えたら、その時は帰国させてやるという。丹が天を仰いで悲しむと、天がそれに応えたのだろう、烏の頭が白毛に変わり馬の頭にも角が生じたのである。そこで丹は燕にもどることができた。これは司馬貞（生没年未詳）が著す『史記索引』所引の『燕丹子』「刺客伝」にある話。

道真は右のような蘇武と丹のエピソードをふまえながら、つのる帰京への思いをうたうのである。雁の脚に雪が粘りついて、まるで白絹を結《ゆ》わえているようではないか。天子が御覧になれば、きっと都へお戻しになるだろう。あれ、烏の頭に春の雪が点をうったようにのっかっているではないか。頭が白くなった烏、これでかならずや都へ帰れるだろう。蘇武や燕丹がそうであったように……ああ雪が降る、ああ梅の白い花弁《はなびら》がちぢに舞う。無限の天空から流れ来る雪は、はるか都にある山陰亭の北窓から見える梅樹を幻視させ、山陰亭の梅の幻はさらに、父是善や師島田忠臣のもとで詩作にはげんでいた少年の日々へと、道真をいざなう。南館の梅から山陰亭の梅へ、山陰亭の梅から華やぐ宮中の梅へ――。幻の梅の回廊をあゆむ、傷心の道真が彷彿とする。

もちろん賢明な道真だから、漢籍の次のようなくだりを知らなかったはずはない(12)。匈奴に遠征し、蘇武と同様に異郷にあって、帰国することなくついにそこに骨をうずめた李陵は、帰国するよううながす蘇武に便りしている。道真も日頃、親しみ諳《そら》んじていただろう『文選』から「蘇武に答ふる書」（部分）を一読する。

丁年《ていねん》、使ひを奉じて、皓首《かうしゅ》にして帰れば、老母は堂に終り、生妻は帷《ゐ》を去る。此《こ》れ天下の聞くこと希《まれ》なる所にして、古今に未だ有らざる所なり。蛮貊《ばんばく》の人も、なほ子《し》の節《せつ》を嘉《よみ》す。況《いはん》や天下の主《しゅ》為《た》るをや。……子《し》の帰るや、賜《たまもの》二百万に過ぎず、位《くらゐ》は典属国に過ぎず。

あなたは、壮年にして匈奴へ使いし、白髪頭となって帰国した。老いた母親はもうこの世の人ではなく、年若い妻はすでに再婚していた。こうしたことは世間にめったにないことだし、古今にも例がない。蛮国の人びとでさえ、あなたの節義をほめたたえている。天下の主である天子なら、なおさらではないか。にもかかわらず、褒賞《ほうしょう》はたかが銭二〇〇万、役職は「典属国」（蛮族で漢に降伏した人びとをつかさどる役人）にすぎず、わずかの封地も与えられはしなかった。帰国してみたところで、惨憺《さんたん》たるありさま。それでもわたしも漢にもどれというのかい。李陵が蘇武にかけたことばは、そのまま道真にも強烈に響くだろう。李陵がもし道真にことばをかけたとしたら……。

たとえ帰京が許されても、右大臣の地位を奪われ、家族は離散し、道真という名さえ剝《は》ぎ取られ、今や鯨鯢《くじら》と呼ばれているあなたに、昔日の栄華が戻ってくるものか。

別に、燕丹にまつわる烏頭変毛のエピソードについても、こうだ。百家の言に通じて大儒になったといわれる、後漢の思想家王充《おうじゅう》（二七〜一〇一？）の『論衡』「感虚」から引用しよう。

燕の太子丹は何人ぞ、而《しか》も能《よ》く天を動かすや。聖人の拘《とら》はるる、天を動かす能《あた》はず。太子丹は賢者なるに、何ぞ能く此れを致さん。夫《そ》れ天能く太子を祐《たす》け、諸瑞《しよずゐ》を生じ以て其の身を免れしむるは、則《すなは》ち能く秦王の意を和《やわら》げ、以て其の難を解けばなり。拘はるるの一事は易《やす》く、瑞を生ずるの五事は難きに、一事の易きを舎《を》き、五事の難きを為《な》すは、何ぞ天の労を憚《はばか》らざるや。

湯《とう》王は夏台に囚《とら》われたし、文王は羑里《ゆうり》に拘われ、孔子は陳蔡《ちんさい》の野で飢えた。これほどの聖人たちが苦しんでいるのに、天は聖人たちに手を差し伸べようとはしなかった。燕丹がどれほどの聖人だというのか、かつて湯らさえ天を動かせなかったのに、太子丹くらいで何ができようか。

もし仮に天が太子の嘆きに感じて味方したとしよう。それならわざわざ烏の頭を白くしたり、馬に角を生やしたり、門の木像の脚を肉足にかえたり、太陽を二度にわたって南中させたり、空から籾《もみ》を降らせたり、それほどの七面倒臭《しちめんどうくさ》いことを五つもしなくとも、ただ一つ、秦王の心を和ませるだけで、燕に帰れたはずだ。天はなんともご苦労なことよ。燕丹のエピソードは「虚なり」（まっかな嘘っぱちだ）。これが、王充の主張するところなのである。

孔子という大聖人でさえ天はまったく動かなかったものを、たかが燕丹ごときで天が感応したりしないだろう。この弁は説得力がある。後日談ながら、しばらくして燕丹は燕にもどれたが、秦王が送り込んだ軍隊によって殺されている。

道真が王充の主張を理解できなかったはずはない。にもかかわらず、それでもなお蘇武や太子丹のエピソードにわが身をよせていくのは、ふたりに対する天の憐憫《れんびん》を、道真もまた、どれほど渇望していたかの証左になるだろう。

かの李陵は、蘇武への便りのなかで、

　上《かみ》は老母の年に臨んで戮《りく》せらるるを念《おも》ふ。妻子は辜《つみ》無くして並びに鯨鯢為《げいげいせ》られ、身は国恩に負《そむ》き、世の悲しむ所と為《な》る……命《めい》や如何《いかん》せん。

と、述べている。李陵は、いう。思えば、母は年老いた身でありながら処刑され、妻や子は罪もないのにことごとく殺され、わたし自身は国の恩にそむいて、世間の人びとから悲しまれた、この運命はどうしようもありません、と。「鯨鯢」は、不義の罪人として殺されるの意。李陵はすべてを「命」（天の与えた運命）として甘受した。匈奴で二〇年あまりを暮らし、そこで没したのである。

　死をたまわったわけではなさそうだが、妻の宣来子《のぶきこ》は前年（延喜二年）の冬一二月二五日、京の留守宅をけなげに切り盛りする心労からか、夫よりも先に逝く。李陵と同じように辺土にあった道真は、「鯨鯢」と呼ばれ京を追われて二年、延喜三年（九〇三）二月二五日、五九歳で生涯をとじたが、はたして李陵のように、この死をもって「命」と自得していただろうか。

注

（1）こうした辺塞《へんさい》の詩歌は「梅花落」と呼ばれ、時代がくだると創作詩の一ジャンルとなった。たとえば、唐の盧照鄰の「梅花落」。

梅嶺花初発　　梅嶺　花初めて発《ひら》き
天山雪未開　　天山　雪いまだ開《と》けず

雪処疑花満　雪の処《ところ》　花満《み》つるかと疑ひ
花辺似雪回　花の辺《あたり》　雪に似て回《まは》る
因風入舞袖　風に因《よ》り入りて袖に舞ひ
雑粉向粧台　雑粉として粧台《しやうだい》に向《むか》ふ
匈奴幾万里　匈奴　幾万里
春至不知来　春至りて来《きた》るを知らず

前半は男の、後半は女の、それぞれの心情がうたわれている。梅がはじめて咲いたものの、天山は雪におおわれ春はまだ遠く、一面の雪景色はまるで梅が花開いたかと疑われる、という。都にいる女の周りは、梅が花弁《はなびら》をしきりに散らし、まるで好《す》いた男が駐留している辺境の雪景色が想像されてくる。風に運ばれて袖に舞い込み、白粉《おしろい》のように化粧台に散りかかる。なのに、匈奴の地は幾万里もの彼方、春は来たのに男は帰ってはこない、と。「梅花落」は、辺境にあって望郷の悲しみをうたう。

（2）ただし「早春、宴に仁寿殿に侍りて、同じく『春雪早梅に映ず』といふことを賦す、製に応へまつる」は貞観一五年一月の作ともいわれているから、二作の創作年と注の内容に齟齬が生じてしまうが、今は注にしたがっておきたい。

（3）清少納言は『枕草子』（第二七八段）で、次のように書いている。

雪のいと高く降りたるを、例ならず御格子まゐらせて、炭櫃《すびつ》に火おこして、物語などしてあつまり候《さぶら》ふに、「少納言よ。香炉峰の雪はいかならむ」と仰せらるれば、御格子上げさせて、御簾《みす》を高く上げたれば、笑はせたまふ。人びとも「みなさる事は知り、歌などにさへうたへど、思ひこそよらざりつれ。なほこの宮の人にはさるべきなンめり」と言ふ。

雪がたいそう深く降り積もっているのを、いつものようでもなく格子を降ろし申しあげて、炭櫃に火をおこして、わたしたち女房が話などをして集まってお仕えしていると、中宮さまが「少納言よ。香炉峰の雪はどのようかしら」と仰せになるので、格子をあげさせて御簾を高く巻きあげたところ、お笑いになる。ほかの人たちも「みなそれは知っていて、歌などにもうたうのだけれど、思いつきもしなかった。やはり宮にお仕えする人としては、うってつけの人のようですね」という。

御簾を高く巻きあげたところが、清少納言の才智。

(4)「司馬」は地方の第三等官で、実態はともかくも、一般的に閑職だとみられていたらしい。

(5)ただし、元慶五年には清和太上天皇が崩御しているため、内宴は中止されている。同じように元慶六、七、八年もまた中止されているので、元慶四年の作だろうか。創作年代はやや不審。

(6)漢の韓嬰《かんえい》の撰。いろいろな古事や古語を集め、詩経の章句を用いて説明したもの。

(7)『初学記』は唐の徐堅らが玄宗の勅によって編纂したもので、要典故事のアンソロジー。『白孔六帖《はくこうりくじょう》』は白楽天の六帖と宋の孔伝の続六帖を合わせたもので、故事成語が豊富。

(8)『和漢朗詠集』は寛弘九年(一〇一二)ごろに成立した。白楽天・元稹・菅原文時・源順らの漢詩と紀貫之・凡河内躬恒・柿本人麻呂らの和歌を組み合わせ、四季と雑に分類してまとめたもの。重之の歌は『拾遺和歌集』から採択したもので、「冷泉院の東宮におはしましける時、百首歌たてまつれと仰せられければ」の詞書きがある。

(9)「宰相に拝せらる、藤納言が鄭州《ていしう》の玉帯を賜へるを謝し奉る」と題された、次のような七言詩である。

身多撿束謝高才
賞賜分明玉不埃
初自鄭州無脛至
更従台閣有心来
雪慙廉潔随衣結
花譲栄華遂歩開
為向彫文相報道

身多く撿束《けむそく》して高才に謝す
賞賜《しやうし》分明《ふんめい》にして玉も埃《ほこり》あらず
初め鄭州より脛《はぎ》なくして至る
更に台閣《たいかふ》より心ありて来る
雪は廉潔《れんけつ》に慙《は》ぢて　衣《ころも》に随《したが》ひて結ぶ
花は栄華に譲《ゆづ》りて　歩《あよ》びに遂《したが》ひて開く
為《かるがゆゑ》に彫《ゑ》りたる文《あや》に向ひて相報《あひつ》げて道《い》ふ

鑽堅功臣被誰催　鑽堅《さんけん》の功臣　誰《たれ》にか催《もよほ》さるると

わが身をつつしみ、すぐれた人物であるあなたに感謝したい。頂戴した帯にちりばめられた玉は、一点の曇りもなく輝いている。玉帯に脚はないものの、はるばる中国の鄭州から本朝へいたり、さらにあなたのところから厚情をもってわたくしのところへやってきた。雪さえもその色を恥るほどに清廉潔白《せいれんけつぱく》なあなたの衣を飾り、桜の花がその華やぎを失うほどのあなたの栄華・栄達に、花をそえたこの玉帯。彫《ほ》りこまれているすばらしい文様に、はっきりいえるのは、学問にはげんできた結果、もしわたしに手柄があるとしたら、誰の力ぞえによるのかということだろう。あなたが力づけてくれたことによるのだ、と。

「鄭州」は今日でいう河南省の州名で、都は洛陽。実際、玉帯が河南省あたりで作られたかどうかはともかくも、舶来の帯だったのだろう。「台」は政治の最高職である三公の位を、「閤」はくぐり戸をいうが、ここでは中納言である時平の邸宅を意味する。「鑽堅」は学問をする意。『論語』「子罕」の、顔淵が孔子の徳を讃えたことば、「之を仰げば弥《いよいよ》高く、之を鑽《き》れば弥堅《かた》し」によるが、ここではその孔子が学問をもって弟子たちを導いたことから、学問そのものを意味するのだろう。

道真は「分憂は祖《おや》よりの業《わざ》にあらぬこと」（「北堂の餞《はなむけ》の宴」）であり、あくまで儒者であろうとした。この一首、最高の讃美をもって時平への謝辞となっている。

（10）この二作の全容は次のとおりである。

・人慚地獄幽冥理　人《ひと》は　地獄幽冥《いうめい》の理《ことわり》に慚《は》づ
　我泣天涯放逐辜　我は　天涯放逐《てんがいはうちく》の辜《つみ》に泣く
　仏号遥聞知不得　仏号《ぶつがう》　遥《はるか》に聞けども　知ること得ず
　発心北向只南無　発心《ほつしん》　北に向ひてただ南無といふならくのみ

・故人尋寺去　故人　寺を尋ねて去《い》ぬ
　新歳突門来　新歳《しんせい》　門《かど》を突きて来る

鬢倍春初雪　鬢は　春の初めの雪に倍《まさ》れり
心添臘後灰　心は　臘《らふ》の後《のち》の灰を添《そ》ふ
斎盤青葉菜　斎盤《さいばん》に　青き葉の菜あり
香案白花梅　香案に　白き花の梅あり
合掌観音念　合掌《かふしやう》して観音を念ずらくのみ
屠蘇不把盃　屠蘇《とそ》　盃を把《と》らせず。

（11）謝朓（玄暉）は若くして学を好み、その文章は清麗、五言詩に長じた。群籍に通じていた沈約《しんやく》（四四一～五一三）をして、「二百年来、此の詩無し」といわしめた。

（12）このあたりは、附論でくわしく述べる。

# XII　増殖する畏怖

## 天神誕生まで

# 永劫のアウトサイダー

もし道真が遺言を残さなかったら、天神として誕生することはなかったのではないか。他国で没した中央官僚のなきがらは荼毘《だび》にふされ、遺骨は都へと運ばれ、御祖《みおや》の眠る菩提寺で供養されるのである。道真が亡くなったのは、延喜三年（九〇三）二月二五日。通夜がおこなわれ、斎場のけむりとなった道真は、壺の主となって上京しただろう。人の気《け》のない筑紫の原野にばらまかれたとは考えられない。

ところが、あれほど帰京を渇望していたにもかかわらず、最期に彼はそれを願わなかったといわれる（『北野天神御伝』）。遺言によって高雄山のふもとに葬られた。都を中心とするなら、筑紫は文字どおり天涯の地であって、限りなく周縁の地、アウトサイドであるといわねばなるまい。つまり道真は永劫にアウトサイダーの位置にとどまったことになる。それは、いつでも地方から飛来し中央をゆさぶる力をもつことを意味しよう。

道真の墓所は、碁盤の目のように区画された大宰府の艮《うしとら》（東北）の方角。霊柩車をひく牛がてこでも動かず、ついにそこに葬られたのが安楽寺であり、現在の天満宮が建っているところだというのである。なぜ牛か？　道真は後に「天満大自在天神」となるが、もともと三目八臂《さんもくはっぴ》の「大自在天（マヘーシュヴァラ）」が乗るのが白い牛だった、道真の誕生年が承和一二年（八四五）の乙丑《きのとうし》だった、牛に助けられて命拾いした、左遷のおりに牛がたいそう別れを惜しんで啼《な》いた、道真は牛を愛玩していたし、また牛もよくなついていた……などなど。

史実として、牛が道真の墓所をさだめたかどうかはわからないが、この地が大宰府の昆の方角にあたるのも、天神誕生のなぞをとくカギのひとつとなっている。昆はそもそも幽界への門がひらける方角だからだ(1)。平安京の昆の方向には都を鎮護する賀茂神社があり、その先には比叡山がある。神仏のちからによるセキュリティシステムといってよいだろう。大宰府天満宮もまさに昆にあたり、幽界への扉が開閉されるトポスだったことになる。大宰府を鎮護するとともに、ここから自在に幽界へと飛翔する魂、それが道真だった。

いや、道真は死んではいないという伝承さえある。死ぬ直前に天拝山（天判山とも）にのぼり、無実をうったえる祭文《さいもん》を書き、天にむかって告訴した。祭文はふわりと舞いあがり、雲をわけてのぼりつづけ、帝釈天を過ぎ梵天王のもとに着く。『北野天神縁起絵巻』（第5巻第一段詞書）から、やや長いけれど読んでみよう。

> 筑紫におはしましける間、御身に罪なきよしの祭文をつくりて、高山にのぼりて七箇日の程とかや天道に訴《うったへ》申させ給ける時、此祭文漸とびのぼり雲をわけていたりにけり。帝釈宮をもうちすぎ、梵天までものぼりぬ覧《らん》とぞおぼえし。釈迦菩薩は往劫に底沙仏《ていしゃぶつ》の御もとにて七日七夜足の指をつまだてて
>
> 天地此界多門室　逝宮天処十万無
>
> 丈夫牛王大沙門　尋地山林辺無等
>
> と讃嘆せしかば、九劫を超越して弥勒《みろく》にさきだちて仏になり給にき。菅丞相は現身《うつしみ》に七日七夜天に仰ぎて身をくだき心をつくして、あなをそろし、天満大自在天神とぞならせ給ける。

ここでは、釈迦が弥勒菩薩に先んじて如来となったこととならべて、道真が生きたまま「あなをそろ

し」き怨霊、タタリ神になったというのである。

道真が没して五年目の延喜八年（九〇八）一〇月、藤原菅根が死んだ。左遷をもくろんだ官僚のひとりである。翌年四月、道真を西海へしりぞけた最高実力者の時平も死んだ。まだ働きざかりの三九歳。『縁起絵巻』によると、時平は「春日大明神もすて給かとおぼえて、菅丞相の霊気と心の中にさとりぬ」。

延喜一三年（九一三）三月、道真の配流によって空席となった右大臣のポストを手にしていた源光《ひかる》が変死する。狩りに出かけ泥沼にはまって死んだ。なきがらはついに見つからなかったという。その翌年には左京で大火、さらにその翌年には疫病が大流行。延喜二三年（九二三）三月、皇太子保明《やすあき》親王が二一歳の若さで薨じた。時平が妹藤原穏子を醍醐天皇のもとに入内させてできた皇子である。こうしたわざわいのすべては「菅帥の霊魂、宿忿《しゅくふん》の為すところなり」（『日本紀略』）と。人びとは道真のタタリだと恐れたのである。

北野天満宮三光門

保明親王をうしなった醍醐天皇は、四月二〇日、道真の名誉回復の詔勅を出して右大臣とし、さらに正二位を追贈する。生前の道真の極官は従二位・右大臣だったので、さらに昇進させ、昌泰四年（九〇一）一月に発布した左遷の勅書の一切を破棄したのである。ずっと時代はくだるが、正暦四年（九九三）五月に、正一位・左大臣を贈られたおりに、次のような一作をうたった（「勅使に示して左大臣を返さるる宣命」）。

忽驚朝使排荊棘　　忽《たちま》ち朝使の荊棘《けいきょく》を排するに驚く
官品高加拝感成　　官品は高く加へて拝感（観？）成れり
雖悦仁恩覃邃窟　　仁恩の邃窟《すいくつ》に覃《ゆきわた》ることを悦ぶといへども
但羞存没左遷名　　但《ただ》羞《は》づらくは存《いきてもしにても》没左遷の名

後人の擬作であるのはいうまでもないが、当時の人びとがどのように道真を思っていたのかが現れていて興味ぶかい。「荊棘」は荒れはてた地、「邃窟」は深く遠い岩屋。ともに道真の魂の棲むところだろう。そこへ「左大臣」を贈与する朝廷の使いがやってくるのである。天子の恩愛がこのようなところまで及ぶのはたいそう嬉しいことだ。とはいえ、生死のさかいをこえて「左遷」という名は慙愧《ざんき》に堪《た》えない、と。安楽寺の僧の夢枕にたち、道真は「左大臣」の拝受を辞退した。さらに疫病がひろがり、内裏の美福門に落雷し、炎上する。彼の魂魄に深く刻みつけられた「左遷」の二文字は、そうやすやすと癒《い》えるものではなかったのである。

延長三年（九二五）に話をもどそう。不幸はまだまだつづく。この年、時平の孫で皇太子だった慶頼《よしより》親王がわずか五歳で夭逝する。延長八年（九三〇）六月、炎天。幹部らが雨乞《あまご》いの祈禱《きとう》を相談していた清涼殿に落雷。藤原清貫《きよつら》は胸をひき裂かれて即死、平希世《まれよ》は顔を焼かれてこれも即死だった。紫宸殿でも三人の官僚が焼け死んだ。それまでも体調のすぐれなかった醍醐天皇は、七月二日からすまいを清涼殿からすぐ北にある常寧殿に移し、比叡山の僧侶たちに平癒の祈祷をおこなわせたものの、大して効果も見られなかったらしい。

九月二二日、醍醐はついに譲位する。次いで天子となったのは、時平の妹穏子を母とする寛明《ひろあきら》親王

（朱雀天皇）である。譲位して一週間後、醍醐は四六歳で崩御する。大風がふき、長雨がつづき、洪水。食べものもなく、疫病がはやり、病人が道ばたにうち捨てられ、洛中・洛外を問わず強盗が多発……。

承平六年（九三六）、時平の長男保忠《やすただ》は、物の怪にとり憑《つ》かれ、もがき苦しみ、そして死んだ。『大鏡』は、こうレポートしている。

この殿ぞかし、病づきて、さまざま祈りしたまひ、薬師経《やくしきやう》の読経《どきやう》、枕上《まくらがみ》にてせさせたまふに、「所謂《いはゆる》宮毘羅大将《くびらだいしやう》」とうちあげたるを、「われを『くびる』とよむなりけりと思しけり。臆病に、やがて絶《た》え入りたまへば、経の文《もん》といふ中にも、こはき物の怪《もののけ》にとりこめられたまへる人に、げにあやしくはうちあげて侍《はべ》りかし。

保忠が病気になり、さまざまに祈禱をこころみる。薬師世界への往生とともに、現世利益を説く『薬師経』（薬師如来本願経・薬師瑠璃光如来本願功徳経とも）の法力を頼みにしたのだが、『薬師経』の「……時に衆中、十二薬叉大将、倶に会坐に在り、所謂《いはゆる》宮毘羅大将、伐折羅《ばさら》大将、迷企羅《めいきら》大将……」のところで、大将であるわれを縊ると読んでいると思い、臆病な保忠は、そのまま気絶してしまったという。

天慶六年（九四三）、三男の敦忠《あつただ》も没する。敦忠はつねづね「われは命みじかき族《ぞう》なり。かならず死なむず」といっていたというが、三八歳で没（『大鏡』）。二男の顕忠《あきただ》をのぞき、(2) 時平の一族は五〇歳をこすことなく、誰もかれも死に絶えた。『大鏡』の作者なにがしは、こう書いている。「そのゆゑは、他のことにあらず、この北野の御嘆きになむあるべき」「あさましき悪事《あくじ》を申し行ひたまへりし罪により、この大臣の御末はおはせぬなり」。幽界から昆の扉をあけ、タタリ神となった道真が、平安の都へしばしば現れるのだ。

こうしてタタリ神＝道真が跳梁跋扈《ちょうりょうばっこ》するのだが、興味ぶかいことに筑紫ではまったくそれらしい事件がない。したがって、三方を山に囲まれた都の漆黒の夜陰と、政争に明け暮れる貴族・上級官僚らの心の闇が生んだのが、タタリ神＝道真であったといってよいだろう。

天暦（九四七～九五六）のころ、すでに大宰府では天神が祀《まつ》られていたらしい。いや、それどころか、早くも延喜五年（九〇五）に神託をうけた味酒安行《うまさけのやすゆき》の手で廟殿が建立されたといわれている（『安楽寺草創日記』）。他方京都では、天慶五年（九四二）右京七条にすむ多治比文子《あやこ》（奇子、綾子とも）に、「右近の馬場に祀るように」との託宣があった。文子に社殿を建立するだけの財力もなく、右京七条二坊の自宅にちいさな祠を建てて祀ったという。文子は、かつて道真に乳をふくませ育ててくれた乳母だった。その五年後、近江比良宮の神官の幼児太郎丸にふたたび託宣があった。こうして、北野に天満宮が創建される。先に述べたように、正暦四年（九九三）五月に、朝廷は正一位・左大臣を追贈、閏一〇月にはさらに太政大臣も贈った。

天神道真への畏怖は、ますます増殖していくのである。

## 破壊の神

『北野天神縁起絵巻』でもっとも有名なのは、怨霊となった道真が京都に飛来し、清涼殿を焼く場面だろうか。雷鳴《らいめい》をとどろかせ稲妻をはしらせ、黒雲にのる雷神道真が描かれている。それにしても、なぜ道

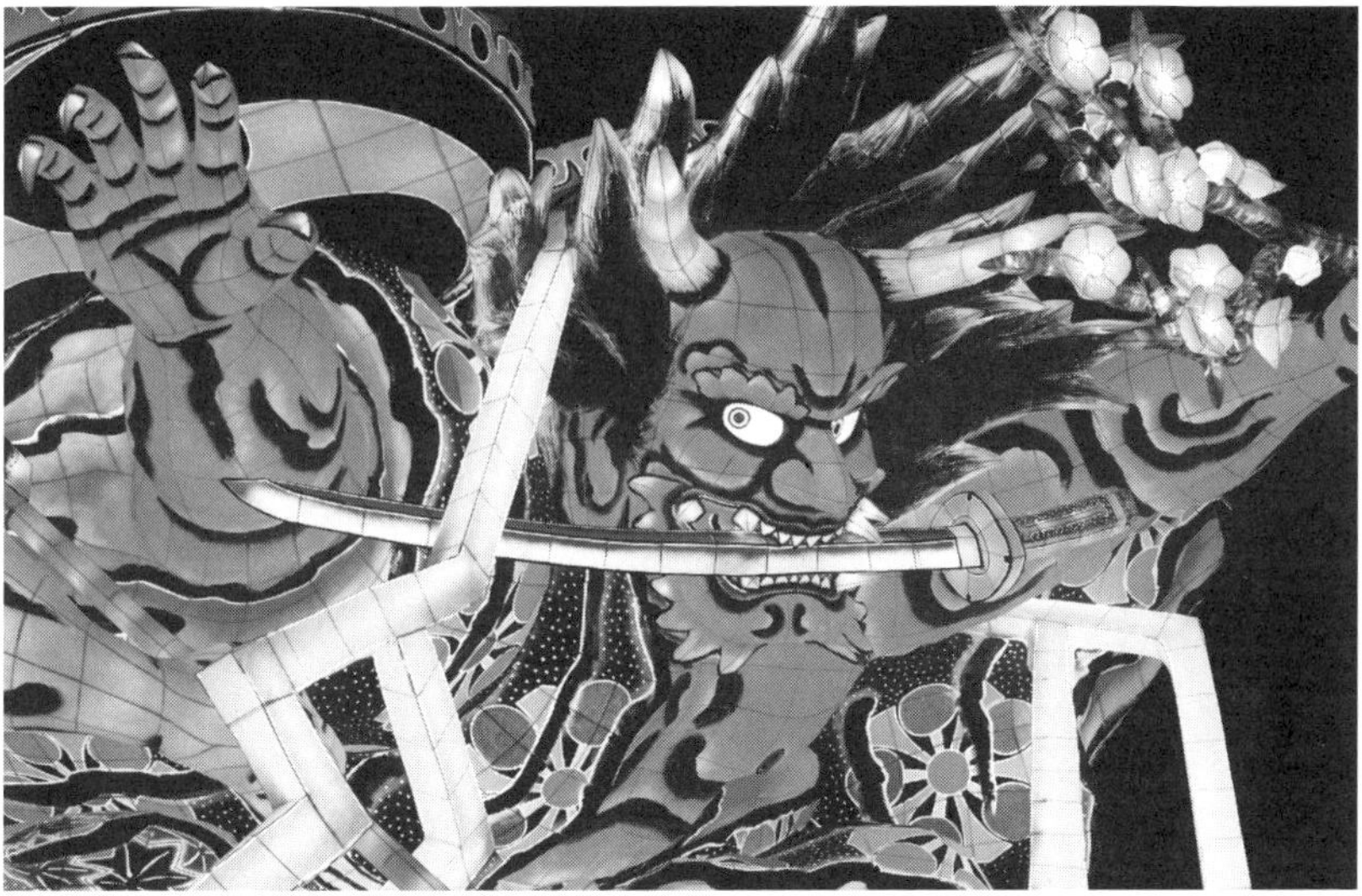

雷神と化す道真（青森ねぶた 2008 年より。ねぶた制作・北村蓮明／撮影・山内静）

真は雷神なのか、そして彼が祀られたのが北野なのか。ゆたかな稲の実りをあたえる雷光を、昔の人びとは稲妻と名づけた(3)。雷鳴は雨のきざしであり、雨は水田耕作には欠かせない。農業が中心の日本で雷神が信仰されるのも納得できる。道真が生まれる前から、北野では雷神が祀られていた。

ただそれだけではなく、承和三年（八三六）二月には、遣唐使の息災を願い、天神地祇を祀ったことが見られるから（『続日本後紀』）、はやくから北野は聖地とみなされていたのだろう。のちに遣唐使を停止するように進言したのが道真だったわけで、道真と北野との深い縁《えにし》を思わずにはいられない。

なるほど雷が実りをもたらすところから、天神がひろく全国に勧請《かんじょう》されていくのは理解できよう。しかしながら、『縁起絵巻』中の逃げまどう公卿《くぎょう》らをながめていると、雷神＝農業神というだけでは解けない、彼らの恐怖の原因をさぐりたくなる。雷神はアジシキタカヒコネ、大和の高鴨神社の祭神である。山城の賀茂神社の祭神はタケツノミ、その子がタマヨリビメ、さらにその子がワケイカヅチ（別雷）。

男神イザナキの神から生まれたのがアマテラスなら、女神イザナキから生まれたのがカグツチで、カグツチとは輝く雷の意だろう。カグツチを生んだイザナミは、カグツチが火の神であったために、やけどをして死んでしまう。それを怒ったイザナキはカグツチを切り殺す（『古事記』上巻）。

是《ここ》に伊耶那岐《いざなき》命、御佩《はか》せる十拳剣《とつかつるぎ》を抜きて、其の子迦具土《かぐつち》神の頸《くび》を斬りたまひき。爾《ここ》に其の御刀《みはかし》の前《さき》に著《つ》ける血、ゆつ石村《いはむら》に走り就《つ》きて、成《な》れる神は石析《いはさく》神、次に根析《ねさく》神、次に石筒之男《いはつつのを》神〔三神〕。次に御刀の本に著ける血も亦、ゆつ石村に走り就きて、成れる神の名は甕速日《みかはやひ》神、次に樋速日《ひはやひ》神、次に建御雷之男《たけみかづちのを》神、亦の名は建布都《たけふつ》神、亦の名は豊布都《とよふつ》神〔三神〕。次に……次に……

カグツチの死によって、たくさんの神がみが誕生し、その一柱がタケミカヅチ。勇猛な雷の男神の意味だろう。共に生まれたミカハヤヒの「ミカ」は「イカ（厳）」と同意、「ハヤ」は勢いがあって迅速の意。「ヒ」は霊格である。ミカハヤヒ、ヒハヤヒの二柱は、厳めしく勢いをもった神で、稲妻の神をいうのだろう。タケミカヅチの別名のタケフツ、トヨフツの「フツ」は剣でものを切るときの音で、切れ味のよさをいう。雷が刀剣の霊と信じられていたところから付いたもので、いずれも雷神の名にふさわしい。雷の威力を象徴する、強力なちからをもつ神である。

「かみ」と呼ばれる太陽神を信仰する人びととは別に、「かも」と呼ばれる雷神を信仰する人びとがいたという説もある。「かみ」が秩序をまもろうとする神なら、「かも」は破壊（それはとりもなおさず、あらたな創造でもある）する神として信仰されていたというのである。硬化してしまった公卿らの秩序をぶちこわす、それが荒ぶる神＝道真なのだ。

## 忠臣道真

破壊の神＝雷神となった道真が、清涼殿を襲う『縁起絵巻』の場面には、太刀《たち》をかまえたひとりの公卿が描かれている。史実とは反するが、これは時平なのだろう。『大鏡』は、次のように語る。

北野の、神にならせたまひて、いとおそろしく神鳴りひらめき、清涼殿に落ちかかりぬと見えけるが、本院《ほんゐん》の大臣《おとど》、太刀を抜きさけて、「生きてもわが次にこそものしたまひしか。今日、神となりたまへりとも、この世には、われに所置《ところお》きたまふべし。いかでかさらではあるべきぞ」とにらみやりてのたまひける。一度はしづまらせたまへりけりとぞ、世の人、申しはべりし。されど、それは、かの大臣のいみじうおはするにはあらず、王威《わうゐ》のかぎりなくおはしますによりて、理非を示させたまへるなり。

おそろしく雷が鳴り、あわや清涼殿に落ちかかろうとする。その時、大臣の時平は刀を抜き放ち、右大臣としてわたしの次席にあったのだから、たとえ雷神になったとはいえ、この世では上位にある左大臣の自分に、少しは遠慮があっても当然ではないか、とにらみつけた。この時だけはさすがに雷神となった道真も鎮まったという。

だからといって、時平の権威をおそれたからではなく、醍醐天皇の威光を重んじたゆえに、朝廷での官位を乱してはならない、と分別を示したからだというのである。これは、怨霊神となっても、なお醍醐朝の忠臣であろうとした、道真のエピソードのひとつだろう。

たしかに『菅家後集』には、天子醍醐への恨みは片鱗もうかがえない。生前、延喜二年（九〇二）九月だが、道真は「秋の晩《ゆふべ》に、白菊に題す」を創作している。

涼秋月尽早霜初　　涼秋　月尽きて　早霜の初め
残菊白花雪不如　　残りの菊の白き花は　雪も如《し》かず
老眼愁看何妄想　　老いの眼《まなこ》　愁へて看る　何の妄想《まうさう》ぞ
王弘酒使便留居　　王弘《わうこう》が酒の使ひならば　便《すなは》ち留《とど》めて居《お》かまし

「涼秋」は九月の下旬、すでに早霜の季節。九月九日の重陽には、しきりにもてはやされた菊も、いまや残りもの。それでも菊は菊。白菊の白さには雪の白さもかなわない。老人の眼《まなこ》は憂いのためにすっかりしょぼしょぼで、ときには幻を見るというもの。酒をたずさえた王弘からの使いなら、ここに留めておきたいものよ。ここでは、「残菊」から「菊を東籬《とうり》の下《もと》に採り　悠然《いうぜん》として南山を見る」（「飲酒其の五」）とうたった陶淵明を連想し、さらに淵明に酒を贈った王弘の故事をふまえている。

淵明は重陽の節句に酒がなかった。家の周りの菊を摘み、手にいっぱいにしてぼんやりしていると、白衣の使いがやってくる。それは王弘からの使者で酒を携えていた。さっそく呑んで酔ってしまったというのである。道真は酒を好む人物ではないから、王弘の使いにことづけて、赦免の詔勅をもって西下する醍醐の使者を描いていたのだろう。

九月九日（重陽）となれば、当然のように、かの広く知られる七言詩「九月十日」が想い起こされるだろう。この一作はすでにふれもしたが、ふたたび一読してみよう。

去《い》にし年の今夜《こよひ》　清涼《せいりやう》に侍《はむべ》りき
秋の思ひの詩篇　独り腸《はらわた》を断《た》つ
恩賜《おんし》の御衣《ぎよい》は今此《ここ》に在《あ》り
捧《ささ》げ持ちて日毎《ひごと》に余香《よきやう》を拝《はい》す

この第一・第二・第四句には、おそらく道真自身の手によるとおぼしい注記がある。「御在所《おましどころ》の殿《との》の名なり」「勅《おほせごと》して秋の思ひといふことを賜《たまは》りて賦《うた》ひき。臣が詩のみ多く憤《いきどほ》る所を述べにたり」「宴終《うたげをは》りて晩頭《ばんとう》に御衣《ぎよい》を賜《たま》へり。今身に随《したが》ひて笥《け》の中《うち》に在《あ》り。故《かるがゆゑ》に云ふ」と。よくよく見てみると、道真や周囲の者たちにとって、とりたてて注記して解説しなければならない内容とは考えにくい。ここからは、注を記しながら、去年の思い出のひとつひとつをたぐりよせようとする道真の姿がうかんでくる。いうまでもなくこの時、彼は右大臣右大将として天子の側近に侍し、栄華の絶頂にあった。「恩賜の御衣は今此に在り」とは、流謫の身でありながらも、醍醐への忠臣たらんとする矜持にほかならない。

とはいえ、それならそうで、逆境に追いこんだ朝廷にもの申すべく、赦免《しやめん》のためにあれこれ画策してもよさそうだし、藤原時平一派を中枢から退けよと挙兵してもよさそうである。八世紀にさかのぼるなら、そういう先例が大宰府にもなかったわけではない。大宰少弐藤原広嗣《ひろつぐ》である。

天平九年（七三七）四月から八月にかけて、それまで朝廷で圧倒的な権力を誇っていた藤原武智麻呂・宇合・房前・麻呂の四兄弟が、西海地方からひろがった疫病（天然痘か）で亡くなったことから、橘諸兄を中心とする反藤原氏が台頭。宇合の長男である広嗣は、父の没後従六位上から三階級特進して従五位下となり、天平一〇年四月からは大養徳《やまと》守となった。ところが、同じ年の一二月四日に、親族を誹謗した科《とが》で大宰少弐に左遷されるのである。

西下した広嗣は、天平一二年（七四〇）八月に、近年の天地の災厄は僧正玄昉《げんぼう》と右衛士督の吉備真備が元凶だとし、ふたりを朝廷からしりぞけることを上奏して懇請したが、聖武天皇に聞き入れられず、弟の綱手とともに一万余の兵を率いて叛乱をおこした(4)。

大宰府の上部組織は、帥《そち》一名・大弐一名・少弐二名である。父の宇合が没して以来帥のポストは空席のまま、大弐は高橋安麻呂なのだが、安麻呂は右大弁の要職にあったから遥任であったようで、筑紫には広嗣のほかには小弐の多治比伯がいただけで、決裁のほとんどは広嗣の裁量にまかされていたはずだ。

彼の蜂起に中央政府の対応ははやかった。大野東人《あずまひと》を大将軍とする鎮圧軍一万七〇〇〇を派遣し、豊前国にある板櫃《いたびつ》川をはさんで衝突、ついに叛乱軍は敗走する。広嗣らは肥前国へ逃げ、松浦郡値賀島（長崎県五島列島）を経て「躭羅《たむら》島」（いまの済州島《チエジユド》）付近まで近づいたものの、逆風に吹きもどされて、「値賀島長野村」で捕縛、松浦郡で殺されている。その後、死罪に二六人、資財・官位の没収五人、流罪四七人、懲役三二人、杖罪一七七人を出して叛乱は終息した(5)。

こうした広嗣と道真では、西下した事情も、官位・官職も異なるものの、前《さき》の右大臣であり従二位であり、官僚社会のかなりの数が菅家廊下の出身であったことを合わせ考えるなら、兵力をバックに上奏するのもひとつの選択肢だったのではないか。板櫃川で広嗣は京からやって来た勅使に向かい、馬を下り再拝

して、

広嗣は敢《あ》へて朝命《でうみやう》を捍《こば》まず。但、朝庭《でうぢやう》乱す二人を請《こ》はく耳《のみ》。広嗣敢《あ》へて朝庭を捍《こば》まば、天神地祇罪《つみな》ひ殺せ。

と伝えている。あくまで聖武の忠臣であり、真の逆賊である玄昉と真備を排除するのがねらいであって他意はないと宣言したのである。忠誠無比であろうとしたこの広嗣と、道真は何も異ならないのである。

しかしながら、くりかえせば、道真には、あれこれ画策したようすがないのである。海彼の蘇武よろしく悲惨な暮らしに耐え、ただひたすら帰れる日をまっていただけだ。こういいかえてもよいだろう。何もせず悲しみのうちに遠国で没し、その骸《むくろ》さえ帰っては来なかったゆえに、むしろ都の人びとは底知れぬ恐怖をいだいたのではないか、と。怨霊神となって清涼殿が焼けたのも、そして時平一族の不幸なできごとも、道真のあずかり知らぬことと、ましてや没後一一〇〇年をこえ、天満天神として尊崇されようとは、彼は思いもしなかっただろう。

## 宇宙の気を糧として

そろそろ拙論のとじめにしよう。道真を語ろうとして「鯨鯢《くじら》と呼ばれた男」と題した。すでに書いたように「鯨鯢」は、彼の五言詩「開元の詔書を読む」からとった語句である。もちろん勅書ではよい意味で用いられているわけではない。天満大自在天神を「鯨鯢」呼ばわりするとは、なんたる不敬、なんたる不遜。そのような批難の声が聞こえてきそうな気もする。それでもなお道真は「鯨鯢」と呼ぶにふさわしいスケールの人物だった、と思えてならない。

　家門の低い菅家に生まれ、天分にめぐまれてもなお努力を怠らない。宇多・醍醐の寵臣として右大臣の地位までかけ昇っていった道真。彼にとって、家門の高下をなにより重視する、藤家と源家によって囲われた宮中という〈海〉は、あまりにも狭すぎたのだ。梅花がほろほろと散る蒼天《そうてん》をながめていると、宇宙の気を糧《かて》とし「三千世界一周天」[6]を大洋に、ゆうゆうと泳ぐ「鯨鯢」のすがたが彷彿《ほうふつ》としてくる。それを天満大自在天神と呼ぶなら、わたしはそれでもよいと思う。

　てんじんさま——なつかしい日本語の響きではないか。

注

（1）こうした考え方はいうまでもなく、中国の五行思想による。たとえば、

山海経に称《い》ふ、東海中に度朔山あり。山上に大桃あり。屈蟠《くつばん》すること三千里、東北の間は百鬼の出入りするところなり。上に二神人あり、一を神荼《しんだ》と曰ひ、一を鬱壘《うつるい》と曰ふ。万鬼を主領す。

とある（『太平御覧』巻967果部4所引の『漢旧義』）。東海に度朔山という山があり、そこには大きな桃樹が生えており、樹上には神荼と鬱壘と呼ばれる神仙が住んでいて、百鬼を束ねているという。東北は異形の者たちの出入りするところとなっている。ここでも艮が幽界への入口。

（2）顕忠《あきただ》は、右大臣まで進み六〇余歳まで長生きしている。大臣として権威をふりかざすわけでもなく、日常の生活も質素で、牛車で移動するときには先駆けの人ばらいの声も遠慮がち、手を洗うおりには盥《たらい》につけて洗うことはなく、寝殿のわきに小さな桶と柄杓《ひしゃく》をそろえておき、人を使うことなく自分自身で手も洗った、食事の折に蓋つきの椀を使うことなく素焼きの土器《かわらけ》ですませた。万事つつましく暮らしたのである。

（3）雷などの放電で空気中の窒素が固定化され、さらに硝酸、硝酸塩となって田畑の肥料となる。科学的にはどうあれ、雷がよく鳴る年には豊作になるのを経験から知っていた。

（4）『続日本紀』天平一二年九月二九日に大宰府管内の諸国に出された勅《みことのり》には、

逆人《げきじん》広嗣は小来《もとより》凶悪にして、長《ひととな》りて詐奸《さかん》を益す。その父故式部卿常に除《のぞ》き弃《す》てむと欲《す》れども、朕《われ》許すこと能はず、掩《おほ》ひ蔵《かく》して今に至れり。比《このころ》、京《みやこ》の中に在りて親族《うがら》を讒《しこ》ぢ乱《みだ》す。故《ゆゑ》に遠きに遷《うつ》さしめてその心を改むることを冀《ねが》ふ。今聞《き》かく、「擅《ほしきまにま》に狂逆《くゐやうげき》を為《な》し、人民を擾乱《ぜうらん》す」ときく。不孝不忠にして天に違《たが》ひ地に背《そむ》けり。神明の弃《す》つる所、滅ぶること朝夕に在り。前《さき》は已に勅符を遣《つかは》し彼の国に報知《し》らしむ。また聞かく、「或《ある》は逆人《げきじん》有りて、送人《そうじん》を捉《とら》へ害《そこな》ひて遍《あまね》く見《み》しめず」ときく。故に更に勅符数千条を遣《つかは》して諸国《くにぐに》に散ち擲《あかな》げしむ。百姓《はくせい》見ば、早《すみ》やかに承知すべし。如し人有りて本《もと》より広嗣と心を同じくして謀《はかりごと》を起《おこ》すと雖《いへど》も、今能《よ》く心を改めて過《とが》を悔《く》い、広嗣を斬殺《さむさつ》して百姓を息《やす》めば、白丁《びやくちやう》には五位已上を賜ひ、官人《くわんにん》には等《しな》に随ひて加へ給はむ。若《も》し身殺されば、その子孫に賜はむ。忠臣義士、速《すみ》やかに施行《せぎやう》すべし。大軍続《つつ》きて発《た》ち入るべくは、この状を知るべし」とのたまふ。

という。ここにはこれといった具体的な罪状は書かれておらず、広嗣とともに蜂起した者たちも悔いあらため、広嗣を殺して騒ぎをおさめれば、法外な「五位已上」の官位を与えるというのである。要は、罪の如何《いかん》ではなく広嗣の抹殺だった。

（5）ちなみに広嗣は怨霊となり、赤い衣を着て現れ玄昉をわし摑みにして空へ飛び去り、やがて空からバラバラになった玄昉の体が落ちてきた。吉備真備は、広嗣の師にあたる人物だったので、広嗣を諭した。その怨霊は鎮まり鏡明神として祀られた（『今昔物語集』巻11の6）、といった伝承が語られている。

（6）「三千世界一周天」は、延喜二年の「秋の月に問ふ」と「月に代りて答ふ」と二首一組の作品にうたわれた語句。

・度春度夏只今秋　春を度《わた》り夏を度りて　只今《ただいま》の秋
如鏡如環本是鈎　鏡の如く環《たまき》の如くして　本《もと》これ鈎《つりばり》なり
為問未曾告終始　為《かるがゆゑ》に問ふ　曾《か》つて終始を告《つ》げざりしことを
被浮雲掩向西流　浮べる雲に掩《おほ》はれて西に向ひて流る
・蓂発桂香半且円　蓂《めい》発《ひら》き桂香《かぐは》しくして半《なかば》円《まどか》ならむとす
三千世界一周天　三千世界　一周《ひとめぐり》する天
天廻玄鑑雲将霽　天　玄鑑《ぐゑんかむ》を廻《めぐら》して　雲将《まさ》に霽《は》れむとす
唯是西行不左遷　唯是《ただこれ》西に行く　左遷ならじ

月に問いかける。春をわたり夏をすぎて、ただいまは秋。鏡のようでもあり、玉環のようでもあり、もとは釣針のようでもあった。だから問うてみたい、循環してとどまることがないというが、雲におおわれ西に流されていくのは、なぜなのか。

月に代わってお答えしよう。蓂莢《めいきょう》の華が咲き月の中の桂の樹が香る。三千世界をひとめぐり。大空は神《あや》しき鏡をめぐらして、わたしをおおっている雲をとりさろうとしている。ただ西にいくさだめなのであって、けっして左遷などではない。道真のいう「三千世界」は仏語で「三千大千世界」のこと。須弥山を中心に七山八海をめぐらした世界を「一小世界」といい、これを一〇〇〇あつめたのが「一小千世界」。これを一〇〇〇あつめたのが「一中千世界」。「一中千世界」を一〇〇〇あつめたのが「一大千世界」。さらにこれを三〇〇〇あつめたのが「三千大千世界」となる。

月が西へいくのは天道の理《ことわり》、けっして左遷ではない。それと同じように、わたしもまた左遷などいわれのないこと。こうして月（＝道真）は「三千大千世界」をめぐるのだ。

# 〔附論〕鯨鯢の出自

## なぜ「鯨鯢」なのか

延喜元年（九〇一）、筑紫の地にあった菅原道真は、次のような五言詩を創作している。

開元黄紙詔　　開元の黄紙《くわうし》の詔《せう》
延喜及蒼生　　延喜　蒼生《さうせい》に及ぶ
一為辛酉歳　　一つは辛酉《しんいう》の歳のためになり
一為老人星　　一つは老人星《らうじんせい》のためになり
大辟以下罪　　大辟《たいびやく》以下《いげ》の罪い
蕩滌天下清　　蕩《とらか》し滌《すす》きて天下清《す》めり
省徭優壮力　　徭《えう》を省きて壮力を優《いう》す
賜物恤頽齢　　物を賜《たま》ひて頽齢《たいれい》を恤《あは》れびたまふ
茫茫恩徳海　　茫茫《ばうばう》たり　恩徳の海
独有鯨鯢《げいげい》横　　独り鯨鯢《げいげい》の横《よこたは》れる有り
　具見于詔書　　　具《つぶさ》に詔書に見ゆ
此魚何在此　　此の魚《いを》し何ぞ此《ここ》に在《あ》らむ

人遵汝新名　人は遵《い》ふ　汝《なむち》が新しき名なりと
呑舟非我口　舟を呑《の》むは我が口ならじ
吐浪非我声　浪を吐《は》くは我が声ならじ
哀哉放逐者　哀しきかな　放逐《はうちく》せらるる者《ひと》
蹉跎喪精霊　蹉跎《さた》として精霊を喪《うしな》へり

道真五七歳。この年七月一五日をもって、昌泰は改元され延喜となる。改元の詔書は、中央政府から西海道九国二島を管轄する大宰府にももたらされ、さらに筑前国をはじめ九州の各国へと送付されただろう。流人となり、いまや何の権限もない、ほんの名ばかりの大宰帥（権帥）となった道真ではあったが、この筑紫の地にも親しい官吏もいたようで、詔書の写しを目にすることができたらしい。その表現のひとつひとつは検討して後に述べるけれど、詔書の文面でもっとも道真の目を引いたのは、「鯨鯢」の二文字だったように思われる。

「鯨鯢《くじら》」とは、世間のうわさでは、道真の新しい名だというのである。承和一二年（八四五）に是善の三男として誕生、幼名は阿古（阿呼）とよばれ、長じて道真、ミチザネともミチマサともよばれたその名を奪われたのである。権力の座から引きずりおろされた者の名はクジラ。いまや抗弁のすべもなく、「哀しきかな」となげきつつ、もはやわが身は生けるしかばねのようだ、とうたっている。

さてこの「鯨鯢」だが、その典拠として白楽天（七七二〜八四六）の諷諭詩「海図の屏風に題す」から、

鯨鯢得其便　鯨鯢　其便《そのべん》を得

張口欲呑舟　口を張つて舟を呑《の》まんと欲す

を引くのが一般的である。筑紫に配流となった道真がようやく鄙の暮らしにもなれ、詩作の筆をとるようになるのは、「家を離れて　三四月《みつきよつき》」（「自詠」）で、本格的な作品は七言五六句からなる「楽天が北窓の三友といふ詩を詠む」が最初だからである。「古《いにしへ》の三友は一生の楽しびなりき　今の三友は一生の悲しびなり」と、白楽天にとって「三友」（琴・詩・酒）は生涯楽しみの友であったようだが、いまの道真には「三友」ことに詩という友は、生涯悲しみの友になってしまったと嘆いている。

周知のように、道真の創作活動に、白氏の文学は欠くべからざるもので、「鯨鯢」も楽天の詩作に学んで知っていたとみて、まずあやまりあるまい。とはいえ、「開元の詔書を読む」をはじめ大宰府時代の作品にもうすこし注目してみると、そこからは、楽天の「海図の屛風に題す」以外の作品も、透けて見えてくるだろう。そこで、「自詠」と「開元の詔書を読む」「謫居の春雪」の三作を視野にしながら、「鯨鯢」の表現の意味するところを明らかにしようとするのが、ここでのねらいである。

## 白楽天の「自詠」が語るのは

まずは、謫居前後の道真について、確認しておきたい。昌泰四年（九〇一）正月七日、菅原道真は従二位に叙せられたものの、その月末の二五日には藤原時平の讒言《ざんげん》によってか、突然、大宰員外の帥として左降。出された宣旨は、文字どおり青天の霹靂、急転直下、奈落《ならく》の底へ道真を送りこむといった内容である。その宣旨に、「右大臣菅原道真、翰林《かんりん》より俄《にはか》に上りて、止定の分《ぶん》を知らず、専権の心有り。佞諂《ねいてん》の情を以て、前上皇の御意を欺《あざむ》き惑《まどは》し、……廃立《はいりつ》を行ひ父子の志を離間し、兄弟の愛を破らむと欲《おも》ふ。詞《ことば》は順《すなほ》にして、心は逆《よこしま》、是れ皆、天下の知る所なり。宜《よろ》しく大臣の位に居《を》るべからず」（『政事要略』巻22）という。

剝脱された右大臣のポストには大納言の源光が、兼務していた右近衛大将には中納言の藤原定国が任じられ、道真には「大宰権帥」があたえられた。もちろん源光と定国が、最初から時平と共謀していたと解すべきだろう。それを裏づけるかのように、詮議らしい詮議もなく、追い立てられるように京都を離れたのは、宣旨が出てから一旬も数えない二月一日である。

離家三四月　　家を離れて　三四月《みつきよつき》
落涙百千行　　落つる涙は　百千行
万事皆如夢　　万事皆夢の如《ごと》し
時時仰彼蒼　　時時　彼《か》の蒼《さう》を仰ぐ

（「自詠」）

右は、道真が配所の筑紫で暮らすようになってからの、もっとも早い時期の「自詠」と題された一作。まずは、この作品から読んでみたい。

「自詠」という題は、唐代詩人にさほどひろく見られるわけではなく、白楽天の特徴ともいうべき詩題であり、次のような作品がこれにあたる。(1)

(1)夜鏡隠白髪　朝酒発紅顔　可憐仮年少　自笑須臾間……誠知此事非　又過知非年　豈不欲自改　改即

心不安　且向安処去　其余皆老閑　（「自詠」）

(2)朝亦随群動　暮亦随群動……官舎非我蘆　官園非我樹……　（「自詠」）

(3)悶発毎吟詩引興　興来兼酌酒開顔……誰能頭白労心力　人道無才也是間　（「自詠」）

(4)形容痩薄詩情苦　豈是人間有相人……唯是無児頭早白　被天磨折恰平均　（「自詠」）

(5)随宜飲食聊充腹　取次衣裘亦煖身……随分自安心自断　是非何用問間人　（「自詠」）

(6)白衣居士紫芝仙　半酔行歌半座禅……但問此身銷得否　分司気味不論年　（「自詠」）

(7)細故随縁尽　衰形具体微……自余君莫問　何是復何非　（「自詠」）

(8)髪白面微紅　醺醺半酔中……仍聞好事者　将我画屏風　（「自詠」）

(9)白鬚如雪五朝臣　又値新正第七旬　老過占他藍尾酒　病余収得到頭身……大暦年中騎竹馬　幾人得見
　会昌春　（「喜入新年自詠」）

⑽寿及七十五　俸霑五十千　夫婦偕老日　甥姪聚居年……　（「自詠老身示諸家属」）

道真の「自詠」は、こうした楽天作をじゅうぶんに意識したものというべきだろう。楽天の「自詠」をふまえてみると、道真「自詠」からは、文字面だけでは語り尽くせない、さまざまなメッセージが読みとれるように思われる。そのためにも楽天の「自詠」詩群を、ていねいにたどってみる必要があるだろう。

　上掲の作品のうち、(9)の会昌《かいしょう》二年（八四二）の新年を迎えた七一歳の楽天がうたう「新年に入るを喜びて自ら詠ず」と七五歳の老境をうたって家族に示した⑽「自ら老身を詠じ、諸の家属に示す」の二例以外、いずれも「自詠」という題で自身の境遇をうたい、独詠の色合いが際やかである。三友のひとつである酒や酔いをうたうのは、(1)「朝酒発紅顔」「一醆」「一酌」、(2)「盃盤」、(3)「酌酒開顔」、(6)「半酔」「飲酒」、(8)「半酔」、(9)「藍尾酒[2]」と六例あり、半ばをこえる。さらに老いをうたうのは、(1)「白髪」、(2)「老耳」、

⑶「頭白」、⑷「頭早白」、⑸「老亀」、⑺「老」と、これまた楽天らしく、頻出する表現である。⑴では「酔先生」、⑸では「老亀」、⑹では「維摩」「綺季」、⑻では「痩居士」「狂老翁」と、自身の思いをいにしえの人物に託しながら具象化している。「酔先生」は竹林七賢のひとり劉伶《りゅうれい》（二二一？〜三〇〇？）が、その作「酒徳の頌」で登場させた「大人先生」なる人物だろう。

大人先生といふもの有り。天地を以て一朝《いってう》と為し、万期を須臾《しゅゆ》と為し、日月を扃牖《けいいう》と為し、八荒を庭衢《ていく》と為す。行くに轍迹《てっせき》無く、居るに室廬無し。天を幕とし地を席とし、意の如《ゆ》く所を縦《ほしいまま》にし、止《とど》まれば則ち卮《し》を操《と》り觚《こ》を執り、動けば則ち榼《かふ》を挈《さ》げ壺《こ》を提《さ》げ、唯、酒のみを是れ務《つと》む。焉んぞ其の余を知らんや。（『文選』巻47）

「扃牖」はかんぬきと窓、「卮」と「觚」はさかずき、「榼」は酒樽の意。大人先生は、天地開闢以来の時間を一日とし、たとえ一万年でさえ瞬時のほどであり、日月を門とし、かつ全世界を自邸の庭とする人物。行く時には歩く跡もとどめないように歩き、住んでいても住みかさえ人が知らないほどである。天空を屋根とし大地を敷物に、思うままにふるまい、万事とらわれるものはなく、もっぱら酒だけに精を出している。これが、大人先生の正体だ。

楽天はこの「酒徳の頌」を享けて、「昔酔先生あり　地を席にして天を幕《ばく》にす」とうたっている。大人に仮託された劉伶は、その妻が酒をすて酒器をこわして度をこした飲酒をいさめたのに対し、まるで耳をかさず「天、劉伶を生み、酒を以て名を為さしむ。一飲一斛《こく》、五斗にして酲《てい》を解く。婦人の言は慎しんで聴《き》く可からず」と、豪語する。とどのつまりは酒を飲み肉をくらい、すっかり酔っぱらってしまったという（『世説新語』「任誕」）。

これに対して、楽天は(1)「眠り罷《や》みて又一酌　酌《く》み罷みて又一篇」だけれど、「面を回《めぐ》らして妻子を顧みれば　生計方《まさ》に落然たり　誠に此事の非なるを知り　又非を知る年を過ぐ　豈《あに》自ら改めると欲せざらんや」とうたう。

一酌また一酌と酒を飲み、創作を重ねるものの、妻子の顔をぐるりと見回すと、生計に悩まされているのが哀れだし、その原因がだらしないわが暮らしぶりにあることは明らか、すでに分別あるべき五〇歳(3)も過ぎている。改めるべきは改めるべきだ、と妻子を顧みている。妻の立場からすると、劉伶よりも楽天のほうがすこしはマシか。

ただしつづけて、酒三昧の暮らしをやめてしまえば、「即ち心安からず　且《しばら》く安処に向ひて去らむ　其余は皆老いて閑《かん》なり」と。こころに不安が満ちてくるだろうから、こころの安寧を最優先して、この際、あとの問題の一切は、放り出してしまおう、というのだ。こうなると、もはや劉伶とのちがいは、五十歩百歩だろう。こうして楽天は、いにしえの竹林七賢人のひとりである劉伶と対話するのである。
(5)の「老亀」は「老亀豈《あに》犠牲の飽《あ》くを羨《うらや》まんや」とうたわれ、『荘子』の「秋水篇」と「列禦寇篇」の次のくだりをふまえたものである。両篇（部分）を引用してみよう。
・荘子濮水《ぼくすゐ》に釣る。楚王、大夫二人をして往き先んぜしむ。曰く、願はくは竟内《けいだい》を以て累《わづら》はさん、と。荘子竿《さを》を持して顧みず。曰く、吾聞く、楚に神亀有り、死して已に三千歳なり。王、巾笥《きんし》して之を廟堂の上に蔵すと。此の亀なる者は、寧《むし》ろ其れ死して骨を留めて貴ばれんか、寧《むし》ろ其れ生きて尾を塗《と》中《ちゆう》に曳《ひ》かんか、と。二人大夫曰く、寧ろ生きて尾を塗中に曳かん、と。荘子曰く、往け。吾将《まさ》に尾を塗中に曳かんとす、と。（「秋水篇」）

・或るひと、荘子を聘《へい》す。荘子、其の使に応へて曰く、子、夫《か》の犠牛《ぎぎう》を見しや。衣《き》するに文繍《ぶんしう》を以てし、食《くら》はすに芻菽《すうしゆく》を以てす。其の牽《ひ》かれて太廟に入るに及びて、孤犢《ことく》たらんと欲すと雖《いへど》も、其れ得可《うべ》けんや、と。（「列禦寇篇」）

荘子が濮水で釣りをしている。そこへ楚王の威《い》がつかわしたふたりの大夫がやってきて、王の意向を伝え、国政をゆだねたいという。荘子は棹をにぎったまま振り向きもせず、楚の国にあるという「神亀」を話題にする。廟堂にあって亀卜に用いられている神亀は、死んで三〇〇〇年になるが、さて亀の身になってみると、袱紗《ふくさ》につつまれ箱の中で干からびた甲羅を残すほうがいいか、それとも生きて泥の中で尾をひきずっているほうがいいか。その泥亀と同様に、用を為さないまま何の束縛もうけず、天寿をまっとうしたい。これが荘子の主張するところ。

「列禦寇篇」では、「秋水篇」の「神亀」が「犠牛」におきかえられている。ここでは、縫いとりをした美しい錦を着せられ、ふんだんに牧草や豆を与えられて、やがては宗廟祭のためのいけにえになるくらいなら、ただの子牛のほうがよほどましだというのである。

高位高官に任じられて華やかな生活をおくるのは、甲羅になって大切にされる「神亀」やいけにえになるために優遇される「犠牛」のようなものであって、世俗的な名利はわが身わが心を安らかに保つに足りないものである。したがって、いたずらに人為の栄誉をもとめることではなしに、いわば自然の大道に安住して生きるべき。これが荘子の説くところである。

白楽天が「老亀豈犠牲の飽くを羨まんや」と詠じるのは、たんに『荘子』「秋水篇」「列禦寇篇」から語句を仮借しただけではなく、荘子が主張する生き方そのものへの共感があったと思われる。(5)の「自詠」は、次のように結ばれている。

分《ぶん》に随つて自ら安んじて心に自ら断ず　是非何を用てか間人《かんじん》に問はん

分相応に自ら安んじて生きることこそ、何よりも人生には肝要であるのを、いまさら他人に問うまでもなく、じゅうぶんわかっているというのである。

荘子といえば、(7)にある「狂老翁」も荘子とみてよいだろう。『荘子』「至楽篇」のくだりをふまえている。引用がやや長くなるが、一読したい。

荘子の妻死す。恵子《けいし》之を弔《とむら》ふ。荘子則ち方《まさ》に箕踞《ききょ》し、盆を鼓《こ》して歌ふ。恵子曰く、人と与《とも》に居て、子を長じ身を老せり。死して哭せざるは、亦足れり。又盆を鼓《こ》して歌ふは、亦甚《はなは》だしからずや、と。荘子曰く、然らず。是れ其の始《はじめ》死するや、我独り何ぞ能《よ》く慨然《がいぜん》たること無からんや。其の始《はじめ》を察するに、本生《もとせい》無し。徒《ただ》に生無きのみに非らずして、本形《かたち》無し。徒に形無きのみに非ずして、本気《き》無し。芒芴《ぼうこつ》の間に雑《まじ》はり、変じて気有り。気変じて形有り、形変じて生有り。今又変じて死に之《ゆ》く。是れ相与《あひとも》に春秋冬夏四時《しいじ》の行《かう》を為せるなり。人且つ偃然《えんぜん》として巨室に寝ぬ。而して我噭噭然《けうけうぜん》として、随ひて之を哭せば、自ら以為《おも》へらく、命《めい》に通ぜずと。故に止むるなり、と。

荘子の妻が亡くなったので、恵子が弔問に出かけた。すると荘子は、哀哭するどころか、足を投げ出してすわり、缶《ほとぎ》を叩きながらうたっている。恵子は夫たるもののする行為ではないと強く非難するのだが、荘子は以下のように答えるのである。

もともととりとめのないものの中に混じっていたものが、やがて陰陽の気を生じ、その気が変化して肉体となり、その肉体が変化して生命を具《そな》えたものとなった。そして今はそれが変化して死んでいく。春夏秋冬が互いに四季をくりかえすのと同じ自然の運行であって、今、妻は天地という大きな寝屋《ねや》で安らかに眠っている。にもかかわらず、このわたしが大声で嘆き悲しんだなら、自然の摂理をまるで理解していないようではないか。

白楽天は、荘子のいう生と死を一つとしてそれを超え「翛然《いうぜん》」[4]と生きる生き方を、じゅうぶんに意識していたのである。

(6)の「維摩」と「綺季」、さらに(8)の「痩居士」についてもふれておこう。「維摩」はひろく知られるように、インド中部の毘耶離大城《びやりだいじょう》（ヴェーサーリ）で、眷族《けんぞく》や妻子とともに暮らす大商人の維摩《ゆいま》（ヴィマラキールティ[5]）である。「ビィマラ」は穢《けが》れのない、の意。「維摩」は音写したものだが、べつに「無垢称」とか「浄名」と称されるのは、こうした意味を反映したもの。

後漢時代の『古維摩詰経』（後漢・厳仏調訳出）をはじめ、『維摩詰経』（仏法普入道門三昧経、呉・支謙訳出）、『維摩詰所説法門経』（維摩詰説不思議法門経、晋・竺法護訳出）、『異維摩詰経』（異毘摩羅詰経、晋・竺叔蘭訳出）、『維摩詰所説経』（不可思議解脱経、姚秦・鳩摩羅什訳出）と、相次いで漢訳がなされ、ことに鳩摩《くま》羅什《らじゅう》（三四四〜四一三）が訳出した『維摩詰所説経』は全土にわたってひろく用いられた[6]。

『維摩詰所説経』は、病気になった維摩を見舞いにおとずれた人びとを前に、人の身の虚しいことをさまざまにたとえた維摩の十喩と、釈迦の使いである文殊（モンティシュリー）菩薩との「不二法門」についての問答(7)を中心にして、弁舌さわやかな維摩の活躍を語ってやまない。楽天が(8)で「痩居士」と表現するのは、この維摩が方便として病床に臥ったことによるのだろう。

「方便品」から、維摩の人となりを述べるくだりの一部を摘記してみよう。

資財無量にして諸《もろもろ》の貧民を摂し、奉戒《ぶかい》清浄にして諸の毀禁《きこん》を摂し、……白衣《びやくえ》為《た》りと雖も、沙門清浄の律行を奉持《ぶち》し、居家《こけ》に処すと雖も三界に著せず、妻子有ることを示せども常に梵行を修し、眷族《けんぞく》有ることを現ずれども常に遠離《をんり》を楽《ねが》ひ、……諸の異道を受くれども正信を毀《やぶ》らず、世典を明らかにすと雖も常に仏教を楽《ねが》ひ、一切に敬せられて供養中の最と為る。

維摩は、大地主でおおぜいの使用人をもつ財産家であり、その財産をほどこして貧しいものたちを助け、在家でありながら出家したものと同じように、仏の教えを実践して情欲や感覚にまどわされることはなく、妻子や眷族がありながら世俗に執することもない。異なる教えを受けたにしても仏の教えをまげることはなく、煩悩や束縛から解放された解脱の境地に達している。「仏の威儀に住して、心大なること海の如し。諸仏咨嗟《ほめたた》へ、弟子・釈・梵・世主の敬ふ」（仏の教えのとおりに実践し、その心は海のようである。もろもろの仏は維摩をほめ、弟子・釈・梵・世主みな尊敬する）人物だというのである。(8)

維摩はその名のように、闊達無碍《かったつむがい》なる境地にあるがゆえに、

講論の処に入りては導くに大乗を以てし、諸の学堂に入りては童蒙《どうもう》を誘開し、諸の淫舎に入りては欲の過《つみ》を示し、諸の酒肆に入りては能く其の志を立つ

と。このような維摩に、楽天はみずからを譬えてみせるのである。
とはいえ、楽天はなかなか維摩のように煩悩を脱して悟りの境地を会得できない。(6)「自戒」の「今日の維摩　兼ねて飲酒す」は、毘耶離大城で生きた維摩は酒など呑まなかっただろうが、今日の維摩でありたいと願うこのわたしは、酒をこよなく愛し、信徒として生きるために犯してはならないもっとも基本的なルールである「五戒」(9)さえ守れずに暮らしている、とうたっている。「五戒」は、出家者はもちろん在家であっても信徒の守るべきいましめで、「不飲酒《ふおんじゅ》」もそのひとつである。維摩のように酒家にあって「能く其の志を立」てることができないのが、楽天なのであった。

　さらに楽天は「綺季」を引き合いに出している。「綺季」とは商山四皓《しこう》のひとり綺里季《きりき》をいう。前漢高祖の時代に秦末の乱世をさけ、東園公、夏黄公、角里《ろくり》先生そして綺里季らは商山に隠遁していた。「皓」は四名ともに眉もあご鬚《ひげ》も白かったところによる。かつて高祖が招聘《しょうへい》したが、その招きにけっして応じようとはしなかったという隠者たちである。

　高祖は呂后《りょこう》との間にもうけた劉盈《りゅうえい》をしりぞけ、晩年の寵妃戚《せき》夫人の子趙王如意《にょい》を太子に立てようとする。困り果てた呂后は、兄の建成侯呂沢《りょたく》を留侯張良のもとに送り、どのように対処すべきかを問うた。この留侯のアドバイスのなかで商山の四皓が登場している（『史記』巻25「留侯世家」）。

　此れ口舌《こうぜつ》を以て争ひ難きなり。顧《おも》ふに上《しやう》致すること能はざる者有り、天下に四人有り。四人の者は年老いたり。皆以為《おも》へらく、上は人を慢侮《まんぶ》すと。故に逃れて山中に匿《かく》れ、義として漢の臣と為《な》らず。然れども上は此の四人を高しとす。今、公、誠《も》し能く金玉璧帛《きんぎょくへきはく》を愛《をし》む無く、太子をして書を為《つく》らしめ、卑辞《ひじ》安車《あんしゃ》、因つて弁士をして固く請はしめば、宜《よろ》しく来《きた》るべし。来らば以て客《かく》と為し、時時従へて入朝し、上をして之を見しめば、則ち必ず異として之を問はん。之を問ひ、上、此の四人の賢なるを知らば、則ち一助なり。

張良がいうのは、こうである。誰が王位を継承するかは皇帝の家庭の事情によるのだから、百臣をもってしても、何の役にもたたないだろう。しかしながら、高祖が天下の賢人を招こうとしたとき、山中にかくれて出てこなかった四人の賢人がおり、ついに漢の臣にならなかった。とはいえ、主上《しゅじょう》は彼らを高潔の主として尊敬している。だから、礼をつくしてこの四人を迎え入れよ。それを主上が知れば、きっと皇太子の一助となるだろう、と。そこで呂后は、呂沢に命じて人をつかわし太子の書面をとどけ、この四人を迎えて呂宅の賓客としたのである。

ある日、高祖は老人たちに会うのだが、それがかつてどれほど召しても山中から出てこなかった四皓と知って大いに驚き、なぜ逃げかくれしていた四皓がいま太子につきしたがっているのかを問う。

陛下は士を軽んじ善く罵《ののし》る。臣等、義として辱《はづかしめ》を受けず。故に恐れて亡《に》げ匿《かく》れたり。竊《ひそか》に聞く、太子は人と為り、仁孝《じんかう》恭敬《きようけい》にして士を愛し、天下、頸《くび》を延ばして太子の為に死するを欲《ほつ》せざる者莫《な》しと。故に臣等来《きた》れるのみ」と。上曰く、「公を煩はさん。幸《さいはひ》に卒《つひ》に太子を調護《てうご》せよ」と。

陛下は士を軽んじてよく罵倒されたので、わたくしどもは義理にもその恥辱に耐えられないので恐れて隠れておりました。しかし太子の人がらは仁・孝・恭・敬であり、人びとは太子のためなら死をもいとわないという評判、それを知って出て来たのでございます、というのである。これを知って、高祖は四皓が補佐するのなら、太子盈を廃して如意にかえる必要はないと判断したのだった。戚夫人に告げたことばは、こうである。「我之を易《か》へんと欲すれども、彼の四人之を輔《たす》け、羽翼已に成り、動かし難し。呂后は真に而《なんぢ》の主なり」。

以上が、『史記』の語る商山四皓のエピソードである。楽天はこうした四皓譚から、意に染まない招聘に応じることなく、商山で高潔な暮らしをつづけた綺里季にくらべながら、安易に俸禄《ほうろく》を食《は》んでいるわが身を顧みるのである。

こうしてみると、楽天の作品に見られる引用は、たんに語句を借りたのではなく、そこから見えてくるさまざまな人物の生き方なり主張なりを意識し、共鳴するところから生じたものというべきだろう。

さらにいうなら、道真の「自詠」が楽天のそれを襲うことによって成ったのは、明らかである。そうであれば、道真が作品中「万事皆夢の如し」とうたうのも、一例として維摩とその十喩をも、じゅうぶん意識していたからではないか。

維摩は方便として病人となり[10]、以下のように説くのである。

諸の仁者《ひとびと》よ、是の身は無常にして、強きこと無く、力無く、堅きこと無く、速に朽つるの法にして、信ず可《べ》からざるなり。……是の身は聚沫《しぶき》の如し、撮摩《とら》ふ可からず。是の身は泡《あわ》の如し、久しく立つことを得ず。是の身は炎《かげらふ》の如し、渇愛より生ず、是の身は芭蕉の如し、中に堅《かたさ》有ること無し。是の身は幻の如し、顚倒《てんどう》より起る。是の身は夢の如し、虚妄《こもう》の見為《た》り。是の身は影の如し、業縁より現ず。

ここでは、維摩は病を得たその身がもろいものであり、いかに実態をともなわないものであるかを、さまざまな天象地象に譬えている。ひろく知られる「維摩十喩」といわれるくだりである。もちろん「……は夢の如し」という比喩は、『維摩詰所説経』だけに見られるものではない。この世界の一切は実態がなく「虚妄」（虚誑《こおう》とも）であることを、「諸の妄法は、譬へば陽焔《かげろふ》・火輪・垂髪・乾闥婆城《けんだつばじやう》・夢・幻・鏡像の如し」（『大乗入楞伽論』唐・実叉難陀《じつしやなんだ》訳出）、「一切諸趣に受生するは悉《ことごと》くみな夢の如し」（『大方広仏華厳経』唐・般若訳出）、「一切法は幻の如く、夢の如く、響の如く、像の如く、光影の如く、陽焔の如く、空花の如く、尋香城《じんかうじやう》の如く、変化事の如し」（『大般若波羅蜜多経』唐・玄奘訳出）と、例の枚挙にいとまがない。

つづめていうなら、道真にとって、維摩の主張は仏教知識のわくを越えて、より近しいものだったように思われる。

つづいて道真の一作から、「時時　彼《か》の蒼《さう》を仰ぐ」についてふれよう。「蒼」（蒼天）はふるく『詩経』「国風（秦風）」の「黄鳥」をふまえているとするのが、一般的である。

交交たる黄鳥は　棗《なつめ》に止《とど》まる　誰か穆公《ぼくこう》に従ふや　子車奄息《えんそく》　維《こ》れ此の奄息は　百の夫《をのこ》にも特《たぐひ》せんに
其の穴に臨みて　惴惴《ずいずい》と其れ慄《をのの》く　彼の蒼き者は天　我が良き人を殲《つ》くす　如し贖《あがな》ふ可くんば　人は
其の身を百にせん。

秦の穆公《ぼくこう》は春秋時代の名君として知られ、さまざまな業績をあげた。ところが周の襄王《じよう》三一年（前六二二）その死にあたって、一七〇人もの家臣を殉死させた。そのなかには「三良」と呼ばれる有能な人材（奄息・仲行・鍼虎《けんこ》）もふくまれていて、人びとは彼らの死をたいへん悼み、「黄鳥」をうたったという。

「黄鳥」はカラウグイス。同じ『詩経』「国風（周南）」の「葛覃」や「小雅篇」（鴻雁之什）の「黄鳥」に見られるように、木に集まって籾《もみ》・粟、黍《きび》などの穀物をついばむ、厄介な鳥をいうのだろう。

カラウグイスが、ナツメの木にとまって鳴いている。穆公に殉じたのは誰だろう、子車氏の子である奄息。奄息は一〇〇人の男にも匹敵しようという逸材の人物。その奄息が、いま墓穴をまえにぶるぶるとふるえ、わなないているではないか。蒼い天は、なぜにこの良人を殺したのか、もし身代わりがきくなら、われわれは一〇〇の身を差し出したものを。

二章・三章も大同小異の表現で、それぞれ仲行と鍼虎を哀れんでいる。「蒼天」は春の空や東方の空といった意味もあるが、ここでは天神地祇の「天」の意味であり、「天つ神よ、心なくも愛する人を殺しなされた(11)」と解するのがよいだろう。

そうであれば、道真の「時時　彼の蒼を仰ぐ」も、蒼い空をふり仰いで嘆いたというだけではないだろう。穆公の遺命にしたがったとはいえ、いにしえの三良が殺されてしまったと同然、わが身の運命の不条理をうったえる。蒼天はかつて「良人」である奄息らを殺したように、いま道真を凄惨な境遇へと追いたて、「万死兢兢《きょうきょう》たり　跼蹐《きょくせき》の情(12)」をもって暮らさねばならぬ、いわば人間として殺され「鯨鯢」として生きることを強いるのである。「なぜ天は、わたしにこれほどまでの悲惨な境遇をお与えになるのか」。これが道真の真情だろう。

# 白楽天の「海図の屛風に題す」

道真のうたう「鯨鯢」が、白楽天の「海図の屛風に題す」に学んでいたことばでもあるのは、すでに紹介したとおりだが、楽天の一作とは、次のような作品である。(13)

海水無風時　海水　風無き時
波濤安悠悠　波濤　安《なん》ぞ悠悠《いういう》たる
鱗介無小大　鱗介　小大《せうだい》と無く
遂性各沈浮　性を遂げて　各《おのおの》沈浮す
突兀海底鼇　突兀《とつこつ》たり　海底の鼇《がう》
首冠三神丘　首に三神丘を冠し
釣網不能制　釣網《てうまう》も制する能はず
其来非一秋　其来ること一秋に非ず
或者不量力　或者《あるひと》　力を量らずして
謂茲鼇可求　茲《この》鼇求む可しと謂ひ
贔屭牽不動　贔屭《ひき》牽《ひ》けども動かず

綸絶沈其鈎　　綸《いと》絶えて　其鈎《はり》を沈む
一鼇既頓頷　　一鼇　既に頷《おとがひ》を頓《あぐ》れば
諸鼇斉掉頭　　諸鼇　斉しく頭《かうべ》を掉《ふる》ふ
白濤与黒浪　　白濤《はくたう》と黒浪《こくらう》と
呼吸繞咽喉　　呼吸して咽喉《いんこう》を繞《めぐ》る
噴風激飛廉　　風を噴きて飛廉《ひれん》を激し
鼓波怒陽侯　　波を鼓《こ》して陽侯を怒らしむ
鯨鯢得其便　　鯨鯢《げいげい》　其便《そのべん》を得
張口欲呑舟　　口を張つて舟を呑《の》まんと欲す
万里無活鱗　　万里　活鱗無く
百川多倒流　　百川　倒流多し
遂使江漢水　　遂に江漢の水をして
朝宗意亦休　　朝宗意　亦休せしむ
蒼然屏風上　　蒼然《さうぜん》たり　屏風の上
此畫良有由　　此畫《ゑ》良《まこと》に由《よし》有り

風もないときには、波もおだやかで、大きな魚も小さな魚もそれぞれの性分で暮らしている。ところが突然海底から「三神丘」を頭にいただいた「鼇」が現れるという。「鼇」は大亀の意。「三神丘」とは、渤海の東方にあるという蓬莱・方丈（方壺）・瀛州《えいしゅう》の三山をいうが、もとは岱輿《たいよ》・員嶠《えんきょう》（山嶠）をあわせて五山

だった。たとえば『列子』「湯問」によると、こうである。(14)

(渤海の東に五山がある……)、而《しか》るに五山の根は、連著する所無く、常に潮波《てうは》に随つて、上下し往還して、暫《しばら》くも峙《と》どまるを得ず。仙聖之を毒《や》み、之を帝に訴ふ。帝、西(四)極に流れて、群聖の居を失はんことを恐れ、乃ち禺彊《ぐうきやう》に命じ、巨鼇《きよがう》十五をして、首を挙げて之を戴き、迭《たが》ひに三番を為して、六万歳にして一たび交《かは》らしむ。五山始めて峙どまつて動かず。

五山の根元といえば、かつてはつながっておらず、常に波のままに上下してただよい、静かにとどまってはいなかった。そこに住んでいる仙人たちは困り果て、天帝に訴え出たところ、天帝は大きな亀一五匹に頭をもたげさせて五山を載せ、六万年ごとに三交代させることにした、という。こうして、五山は一所にとどまるようになった。

ところが、これには後日談がある。

而るに龍伯《りようはく》の国に大人有り、足を挙ぐること数歩に盈《み》たずして、五山の所に曁《およ》ぶ。一釣《いつてう》にして六鼇《ろくがう》を連ね、合せ負ひて其の国に趣き帰り、其の骨を灼《や》いて以て数《うらな》ふ。是に於て岱輿・員嶠《あんけう》の二山、北極に流れ、大海に沈む。仙聖の播遷《はせん》する者、巨億もて計る。

北方にあるといわれる龍伯の巨人が、五山のあるところにやって来て、一五匹いる鼇のうちの六匹を釣りあげ、亀卜の材料に使ってしまった。一五匹でささえていたのに六匹がいなくなったので、支えを失った岱輿・員嶠の二山は流れていき、ついには大海原に沈んでしまう。そこに住んでいた仙人は移住するしかなく、何億もの仙人たちが被害をこうむったという。楽天が「或者《あるひと》　力を量らずして　茲鼇求む可しと謂ひ……」は、このあたりのエピソードをふまえたものだろう。

『白楽天全詩集』は、楽天の創作が、「元和己丑年作」（八〇九）の自注があることから、安禄山の乱以降、軍閥となった地方の藩鎮《はんちん》（いわゆる節度使）の世襲化による政治的不安と叛乱を諷したものと解している。徳宗の時代、軍閥の叛乱は首都の長安までも侵し、一時奉天まで避難しなければならぬほどの激しさだった。祖父徳宗のあとをうけて藩鎮問題にあたった憲宗は、節度使王士真が没したのを機会に、河北の藩鎮の世襲制を革《あらた》めようとしたものの、政権の枢軸にあった裴垍《はいき》や李絳《りこう》らは、性急な変革は藩鎮のさらなる抵抗と叛乱をひき起こすので慎重に、と諫言する。

ただ裴垍のポストを奪おうともくろんでいた宦官の吐突承璀《ととつしょうさい》は、王承宗の叛乱に際して兵を請い、これを鎮圧。藩鎮との間は小康を保った。しかし、その後、地方の軍閥を抑えるために派遣された監軍《かんぐん》（いわばお目付け役で、首領は宦官である）の力が増大するという、まことに皮肉な結果となってしまったのである。

そうした朝廷の緊張をさらに高めたのが、皇太子鄧王李寧《とうおうりねい》の夭逝である（一九歳で没）。皇位継承の候補者として、次男の澧王李惲《れいおうりうん》と三男遂王李恒《すいおうりこう》の名があがる。吐突承璀は李惲を推したが、李惲の生母の身分が低く、憲宗は別の宦官グループの推す李恒を皇太子とした。李恒の母は郭《かく》貴妃である。その後しばらく吐突承璀は地方へとしりぞけられたが、中央政界に復活、ひそかに李惲の擁立をはかっていたらしい。李恒を支持する宦官グループは、吐突承璀の策略で当時病害におかされていた憲宗が廃太子に奔《はし》ることを恐れ、李恒の即位をいそぐ。元和一五年（八二〇）正月に、憲宗が宦官のひとり陳弘志《ちんこうし》に殺されるまで、こうした緊張がつづいたといってよいだろう。憲宗が殺害されたあと、吐突承璀も李惲もすぐに抹殺された。楽天は大亀を釣り上げようとした「或者」、「頷を頓」た一匹の大亀、それにならって風をおこし波をわかせて大混乱させた「諸鼇」、そして好機を得たりと荒れ狂う「鯨鯢」に具体的な対象となるものをあげているわけではないが、「海図の屏風に題す」の一作とは、右のような情況を諷したというのが、『白楽天全詩集』の解釈である。そうであれば「鯨鯢」とは、皇位継承に絡んだ政争のうえ、澧王李惲とともに殺された吐突承璀とみてまちがいあるまい。

ちなみに、楽天作の「口を張つて舟を呑《の》まんと欲す」も、『列子』「楊朱《やうしゆ》」の、

呑舟《どんしう》の魚《うを》は、枝流に游ばず、鴻鵠《こうこく》は高く飛んで、汚地《をち》に集まらず。何となれば則ち其の極遠ければなり。……将《まさ》に大を治めんとする者は、細を治めず、大功を成さんとする者は、小を成さず、と。此の謂《いひ》なり。

をふまえている。

楊朱は戦国時代初期の「為我説」（自己本位論）で有名な思想家だが、『列子』はその楊朱に仮託しながら、もっとも大切なものは人びとが多くの犠牲をはらってまでも守ろうとする名声などではなく、生きていることの幸福、生命の保全であると主張している。舟をひと呑みするような魚は、小さな支流の川にはのぼってはいかない、鴻鵠の類は高く空を飛び、小さな地上の水たまりには集まったりしない。ここでは、ささいな日常にこだわるのでなしに、大きなものを治めるべきであり、小さな仕事でなしに大きな仕事をなしとげよ、というのである。

本来「呑舟の魚」は支流など目もくれないはずなのだが、楽天詩では、逆に、その「呑舟の魚」が舟を呑もうとし、荒れ狂ったものだから、万里にわたって生きた魚はまったく見あたらず、川の流れはことごとく逆流するありさまで、長江や漢水にいたるまで、流れがストップして海にそそがなくなってしまった、とうたった。「朝宗」とは、百川が海にそそぐの意。まさに「呑舟の魚」おそるべし、である。

ところで、道真作の「開元の詔書を読む」のなかに登場する「鯨鯢」は、「独り鯨鯢の横れる有り」に「具に詔書に見ゆ」と付記されているように、もとは開元詔書の一文にあったものらしい。詔書そのものは現存しないが、三善清行の昌泰四年（九〇一）の「改元して天道に応ぜんことを請ふの状」（いわゆる『革命勘文《かんもん》』）には、

一　今年大変革命の年に当たる事
二　去年の秋、彗星見ゆる事
三　去年の秋以来、老人星見ゆる事
四　高野天皇、天平宝字九年を改めて天平神護元年と為すの例

の「証拠四条」が主張されている。『易緯』辛酉《しんゆう》革命を原点としながら、変革の年であるといい、彗星が現れたのは漢や晋の天文志によれば「旧を除き新を布《し》くの象」であり、老人星が現れたのは、「聖主長寿にして、万民安和の瑞」であるとする。さらに高野天皇（称徳）が、「逆臣藤原仲麻呂」を誅伐し天平宝字九年を改め天平神護とした例にならい、改元すべきだというのである。

藤原仲麻呂（七〇六〜七六四）は光明皇后や孝謙天皇の寵を得て兄豊成を左遷、聖武天皇が指名した道祖王《ふなとのおう》をしりぞけて娘婿の大炊王《おおいのおう》を皇太子に立て、自らは天平宝字元年（七五七）には紫微内相となって権勢をほしいままにした。翌年、大炊王が即位して淳仁天皇になり、仲麻呂は「大保」（右大臣）となって名

を恵美押勝と改名、さらに同四年には「大師」（太政大臣）。しかし次第に台頭してきた道鏡（?～七七二）の勢力に抗して謀反をはかって蜂起したものの、近江へ敗走。捕縛され妻や子、そして主たる郎党三四人がともに斬られてはてた(15)。

『続日本紀』天平宝字八年九月、押勝の叛乱の収拾をはかった高野天皇（孝謙上皇）の宣命（第二八詔）によると、

逆《さかしま》に穢《きたな》き奴仲末呂い詐《いつは》り奸《かだ》める心を以て兵《いくさ》を発《おこ》し朝庭を傾け動かさむとして鈴・印《おして》を奪ひ、復皇位《みかどのくらゐ》を掠《かそ》ひて、先に捨てきらひ賜ひてし道祖《ふなど》が兄塩焼を「皇位には定めつ」と云ひて官印《つかさのおして》を押して天下の諸国に書《ふみ》を散《あか》ちて告げ知らしめ、復云はく、「今の勅を承け用ゐよ、先に詐りて勅と称《い》ひて在る事を承け用ゐること得ざれ」と云ひて、諸人の心を惑乱《まと》はし、三つの関に使を遣りて窃《ひそか》に関を閇《と》ぢ、一つ二つの国に軍丁《いくさよほろ》を乞ひ兵発《いくさおこ》さしむ。此《こ》を見るに仲末呂が心の逆《さかしま》に悪しき状《さま》は知りぬ。

仲麻呂がいかに悪事や不義をたくらんだかを告発するのだが、この勅では「仲麻呂」が「仲末呂」と書かれている。これは後の第三三詔（天平神護元年三月五日）でも「逆に悪しき仲末呂と心を同じくして朝廷を動かし傾けむと謀りて在る人に在り」とあり、おそらく「仲末呂」は恵美押勝仲麻呂への侮蔑の表記とみてよいだろう。「逆賊恵美仲麻呂、為性《ひととなり》凶悖《きようはい》にして、威福《いふく》日に久し」（天平宝字八年九月二九日）とも指弾されるのが、政争にやぶれた仲麻呂への形容。「凶悖」とは、よこしまで道義にもとるというのである。

こうした仲麻呂が、いまの道真に重ねられている。かつての仲麻呂のように、いま道真は、三善清行の「予《かね》て革命を論ずる議」からことばをそのまま引けば、「仁恩は其の邪計を塞ぎ、矜荘《ぎんさう》は其の異図を抑へ」

ると記される、その「邪計」を謀り「異図」をもつやからであり、恵美押勝仲麻呂にひとしい凶禍をもたらす逆臣なのである。仲麻呂が「仲末呂」と貶《おとし》められたように、開元の詔書には、道真を「鯨鯢」と名をかえて追放する旨が書かれていたのだろう。

「鯨鯢」ではないが「鯨鯢」とともに登場する「鼇」は、じつは道真自身がこの度の変事で、用いたことばであるのに留意しておいてよい。昌泰二年（八九九）二月一四日、右大臣右大将となったのだが、右大臣の任を拝することが、どれほど危ういかを聡明な道真が知らなかったはずはなく、三度にわたって辞表を提出している。その第三表に、

臣某言《まう》さく、今月四日、中使従五位上守右近衛少将源朝臣緒嗣《をつぐ》、天旨を奉伝して、懇請を聴《ゆる》さず。臣、恩を戴くこと惟《こ》れ重く、海鼇《かいがう》の首勝《かうべた》へ難し。感を祈《いの》ることいまだ休まず、皐鶴《かうかく》の声竭《つ》きなんとす。……人孰《たれ》か彼の盈溢《えいいつ》を恕《ゆる》さん。顛覆《てんぷく》流電よりも急に、傾頽《けいたい》機を踰《こ》ゆるに応ずらくのみ。

と、「鼇」が現れる。天子の恩の重さは、あの大亀さえ首でささえるには重すぎるし、その恩のありがたさを叫びつづけては鶴の声も涸《か》れるばかり。とはいえ、誰もこのような身に余る恩寵を許すはずはなく、失脚は電光よりも急に、没落は弾き弓よりも早くおとずれるにほかならない、と。天子の恩をささえる「鼇」にさえなれない「天資浅薄なり、飾るに蛍雪の末光《ばつくわう》を以て」（才能に乏しくいささか刻苦勉励して、かつがつの教養を身につけた）する程度の者でしかないというのが、道真の言である。

こうしてみると、その「鼇」どころか、「鼇」の騒動に乗じ「其便を得」（「海図の屏風に題す」）て縦《ほしいまま》にしている「鯨鯢」こそ、右大臣のポストまでも手中にした道真、おまえにふさわしい名ではないか。開元

の詔書で、道真を侮蔑して「鯨鯢」が選ばれたのは、こうした事由によるのだろう。それを見た道真が「蹉跎《さた》として精霊を喪《うしな》へり」と嘆いたのは、すでにふれたとおりである。

「蹉跎」の「蹉」はつまづく、時機を失うの意。「跎」も同意。したがって「蹉跎」は顚躓《てんち》、すなわちつまづくが原義で、さらに時機を失う、志を得ない、生活が思うようにならず不遇であるといった意味がある。張九齢《ちょうきゅうれい》や崔湜《さいしょく》らの作品にも例があるが、⒃白楽天の好む表現であって、次のような作品を列挙できよう。

(1)……但信言有玷　不察心無瑕　容光未銷歇　歡愛忽蹉跎　(「続古詩十首」の第七首)

(2)……入山焼黄白　一旦化為灰　蹉跎五十余　生世苦不諧　(「陶潜が体に效ふ詩十六首幷に序」の第一四首)

(3)……面顔日枯槁　時命日蹉跎　豈独我如此　(「同病の者に寄す」)

(4)故人対酒歎　歎我在天涯　見我昔栄遇　念我今蹉跎　聖賢無奈何　(「故人に答ふ」)

(5)……蹉跎二十年　頷下生白鬚　何言左遷去　尚獲専城居　(「馬上の作」)

(6)白髪生一茎　朝来明鏡裏　勿言一茎少　満頭従此始　(「初めて白髪を見る」)

(7)三月江水闊　悠悠桃花波　年芳与心事　此地共蹉跎　(「春晩、微之に寄す」)

(8)……病添心寂莫　愁入鬢蹉跎　(「晩秋、鄭中の旧隠を懐ふ有り」)

(9)……四十著緋軍司馬　男児官職未蹉跎　(「李六景倹が河東の令より唐鄧行軍司馬を授けらるると聞き、詩を以て之を賀す」)

(10)身名身事両蹉跎　試就先生問若何　(「韋山人山甫に問ふ」)

(11)……転於文墨須留意　貴向煙霄早致身　莫学爾兄年五十　蹉跎始得掌絲綸
（「敏中が及第を喜び偶偶《たまたま》懐ふ所を示す」）

(12)西州彼此意何如　官職蹉跎歳欲除
（「歳暮に衢州の張使君の書并に詩を枉《ま》げらる、因つて長句を以て之に報ゆ」）

(13)……麦風低冉冉　稲水平漠漠　芳節或蹉跎　遊心稍牢落
（「微之が四月一日の作に和す」）

(14)……挙眼風光長寂莫　満朝官職独蹉跎　亦知合被才名折　二十三年折太多
（「酔うて劉二十八使君に送る」）

(15)……応笑蹉跎白頭尹　風塵唯管洛陽城
（「徐州の高僕射が鎮に赴くを送る」）

(16)病容衰惨澹　芳景晩蹉跎　無計留春得　争能奈老何
（「晩春、酒を携へて沈泗著作を尋ねんと欲し、先づ六韻を以て之に寄す」）

(17)……行断風驚雁　年侵日下坡　片心休惨戚　雙鬢已蹉跎
（「東川の楊慕巣尚書の府中に独座し、感戚懐に在りて寄せられしに和す、十四韻」）

(18)歳陰生計両蹉跎　相顧悠悠酔且歌
（「夢得が貧居に懐を詠じて贈られしに酬ゆ」）

(19)少年莫笑我蹉跎　聴我狂翁一曲歌　入手栄名取雖少　関心穏事得還多
（「諸少年に贈る」）

右の諸例から、具体的に見てみよう。(1)は、漢代の「古詩十九首」にならった作の第七首。縁あって豪家に嫁した女性が、出世した夫が群れなす妾らの誹謗中傷《ひぼうちゅうしょう》のことばを信じて、ひとり礼儀を守って暮らしているわが正しい心を察してくれず、ますます恩情が薄くなったと嘆いた。「言の玷《きず》あるを信じて」とは、妾たちの讒言《ざんげん》を夫が鵜呑《うの》みにして、の意。こうして、まだ容色もおとろえていないのに、夫の愛がなくなってしまったというのである。恩愛がこちらの思うようにならぬことを、「蹉跎」というのだろう。閨怨詩《けいえんし》の類であるが、楽天のいわんとするところは、じつは寵を失った女性の悲しみではない。この一作は、次のように結ばれている。

盈盈一尺水　盈盈《えいえい》たる一尺の水
浩浩千丈河　浩浩《かうかう》たる千丈の河
勿言小大異　言ふ勿《なか》れ　小大異なれりと
随分有風波　分《ぶん》に随つて風波有り
閨房猶復爾　閨房すら猶《な》ほ亦爾《またしか》り
邦国当如何　邦国　当《まさ》に如何なるべき

たかだか一尺の流れでも千丈の広がりをもつ大河でも、ものの道理というものはひとつしかなく、それぞれ分相応に波風が立つ。夫婦の間のいざこざも、これと同然。国家の君臣関係もまた、これにひとしいのだ。楽天は、真摯につかえながらも寵を失ってしまった「冢婦《ちようふ》」（正妻・主婦）に、才能がありながら時に遇わない家臣をたとえて憂い嘆くのである。

じつは「蹉跎」の用例のほとんどは、こうした慨嘆する作品に見られるのに注視できよう。短い作品からもう二例あげてみると、こうである。まず(4)「故人に答ふ」から。

故人対酒歎　故人　酒に対して歎ず

歎我在天涯
見我昔栄遇
念我今蹉跎
問我為司馬
官意復如何
答云且勿歎
聴我為君歌
我本蓬蓽人
鄙賤劇泥沙
読書未百巻
信口嘲風花
自従筮仕来
六命三登科
顧慙虚劣姿
所得亦已多
散員足庇身
薄俸可資家
省分輒自愧
豈為不遇耶

我が天涯に在るを歎ず
我が昔の栄遇を見
我が今の蹉跎たるを念ふ
問ふ我れ司馬《しば》と為りて
官意、復如何《またいかん》と
答へて云ふ　且《しばら》く歎ずる勿《なか》れ
我が君が為に歌ふを聴け
我は本《もと》蓬蓽《ほうひつ》の人
鄙賤《ひせん》　泥沙《でいさ》よりも劇《はなはだ》し
書を読むも未だ百巻ならざるに
口に信《まか》せて風花を嘲る
筮仕《ぜいし》してより来《このかた》
六たび命ぜられ　三たび登科す
顧みて慙《は》づ虚劣の姿
得る所　亦已《またすで》に多し
散員も身を庇《おほ》ふに足り
薄俸《はくほう》も家を資《たす》く可し
分を省みて輒《すなは》ち自ら愧《は》づ
豈《あ》に不遇と為さん耶《や》

煩君対杯酒　煩はす　君が杯酒に対し
為我一咨嗟　我が為に一たび咨嗟《しさ》するを

これは元和一〇年（八一五）、楽天が江州司馬に左遷されたおり、わがことのように嘆いてくれた親しい某人に答えた作。この年、宰相武元衡《ぶげんこう》が暗殺され、長安市中ふるえあがるという事件が起きた。楽天はすぐさま上疏して、ただちに犯人を逮捕し国辱をすすぐべきであると要求する。ところが、政府筋はそれを東宮官のひとりにすぎなかった楽天の越権行為だとして、いい顔をしない。

そこへ突然、母が井戸に落ちて亡くなったのに、新井篇を創作するようなのが楽天であり、ことばは軽薄であり実践する力もない、という告発がある。その結果、楽天は中央から出されて刺史として左遷されることになる。

ところが中書舎人の王涯なる人物が、その任命にさえ反対を主張。さらに身分を降ろされて、辺境の江州（江西省九江市）の司馬となったのである。以上は、『新唐書』（巻119）の語るところで、同『新唐書』は楽天の心境を「失志」と記している。

知已に同情され慰められた楽天は、詩の一作をもって答える。もともと貧しく賤《いや》しい出であり、学も大して修めていないこの身でありながら、口にまかせて花鳥風月をもてあそび、官僚になってからは、六度君命を受け三度試験に及第する栄誉にも浴した。司馬に任じられたこととて、じつに分に過ぎる利得ではないか。閑職とはいえこの身を守るにはじゅうぶんだし、薄給でも家計をたすけてくれるのだから、どうして不遇だといえようか。せっかくの酒の席で、あなたがわたしのために嘆いてくれるのは、感謝にたえないが……。

右のような作品の文字面とはうらはらに、貶《へん》される楽天のやり場のない嘆きが聞こえてきそうである。もう一例、⒆「諸少年に贈る」をあげてみよう。

少年莫笑我蹉跎
聴我狂翁一曲歌
入手栄名取雖少
関心穏事得還多
老慙退馬霑芻秣
高喜帰鴻脱弋羅
官給俸銭天与寿
些些貧病奈吾何

少年　笑ふ莫《なか》れ　我が蹉跎たるを
我が狂翁一曲の歌を聴け
手に入る栄名は取ること少《すくな》しと雖《いへど》も
心に関する穏《をん》事は還《かへ》つて多きを得たり
老いて慙《は》づ　退馬の芻秣《すうまつ》に霑《うるほ》ふを
高く喜ぶ　帰鴻弋羅《よくら》を脱するを
官は俸銭を給し天は寿《じゅ》を与《あた》ふ
些些《ささ》たる貧病　吾を奈何《いかん》せん

会昌二年（八四二）、武宗は楽天を宰相にしようとしたものの、李徳裕の反対にあって断念、そのかわりに楽天の従弟である白敏中を翰林学士にするという動きがあった。楽天はこれをよしとせず、太子少《たいししょう》傅《ふ》を辞し、刑部尚書《けいぶしょうしょ》をもって致仕する。会昌六年（八四六）八月には七五歳で没しているから、その間に創作し少年某らに贈ったのだろう。少年たちよ、笑わずにわたしの狂歌を一曲なりと聞くがよい、とうたう。楽天には別に「狂吟七言十四韻」があり、「……自ら想ふ身は富貴の身に非ず　但《ただ》恐る人間長物となるを　如《し》かず林下遺民《ゐみん》と作《な》るに」と、「長物」（無用の長物）と考えていたらしい。誉れを得たことこそ少ないが、そのかわりに、心は安らかであり穏やかでいられる。恥ずかしながら、

「帰鴻」が糸弓や網にかからないように災禍を逃れ、「退馬」（役に立たなくなった馬）の我が身は「芻秣」（馬の餌）つまりは俸禄をもらって暮らしていける。少しぐらいの貧乏や病は意とするに足りないのだ、と。

なるほど、朋友である元稹《げんしん》が宰相（同中書門下平章事）となったものの、たった四か月で辞職、太和五年（八三一）七月に武昌軍節度使として任地でわずか一日の病で没した（五三歳）ことを思えば[17]、楽天のいうところもわからないではないが、「長物」であり「退馬」であることの悲しみこそ、楽天の心底の情であったと解すべきだろう。

「蹉跎」とは、志を途絶させられた悲憤と慷慨《こうがい》の謂いなのである。それは道真「開元の詔書を読む」の「蹉跎」が意味するところも同然だろう。そして、こうした「蹉跎」と「鯨鯢」とは、じつは同じ憂憤の地平から顕《た》ってくるのだ。

## 蘇武と李陵と道真と

『文選』（巻41）の李少卿「蘇武に答ふる書一首」に眼を転じてみたい。この一書が書かれた事由は本文中にも書かれているが、蘇武（前一四〇～前六〇）が匈奴から帰国したのちに李陵（?～前七二）から蘇武に書簡がもたらされ、蘇武もそれに返書を送ったらしい。蘇武の返書を読んだ李陵は、再度筆をとって先の書簡で述べ尽くせなかった思いを記したというのである。

先の二書簡は散逸して残っておらず、その逸文が『芸文類聚』（巻30）に見える。李陵が与えた書簡の内容は、おおよそ次のようなものである。帰国したあなた（蘇武）の名声は漢と匈奴の両国にひろく知れわたり、天子のこのうえない寵を得、志をとげ仁を得た。それにひきかえこのわたし（李陵）は、歩兵五〇〇〇を率いて三〇〇〇余里を踏み匈奴に攻め入ったものの、身は匈奴に降り名を辱めてしまった。その結果、老いた母の命すら救うことができなかった。世間は誤っているのではないか。功者は幸いをもって主とすべきなのに今は禍をうけ、忠者は義をもって評価されるべきなのに、今は重い患いを受けているではないか（世事謬矣、功者福主、今為禍先、忠者義本、今為重患）。蘇武は帰朝し今ふたりは漢と匈奴の二国にわかれて仕え、生きていようと死んでしまおうと、もはや逢うこともあるまいから、心を通わせることなどありえまい。

これに対して、蘇武からのやや長い断簡が残っている。これも内容をまとめてみよう。

わたし（蘇武）は匈奴に使いし、無人の地に幽閉されながらも、天子への忠節をもってのみ生きながらえ、九死に一生を得た。あなた（李陵）の才能は世にまれなるものがある。たしかにあなたは家族を殺され、功名は現れず、生きるのも死ぬのも大した差はない。あなたも漢にもどり、功を竹帛に記されて千代に名を伝えられ、よい待遇を受けるのがよい（書功竹帛、伝名千代、茅土之封、永在不朽、不亦休哉）のではないか。異俗の人となり生きながらえても、どうして故郷を懐かしく思わずにいられようか（死生隔絶、岱馬越鳥、能不依依）。「岱馬越鳥」は、たとえば「古詩十九首」（第一首）の「胡馬《こば》は北風に依り　越鳥《ゑってう》は南枝に巣くふ」と同じ意、拭いがたい郷愁をいう。漢と匈奴の間の紛争はすでに解決したのであり、李陵よ、すでに事はおわったのだ（嗟乎李卿、事已去矣）、匈奴から帰朝しなさい。

これが蘇武の返書の大要である。

「蘇武に答ふる書一首」を一読してみよう。

子卿足下、勤めて令徳を宣《の》べ、名を清時《せいじ》に策し、栄問休《よ》く暢《の》ぶ。幸甚《かうじん》幸甚。遠く異国に託《たく》するは、昔人《せきじん》の悲しめる所なり。風を望み想《おもひ》を懐《いだ》いて、能《よ》く依依《いい》たらざらんや。昔者《むかし》遺《わす》れず、遠く還答を辱《かたけな》うす。慰誨《いくわい》は懃懃《きんきん》として、骨肉に踰《こ》ゆる有り。陵は不敏なりと雖《いへど》も、能《よ》く慨然たらざらんや。

書簡の冒頭で、子卿（蘇武の字）が昭帝のみ世に美徳をひろめ、天子に認められてことばをいただくようになったことを、ことほぐ。次いで、遠い夷狄《いてき》の地にあり、過酷な自身の暮らしぶりを述べるくだりは、こうである。

初め降《くだ》りし自《よ》従り、以て今日に至るまで、身は窮困《きゆうこん》し、独坐して愁苦《しうく》す。終日観《み》るもの無く、但異類を見るのみ。韋鞲毳幙《ゐこうぜいばく》、以て風雨を禦《ふせ》ぎ、羶肉《せんにく》・酪漿《らくしやう》、以て飢渇に充《あ》つ。目を挙げて言笑せんとするも、誰と与《とも》にか歓を為さん。胡地は玄氷し、辺土は惨裂《さんれつ》して、但悲風蕭條《せうでう》たるの声を聞くのみ。涼秋九月、塞外《さいぐわい》草衰ふ。夜寐《い》ぬる能はず、耳を側《かたむ》けて遠く聴けば、胡笳《こか》互に動き、牧馬悲しく鳴く。吟嘯《ぎんせう》群を成し、辺声四《よも》に起る。晨《あした》に坐して之を聴けば、覚えず涙下る。嗟乎《ああ》子卿、陵独り何の心ありてか、能く悲しまざらんや。

匈奴に降伏した当初から今日にいたるまで、孤独で憂いに沈んでいる。終日、見る人びとといえば夷狄ばかり。なめし皮の弓懸《ゆがけ》や毛氈《もうせん》の天幕で風雨をしのぎ、マトンや乳汁で飢えや渇きをいやしている。誰かと談笑したくとも喜びあえる人もいない……。胡人の笛の音、放牧された馬のいななき、胡人らが口ずさむ辺境の歌、明け方に独り座して耳を傾けていると、思わず涙がこぼれてしまう。胡《えびす》の地にある李陵の悲しみは、いやされることはないのである。

　しかしながら、李陵がもっとも心を痛めて苦悩するのは、じつはこうした辺境の過酷な環境ではないのに、注視したい。

　子《し》と別れて後、益益《まま》復た無聊《ぶれう》なり。上《かみ》は老母の年に臨んで戮《りく》せらるるを念ふ。妻子は辜《つみ》無くして並びに鯨鯢為《げいげいせ》られ、身は国恩に負《そむ》き、世の悲しむ所と為る。子は帰りて栄を受け、我は留《とど》りて辱めを受く。命《めい》や如何《いかん》せん。身は礼義の郷《きやう》より出づるに、無知の俗に入り、君親の恩を違棄《ゐき》して、長く蛮夷《ばんい》の域と為る、傷《かな》しいかな。先君の嗣《し》をして、更に戎狄《じゆうてき》の族と成らしむ、又自ら悲しむ。

　右のように「鯨鯢」の語句が見られるくだりである。帰国して栄誉を受けている蘇武にくらべ、わが身の匈奴に留まる恥と不運を述べている。『漢書』（巻54・李広蘇建伝）の李陵伝によれば、因杅《いんう》将軍の公孫敖《こうそんごう》が李陵を救出する命をうけて匈奴に進軍したが、功なく漢に帰還し、李陵が匈奴で軍事訓練をした匈奴の兵力によって、命を果たすことができなかったと報告した。そのために陵の一族は殺戮されたと記している。じつは匈奴の兵を訓練したのは、李陵よりも先に降伏した李緒なる人物であって、李陵ではない。同じ姓だったために誤解されたらしい。

　また李陵をかばってかえって罪を得、宮刑に処せられたかの司馬遷は、『史記』（巻49・李将軍列伝）に、匈奴の単于《ぜんう》は李陵を捕らえたものの、その勇猛な戦いぶりに感心し、その娘を妻にやって手厚くもてなした。ところが、これが武帝の耳に入って怒りをかい、李陵の一族は皆殺しにされた、と記している。

李陵は、つづけて蘇武にいう。

功大に罪小なるに、明察を蒙《かうむ》らず、陵の心に孤負《こふ》す。区区《くく》の意あり。一念至る毎に、忽然《こつぜん》として生を忘る。陵心《むね》を刺して以て自ら明かし、頸《くび》を刎《は》ねて以て志を見《あらは》すを難《はばか》らず。顧《ただ》国家我に於《お》て已《や》んぬるかな。身を殺すとも益無し。適《まさ》に羞を益すに足れり。故に臂《ひぢ》を攘《まく》り辱めを忍ぶ毎に、輒《すなは》ち復《ま》た苟《いやしく》も活《い》くるのみ。左右の人、陵が此《かく》の如きを見、以て耳に入らざるの歓を為し、来りて相勧勉《くわんべん》するも、異方の楽は、秖《ただ》に人をして悲しましめ、怛《たう》恒《だつ》を増すのみ。

自分の立てた功績は大きく、犯した罪は小さいのに、武帝の明察を得られず、自らの意に反したことになり生きる望みを失っている。もはや自尽し果てたところで、身のあかしを立て衷心を示すのはむずかしい。だから憤慨しながら恥をしのんでこの地で生きていくしかないのだ、と。周囲にいる匈奴の人びとが、こうして苦しんでいるわたしに、耳になれない異国の音楽を奏で、励ましてくれるものの、ただただそれはわたしを悲しませ、なおさら心を鬱屈させてしまう、と。「忉」は憂うこと、「怛」は痛むこと。匈奴にとどまる恥辱や運のつたなさ、そして天子に理解されなかった苦悩が、李陵を苛《さいな》むのだ。

「功大罪小」とは、李陵が射士歩卒五〇〇〇を率いて匈奴に入り、ほかの五人の将軍たちは道に迷って李陵軍だけが匈奴軍とたたかい、匈奴の本隊八万に囲まれたたかうこと八日、刀折れ矢尽きて降ったのをいうのだろう(18)。

それでは、なぜ李陵は死を選択しなかったのだろうか。「子卿《しけい》陵を視るに、豈《あに》生を偸《ぬす》むの士にして、死を惜しむの人ならんや。寧《いづく》んぞ君親に背《そむ》き妻子を捐《す》てて、反《かへつ》て利を為す者有らんや」と述べ、あなた（蘇武）ならわたし（李陵）が生に執着して死をおそれるような人間ではないことをじゅうぶん知っているだろうし、天子や親にそむき妻子を棄てて、何を我が身の利益とするものがいるだろうか、と。生きることに汲汲《きゆうきゆう》としているわけではないというのである。

つづけて、こう書く。

然《しか》るに陵の死せざるは、為《な》す所有らんとすればなり。故に前書の言の如く、恩を国主に報いんと欲するのみ。誠に以《おも》ふに虚しく死するは節を立つるに如《し》かず、名を滅するは徳に報ゆるに如かず、と。昔范蠡《はんれい》は会稽《かいけい》の恥に殉ぜず、曹沫《さうばつ》は三敗の辱めに死せず、卒《つひ》に勾践《こうせん》の讐《あだ》を復し、魯国の恥に報ゆ。区区の心に、切《せつ》に此を慕ふのみ。何ぞ図《はか》らん、志未《いま》だ立たざるに怨已《うらみすで》に成り、計《はか》りごと未だ従はずして骨肉《こつにく》刑を受けんとは。此れ陵が天を仰ぎ心《むね》を椎《う》ちて血を泣《なが》す所以《ゆゑん》なり。

李陵が生きて身をさらすのは、やり遂げたいことがあったからだ、というのである。それは天子への恩返しであり、犬死にするよりも名節を立てるほうがよいし、名誉をけがすより君徳に報いるほうがよい。越王勾践は、呉王夫差《ふさ》に夫椒《ふしよう》山で負けて会稽《かいけい》山に逃げ、范蠡《はんれい》や大夫種《しよう》らと協議し、呉の太宰《たいさい》嚭《ひ》にわいろを贈りとりなしを懇願して、難をのがれた。勾践はその恥辱にたえ、国力を養い、その一〇数年後に呉を討って夫差を自刃《じじん》に追い込むのである。

また力を頼みに魯に仕えていた曹沫は、魯の将となって斉と戦ったが、三度戦い三度敗北した。魯の荘王は斉の侵略をおそれ、遂邑《すいゆう》の地を献上して、和睦をはかった。敗北の将となった曹沫だが、荘王はそれでも曹沫を将のポストから罷免しようとはしなかった。やがて曹沫は国辱をそそいだ。こうした勾踐や曹沫のように、李陵が天子の恩徳にこたえようとしていた矢先、その一族は無慈悲にも処刑されたのだ。「天を仰ぎ心を椎ちて血を泣す所以なり」のことばは、正念を失い慨嘆する李陵のすがたを彷彿させよう。

　李陵の書簡はまだつづき、上述するふたりのような報われた忠臣とはうらうえに、漢がいかに功臣に報いることが薄く、多くの賢明な人びとが辛苦を嘗めたかを列記する。[19] わが祖父李広も匈奴遠征のおり、単于の居所を知って先陣を願ったがゆるされず、迂回の命令にしたがったものの、途中、道にまよい戦に遅れた責任を追求され、自ら首をはねた。

　いや忠臣であるあなた（蘇武）自身もまた、そのよい例ではないかと、李陵は激高する。

　丁年《ていねん》、使ひを奉じて、皓首《かうしゅ》にして帰れば、老母は堂に終り、生妻は帷《ゐ》を去る。此れ天下の聞くこと稀《まれ》なる所にして、古今に未だ有らざる所なり。蛮貊《ばんばく》の人も、尚《な》猶ほ子の節を嘉《よみ》す。況《いはん》や天下の主為《た》るをや。

　壮年にして匈奴への使者となり、白髪頭となって帰国した。年老いた母親はすでに亡くなっていたし、年若い妻はすでに再婚していた。こうしたことは世間にめったにあることではなく、古今にもない。蛮国の人びとでさえあなたの節義をほめたたえているのに、天下の主である天子なら、なおさらではないか。つづけて、忠節をかたくなに守りとおしたあなたに対して、たかが銭二〇〇万、官位は「典属国」（蛮族で漢に降伏した者たちをつかさどる役人）、ほんのわずかの封地さえ、与えようとはしなかったではないか。

　そして、李陵は、

漢は厚く陵を誅《せ》むるに死せざるを以てし、薄く子《し》を賞するに節を守るを以てす。……陵は恩に孤《そむ》くと雖《いへど》も、漢も亦《また》徳に負《そむ》けり。

と、心情を吐露する。死ななかったわたしへの罪は重く、忠節を守ったあなたへの報償は、これほどまでに薄かった。わたしは漢の天子の恩に背いたけれど、漢の皇室もまた天子の徳に背いて、わたしの母を殺し妻子を殺したのだから、もはや自分のとった行動への後悔はない、と表明するのである。[20]

ここまで、李陵の「蘇武に答ふる書」をたどってみたのだが、この書簡にある「妻子は辜《つみ》無くして並びに鯨鯢《げいげい》為《せ》られ、身は国恩に負《そむ》き、世の悲しむ所と為る」の「鯨鯢」は、こうした文脈《コンテクスト》において解釈すべき表現なのである。「鯨鯢」とは、李善注が当該部分に『春秋左氏伝』（宣公一二年）から「古者《いにしへ》の明王、不敬を伐《う》ち、其の鯨鯢を取りて之を封じ、以て大戮を為す。杜預《とよ》曰く、鯨鯢は大魚なり、以て不義の人の小国を呑食《どんしょく》するに喩《たと》ふ」というように、不義不敬の大罪人であり殺されてしかるべき存在を意味する。李陵の妻や子は罪もないのに、こうして「鯨鯢」として殺されたのだった。

道真の場合は、もちろん少し事情を異にする。道真の妻や子ではなく、「人は導《い》ふ　汝《なむぢ》が新しき名なりと」と慨嘆する。不義不敬の悪漢とは道真自身なのだ。ゆえに、なおさら「舟を呑《の》むは我が口ならじ　浪を吐《は》くは我が声ならじ」と「我」をくりかえしながら、強く否定するのだろう。道真の怒りとも悲しみともつかぬ、この心情をどう解すべきだろうか。

子らのうち、長子の右少弁高視は土佐権守に左降、二男の式部大丞景行《かげつら》は駿河へ、三男の蔵人兼茂は飛騨へ、四男の秀才淳茂《あつしげ》は播磨へ、それぞれ遠国に流謫となった。妻や年長の女子たちは都に留め置かれ、大宰府へ同行をゆるされたのは、わずかに幼年の男女ふたりであった。[21] 一家は離散したのである。そして道真といえば、「鯨鯢」という殺すべき逆臣の汚名を与えられて、いまや大宰府にいる。黄色の勅書に「鯨鯢」の二文字を見たときの道真のありさまは、まさに「精霊を喪」（「開元の詔書を読む」）った、生けるしかばねにひとしかったと思われる。

## 蘇武と燕丹の故事は「虚」

それでは、いにしえの李陵が蘇武に「生きては別世の人と為り、死しては異域《いいき》の鬼《き》と為り」（「蘇武に答ふる書一首」）と述べるように、道真もまた、「郵亭《いうてい》余ること五十　程里三千に半《なかば》」（「叙意一百韻」）するこの天涯の筑紫で、生きようと決しただろうか。道真絶筆の「謫居の春雪」は、このあたりの事情を語ってくれる。

盈城溢郭幾梅花　　城《あづち》に盈《み》ち郭《くるわ》に溢《あふ》れて　幾ばくの梅花ぞ
猶是風光早歳華　　なほしこれ風光《ふうくわう》の　早歳《さうさい》の華
雁足黏将疑繫帛　　雁《かり》の足に黏《ねやか》り将《ゐ》ては　帛《きぬ》を繫《か》けたるかと疑ふ
烏頭点著思帰家　　烏《からす》の頭《かしら》に点《さ》し著《つ》きては　家に帰らむことを思ふ

道真は延喜三年（九〇三）に謫所で没している。おそらくこの年の一月頃にうたわれたものだろう。都府の内外にあふれているのは春雪。それが梅花がいっせいに咲いたかのように、白一色の一日となった。「風光」「早歳の華」は、謝朓《しゃちょう》の「徐都曹に和す一首」（『文選』巻30「雑詩下」）、「休沐《きゅうもく》して重ねて還る道中一首」（『文選』巻27「行旅下」）などに学んだようだ。「風光」とは、風に吹かれて動かされる草や木が、日ざしをうけて輝くさま。「早歳の華」の「歳華」とは歳月の意。道真は新春の意味をふくませながら、春告《つ》げの花として梅花をうたうのだろう。

謝朓の二作品は、たんに語句を借りたというのではあるまい。二作の全容は注にゆずるが[22]、前者は郊外に広がるうららかな春景色をながめながら、官を退きたい志をうたうのであり、後者は休暇を終えてふたたび都勤めにもどるとき、のどやかな春の景物に、官を棄てて静かに暮したい、という心をうたうのである。役職を棄てて官界を去りたい、静かに暮らしたいという思いは、そのまま道真の心情に通底するところがある。

さらに注目すべきは、「雁足……烏頭……」の表現だろう。周知のように「雁足……」は蘇武に由縁をもつ雁信（雁札とも）故事、「烏頭……」は燕丹に由来する故事をうたっている。雁信故事を確認しておけば、蘇武は匈奴に捕らわれて一九年を経たものの、帰京の望みを失うことなく、雁の足に便りを書いた白ぎぬをかけた。昭帝は、足に帛書が結ばれた雁を上林苑で射落とし、蘇武の無事とその真情を知って、使いを出して助け出したというのである。

道真は、雁の足に春の雪がねばりついているのを見て、都からの便りではないかと期待する。先に見たように、李陵は都にもどった蘇武が「薄」をもって処遇されたことを指摘するのだが、道真はその蘇武にわが身を比してやまないのである。

「烏頭……」は燕の太子丹にまつわる烏頭変毛の故事。戦国時代末期、燕に生まれた丹は、幼くして趙の人質として送られた。同じく人質だった秦の政（のちの始皇帝）と親しくしていた。その後、燕の国にもどり太子となり、使者として秦へ派遣され、昔なじみの政にあいさつしたが、政のあつかいは冷淡なものだった。秦王は帰国をゆるさず、もし烏の頭が白くなり馬の頭に角が生えたら許そうといった。丹が天を仰いで嘆くと、烏頭は変毛し馬には角が生じた。それで燕へ無事もどることが出来たという（『史記』「刺客伝」論賛注）。

降りしきる都府楼の雪が烏の頭に積もり、まるで烏頭が白くなったようだ、これで帰京できるかもしれない、と郷愁が道真を責め苛《さいな》むのである。

ただ、以下のような王充《おうじゅう》の『論衡《ろんこう》』「感虚」のくだりもまた、道真は読んでいたはずである。[23]

> 伝書《でんしょ》に言ふ、燕の太子丹、秦に朝し、去ることを得ず、秦王に従ひて帰らんことを求《もと》む。秦王之を執《とら》へて留む。之と誓ひて曰く、日をして再び中《ちゅう》し、天をして粟《ぞく》を雨《ふ》らしめ、烏をして頭《とう》を白くし、馬をして角を生じ、厨門《ちゅうもん》の木象《もくぞう》をして肉足《にくそく》を生ぜしめば、乃《すなは》ち帰るを得ん、と。此の時に当り、天地之《これ》を祐《たす》け、日為《ため》に再び中し、天粟を雨らし、烏頭を白くし、馬角を生じ、厨門の木象肉足を生ず。秦王以て聖と為し、之を帰す、と。

『史記』賛注と大同小異の内容で、さらに木像の肉足、太陽の二度の南中、天から籾《もみ》が降る、くりやの入り口の木像に肉の足がつく、などなど異常なできごとがつづき、秦王は丹を聖人だとして帰国させたのだという。ところが、王充は「此の言は虚《きょ》なり」（まっかな嘘っぱち）と喝破《かっぱ》する。

燕の太子丹は何人ぞ、而も能《よ》く天を動かすや。聖人の拘《とら》はるる、天を動かす能《あた》はず。太子丹は賢者なるに、何ぞ能く此を致さん。夫《そ》れ天能く太子を祐《たす》け、諸瑞《しよずゐ》を生じ以て其の身を免れしむるは、則《すなは》ち能く秦王の意を和《やはら》げ、以て其の難を解けばなり。拘はるるの一事は易《やす》く、瑞を生ずるの五事は難《かた》きに、一事の易きを舎《お》き、五事の難きを為すは、何ぞ天の労を憚《はばか》らざるや。

かつて聖人が捕らわれた時でさえ天を動かせなかったのに、太子丹ぐらいで何ができようか。天が太子に味方したというなら、よく秦王の意を和らげて、難問を解決したからであり、それならそうで捕縛されているという問題など、それこそいとも簡単に解決するのに、五つの難問のほうを解くなど、なんとも天はご苦労なことだ。これが王充の主張するところで、「なるほど」としかいいようがあるまい。こうしてみると、烏頭が白くなれば帰京できるとは、所詮「虚」でしかないのである。たたみかけるように、王充はさらに具体的な例を書き重ねる。

湯《たう》は夏台《かだい》に囚《とら》はれ、文王は羑里《いうり》に拘《とら》はれ、孔子は陳蔡に厄《やく》せらる。……天何ぞ夏台・羑里の関鑰《くわんやく》をば毀敗《きはい》し、湯文歩（渉）出し、粟を陳蔡に雨《ふ》らし、孔子をして食飽《しよくはう》せしめざりしや。太史公《たいしこう》曰く、世、太子丹の天をして粟を雨らし、馬をして角を生ぜしむと称するは、大抵《たいてい》皆虚言なり、と。太史公は漢の世の実事を書《しよ》せしの人、而《しか》るに虚言と云へば、実に非ざるに近きなり。

天が感動するというのなら、湯王や文王が捕らえられていた夏台・羑里の鍵をこわしてふたりをゆったりと出歩かせたり、陳蔡の野で飢えている孔子に籾を降らして、腹いっぱい食わせようとしなかったのか。「太史公」（司馬遷）が「虚言である」といっているのが、あたっていよう、と。

聡明な道真が、こうした論を理解できなかったはずはない。にもかかわらず、漢の蘇武と燕の丹の動静に執するのはなぜだろうか。蘇武は一九年の歳月を辛苦のうちに匈奴で耐え、たとえ帰国しても厚く処せられることはなかった。太子丹はかろうじて燕にもどったけれど、ついには秦王のおくり込んだ軍隊によって殺された。それでもなお蘇武や太子丹の境遇に身をよせていくのは、詩作上の文飾とはいえまい。司馬遷や王充のことばをかりていえば、「薄」と「虚」、これが蘇武と燕丹の後半生を形容する語だといってよい。たとえそうであっても、道真はこのふたりの生涯によりそいながら、望郷の念のはげしさを懐《いだ》かずにはいられなかったのだろう。

李陵は匈奴で二〇年あまりを生きつづけ、そこで没した。道真もまた辺土にあったのだが、ついに李陵の心情にはなれなかったのである。京を追われて二年、宮中でもっぱら「鯨鯢」と呼ばれ嘲弄《ちょうろう》されていた男が死んだ。延喜三年（九〇三）二月二五日、享年五九。

注

（1）白楽天以外には、先行する李白に「尋魯城北范居士失道落蒼耳中見范置酒摘蒼耳作」があり、「……還傾四五酌　自詠猛虎詞　近作十日歓　遠為千載期　風流自簸蕩　謔浪偏相宜　酣来上馬去　卻笑高陽池」とうたっているが、「自詠」は題名ではない。また後代には、李群玉に「九日」があり「……絲管闌珊帰客尽　黄昏独自詠詩迴」という。題名と見られるのは、陳黯「自詠豆花」、唐彦謙「自詠」、鄭谷「結綬鄠郊縻摂府署偶有自詠」、徐夤《じょいん》「自詠十韻」、徐霊府「自詠二首」といった諸例がある。

（2）「藍尾酒」は屠蘇酒をいう。新年の屠蘇酒は年少から順に呑みまわすのが慣例で、老いた楽天は最後に呑むところから、「藍尾」の酒と詠じたもの。
（3）「知非年」は五〇歳をいう（『淮南子』「原道訓」）。
（4）「脩然」（無心に自然にしたがうように）は、「大宗師」篇に出てくることばで、「古の真人は生を説《よろこ》ぶを知らず、死を悪《にく》むを知らず。其の出づるも訢《よろこ》ばず、其の入るも距《こば》まず。脩然《いうぜん》として往き、脩然して来るのみ。其の始まる所を忘まず、其の終る所を求めず、受けて之を喜び、亡《うしな》ひて之に復《かへ》る。是を之れ心を以て道を捐《す》てず、人を以て天を助けずと謂《い》ふ。是を之れ真人と謂ふ」と。
（5）紀野一義氏によれば、「ヴィというのは離れること。マラは垢。垢がない、汚れがないという意味である」（『維摩経』仏典講座9）。
（6）白楽天の作で『維摩経』を題材にうたう二作品を紹介しておきたい。「内道場の永讙《えいくわん》上人郡に就いて訪《と》はる。善く維摩経を説く。別に臨んで詩を請ふ。因って之を以て贈る」と「病中詩并に序」から「灸《きう》を罷《や》む」。

五夏登壇内殿師　　五夏《げ》登壇内殿《ないでん》の師
水為心地玉為儀　　水を心地《しんち》と為し玉を儀と為す
正伝金粟如来偈　　正《まさ》に伝ふ金粟《こんぞく》如来の偈《げ》
何用銭塘太守詩　　何ぞ用ひん銭塘《せんたう》太守の詩
苦海出来応有路　　苦海出で来《きた》る応《まさ》に路有るべし
霊山別後可無期　　霊山《りやうぜん》別れて後《のち》期無かる可《べ》けんや
他生莫忘今朝会　　他生忘るる莫《なか》れ今朝の会
虚白亭中法楽時　　虚白亭中法楽《ほふらく》の時

宮中の道場につとめる永讙上人が杭州までやってきた。上人はよく『維摩経』を講じる人物で、別れに際して「銭塘太守」（杭州刺史、楽天のこと）に詩を請うたので、この一作を贈ったという。上人は宮中に奉仕するかたわら維摩のように諸方を巡錫《じゆんしやく》し、水のように淡く執着のない心の持ち主で玉のように美しい威儀を具えておいでだ。「金粟如来の偈」（維摩経）を説くのだから、杭州刺史の詩をもとめる必要もあるまいに、請われるままにこの一作を贈る。修業を積み苦海を脱して覚路を開いたが、霊鷲山《りようじゆせん》で釈迦如来に別れて後にまた再会の機会もあるだろうから、願わくは来世においても、この虚白亭で仏教修業の悦楽にひたった今朝の法会を忘れないでほしい。

病身仏説将何喩
変滅須臾豈不聞
莫遣浄名知我笑
休将火艾灸浮雲

病身仏説　将《はた》何にか喩《たと》ふる
変滅須臾《しゆゆ》豈《あに》聞かざらんや
浄名《じやうみやう》をして我を知りて笑はしむる莫《な》けん
火艾《くわがい》を将《もつ》て浮雲《ふうん》に灸するを休《や》む

『維摩詰所説経』「弟子品」の「是の身は浮雲の如し、須臾にして変滅す。是の身は雷《いなづま》の如し、念念に住《とど》まらず。是の身は主《しゆ》無し、地の如き為《た》り。是の身は我《が》無し、火の如き為り……」をふまえた創作。仏説によると、この身は浮雲のようなもので、ほんのしばらくの間に変化するし消えてしまう。だから、維摩に笑われないように、わが身大事で艾《もぐさ》をすえて灸をやくことを、もうやめてしまった、と。「病中詩并に序」の序文によると、開成四年（八三九）一〇月、六八歳の楽天は風疾（中風）を患い、めまいや左脚のマヒに苦しんだらしい。ただし、作品は「旬月以還《このかた》、厥疾《そのやまひ》少しく閒《い》ゆ」時期の小品で、老人のやせ我慢をコミカルなタッチでうたったもの。

(7)「不二法門」（絶対的な悟りの境地）とは何かについての菩薩たちの問答録。たくさんの菩薩たちが、最後は文殊と維摩が、それぞれの知見を披露している。「爾《そ》の時、維摩詰衆《もろもろ》の菩薩に謂ひて言《いは》く、『諸の仁者《ひとびと》よ、云何が菩薩不二法門に入るや。各所に随つて之を説け』と。会《ゑ》中に菩薩有り、法自在と名く。説きて言く、『諸の仁者よ、生と滅とを二と為す。法は本不生なり、今則ち滅無し。此の無生法忍を得る、之を不二法門に入ると為す』と。徳守菩薩曰く……不眴菩薩曰く……徳頂菩薩曰く……是の如く諸の菩薩各各説き已《をは》りて文殊師利に問ふ、『何等か是れ菩薩不二法門に入るや』と。文殊師利曰く、『我が意の如くんば、一切の法に於て言も無く、説も無く、示も無く、識も無し、諸の問答を離る。是を不二法門に入ると為す』と。是に於て文殊師利維摩詰に問ふ、『我等、各自ら説き已んぬ。

仁者《なんぢ》当に説くべし。何等か是れ菩薩不二法門に入るや』と。時に維摩詰黙然《もくねん》として言無し。文殊師利歎じて曰く、『善い哉、善い哉、乃至文字語言有ること無し。是れ真に不二法門に入るなり』と」。

「不二法門」はことばで表現できない境地であるとしながら、ことばで表現してしまった文殊と、沈黙して一言も発しなかった維摩と、どちらがその境地を真に悟っているかは、もはや自明だろう。

(8)「釈」は帝釈天、「梵」は梵天王、「世主」は帝釈天の外将である持国天・増長天・広目天・多聞天の四天王をいう。

(9)「五戒」とは不殺生(むやみに生きものを殺さない)・不偸盗(ものを盗まない)・不邪淫(性に乱れがないようにする)・不妄語(うそをつかない)・不飲酒(酒を飲まない)。

(10)『維摩詰所説経』で、訪れた文殊師利に次のように説いている。「癡《ち》と有愛《うあい》より則ち我が病生ず。一切衆生病めるを以て是の故に我病む。若し一切衆生の病滅すれば則ち我が病滅せん。所以何《ゆゑいか》んとなれば、菩薩は衆生の為の故に生死に入る。生死有らば則ち病有り。若し衆生病を離るることを得れば則ち菩薩も復た病無からん」。衆生は無知と生きたいという我欲で生きているから病となる。一切衆生が病んでいるのだからわたしも病まなければ、病気になっている者たちを教えることはできない。ゆえに、方便として病人となっている、と。衆生が解脱して病苦から自由になれば、菩薩も病むことはないのである。

(11)境武男氏『詩経全釈』。

(12)これは七言詩「門を出でず」にある表現。前後を掲示すると、「一たび謫落せられて柴荊《さいけい》に在りてより　万死　兢《きよう》兢《きよう》たり跼蹐《きよくせき》の情　……中懐《ちうくわい》は好《ことむな》し孤雲に逐《したが》ひて去る　外物《ぐわいぶつ》は相逢《あひあ》ひて満月ぞ迎ふる　此の地は身の撿繋《けむけい》せらるることなくとも　何為《なにす》れぞ寸歩も門を出でて行かむ」。

官位をおとされ流されてあばらや住まい、もはや命は助かるまいと恐れおののき、肩をすぼめて小股であるく。心のなかはちぎれ雲よろしく吹き飛んでしまったけれど、それでも外の景色は規則正しくめぐりめぐって、満月を迎えた。手をくくられてつながれているわけではないが、門を出てちょっと歩いてみようかという気にもならない。

「不出門」という詩題も楽天に学んだように思われる。楽天のほかに、欧陽詹、高適、鮑溶、孟雲卿らの作品にも「不出門」の語句が見られるが、詩題とするのはやはり楽天である。作品では「張十八に寄す」「朱陳村」「病起」

「新居早春」「飽食して間坐す」「夏日の間放」などに、「不出門」の語句が散見される。

（13）白楽天の作品は、佐久節氏『白楽天全詩集』（続国訳漢文大成）によるが、一部、岡村繁氏『白氏文集』（新釈漢文大系）を参照にした。

（14）小林信明氏『列子』（新釈漢文大系）による。

（15）『日本後紀』延暦一八年二月の「和気清麻呂薨伝」によるなら、当初、斬刑は三七五人だったらしい。清麻呂の姉にあたる広虫（法均）の諫めで死刑を減じられたという。

（16）「……悠悠天地間　委順無不楽　良辰不可遇　心賞更蹉跎」（張九齢「雑詩五首」）、「蜀相吟安在　羊公碣已磨　今図猶寂寞　嘉会亦蹉跎」（張九齢「登襄陽峴山」）、「故人金華省　粛穆秉天機　誰念江漢広　蹉跎心事違」（崔湜「襄陽早秋寄岑侍郎」）など。

（17）『旧唐書』（巻116）に「四年正月、検校戸部尚書兼鄂州刺史御史大夫武昌軍節度使。五年七月二十二日、暴《には》かに疾み一日にして鎮に卒す。時に年五十三。尚書右僕射を贈らる。子有り道護と曰ひ、時に年三歳」という。

（18）李陵自身は蘇武への書簡で、「五千の衆を以《ひきゐ》、十万の軍に対し、疲乏《ひばふ》の兵を策《むちう》ちて、新羈の馬に当る。……匈奴既に敗れ、国を挙げて師を興し、更に精兵を練り、強は十万を踰え、単宇《ぜんう》陣に臨み、親しく自ら合圍す」と書いている。兵の数は異なるものの、どちらにしても李陵軍が圧倒的な匈奴の軍事力にさらされたことにかわりはない。

（19）宰相の蕭何《しょうか》、舞陽侯の樊噲《はんかい》、淮陰《わいいん》侯の韓信、梁王の彭越《ほうえつ》、御史大夫の鼂錯《ちょうそ》、絳《こう》侯の周勃《しゅうぼつ》、魏其《ぎき》侯の竇嬰《とうえい》、太中大夫の賈誼《かぎ》、丞相の周亜夫など、才能があり功績のある臣が捕縛されて失脚し、塩づけにされたり死刑になったりしたことを述べている。李陵は書簡のなかで、これら諸臣をめぐる政局の動静をこまかく記述しているわけではないが、蘇武がつぶさに知っている存在だったことはいうまでもない。

（20）李善注は、このあたりに『論語』「里仁」の「徳孤ならず、必ず鄰有り」を引いている。孔子は、徳のある者はけっして孤立するものではなく、家に隣家があるように、かならず共鳴する人があらわれるものだ、というのである。司馬遷は、李陵にとっての「鄰」であろうとする。

　敗北して匈奴に捕らえられた罪はともかくも、李陵への評価は分れていたようで、弁護して武帝の怒りにふれ宮刑に処せられた遷は、友人である任安《じんあん》にその時の情況について、次のように書いている（「任少卿に報ずる書一首」）。

任安は衛太子の叛乱に連座し死刑を宣告されて、獄中にあった。

陵未《いま》だ没せざる時、使ひ来りて報ずる有れば、漢の公卿王侯は、皆觴《さかづき》を奉じて寿《じゆ》を上《たてまつ》る。後数日、陵の敗書聞《ぶん》せらる。主上は之が為に食味はひを甘しとせず、朝《てう》を聴《き》いて怡《よろこ》ばず。大臣憂衢《いうく》して、出す所を知らず。……身は陥敗《かんばい》すと雖も、彼其の意を観るに、且《か》つ其の当《たう》を得て、漢に報いんと欲す。事已《すで》に奈何《いかん》ともす可き無し。其の摧敗《さいはい》する所の功、亦以《またもつ》て天下に暴《あらは》すに足れりと。僕は懐《こころ》に之を陳ぜんと欲《ほつ》すれども、未だ路有らず。適適《たまたま》召問に会《くわい》し、即ち此の指《むね》を以て、陵の功を推言《すゐげん》し、以て主上《しゆじやう》の意を広め、睚眦《がいさい》の辞《じ》を塞《ふさ》がんと欲すれども、未だ尽《ことごと》くは明かす能はず。明主暁《さと》らずして、以為《おもへら》く僕弐師《じし》を沮《そ》して、李陵が為に遊説《いうぜい》すと。遂《つひ》に理に下せり。拳拳《けんけん》の忠、終に自ら列する能はず。因《よつ》て上を誣《し》ふと為し、卒《つひ》に吏議に従ふ。

李陵が奮闘して戦況を報告してきたときには、大臣や王侯たちは酒杯をあげて天子のために万歳をしたのに、戦況が思わしくない報告が届くと、天子は食事が進まず政務も滞りがちとなり、大臣たちは何をしてよいのやらわからぬ始末。なるほど李陵は敗北し捕らえられたのだが、その心中を察すると、きっと敗戦の罪をあがなう手がらをあげて漢に報いようと考えているにちがいない。敗北という事実はどうすることもできないものの、李陵が匈奴に果敢《かかん》に立ち向かった功績は、天下に明らかにするに足るものではないか。李陵の戦功を推賞し落胆する天子の心を慰め、群臣たちの非難を封じようとしたが、聡明な（はずの）主上はそれを理解しないで、わたし（司馬遷）が弐師将軍の邪魔をし李陵を喧伝《けんでん》するものとして、腐刑に処せられた、と。文中の「明主暁《さと》らずして」の一言は、義憤をともなう強烈な批判となっている。

(21) 遠国へ流された子らも辛苦をなめただろうが、在京の妻らもまた苦しい暮らしだった。このあたりを七言詩「家書を読む」で「……西門《せいもん》の樹《うゑき》は人に移されて去りぬ　北地の園は客《かく》をして寄《やど》り居《を》らしむ　……妻子《せいし》の飢寒《きかん》の苦しびを言はず　これがために還《かへ》りて愁へて　余《われ》を懊《なやま》し悩《なやま》すなり」とうたっている。ガーデニングが趣味だった道真の邸宅には、すばらしい草木が植えてあったらしい。それを生活のために売ったのであり、北側の園の空き地は人に貸したというのだ。

(22) 二作を『文選』から引用して紹介する。

・宛洛佳遨游　宛洛《ゑんらく》　遨游《がういう》するに佳《よ》く
春色満皇州　春色　皇州に満つ
結軫青郊路　軫《くるま》を青郊《せいかう》の路《みち》に結《めぐ》らし
迥瞰蒼江流　迥《はる》かに蒼江の流れを瞰《み》る
日華川上動　日華《じつくわ》　川上に動き
風光草際浮　風光　草際に浮ぶ
桃李成蹊逕　桃李　蹊逕《けいけい》を成し
桑楡陰道周　桑楡《さうゆ》　道周を陰《おほ》ふ
東都已俶載　東都已に載《こと》を俶《はじ》む
言帰望緑疇　言《ここ》に帰りて緑疇《りよくちう》を望まん　（「徐都曹に和す一首」）

・薄遊第従告　薄遊して第《しばら》く告に従へば
思閑願罷帰　思ひ閑《しづ》かにして罷《や》め帰らんことを願ふ
還邛歌賦似　邛《きよう》に還《かへ》らんとすれば歌賦は似るとも
休汝車騎非　汝《じよ》に休《いこ》はんとすれば車騎は非なり
霸池不可別　霸《は》池《ち》は別る可からず
伊川難重違　伊川《いせん》は重ねて違《さ》り難し
汀葭稍靡靡　汀葭《ていか》は稍《いささ》か靡靡《びび》として
江菼復依依　江菼《かうたん》は復た依依《いい》たり
田鶴遠相叫　田の鶴は遠く相叫び
沙鴇忽争飛　沙《すな》の鴇《のかり》は忽《たちま》ちに争ひ飛ぶ
雲端楚山見　雲の端に　楚山　見《あらは》れ
林表呉岫微　林の表《そと》に　呉岫《ごしう》　微《かす》かなり

試与征徒望
郷涙尽沾衣
頼此盈罇酌
含景望芳菲
問我労何事
沾沐仰清徽
志狭軽軒冕
恩甚恋重闈
歳華春有酒
初服偃郊扉

試みに征徒《せいと》と与に望むれば
郷涙《きやうるゐ》尽くに衣を沾《うるほ》せり
此の罇《かめ》に盈《み》てる酌《さけ》に頼り
景を含《ふく》みて芳菲《はうひ》を望む
問ふ　我　何事にか労すると
沾沐《てんもく》して清徽《せいき》を仰げり
志は狭くして軒冕《けんべん》を軽んずるも
恩《めぐみ》は甚《はなは》だしくして重闈《ちようゐ》を恋《した》ふ
歳華にして春に酒有れば
初服して郊扉《かうひ》に偃《ふ》しなん

（「休沐して重ねて還る道中一首」）


「苑」（南陽）も「洛」（洛陽）も名都。春のけはいが帝都（建業）にあふれているこの季節、「東都門」あたりはすでに畑の作業も始まった。早くに故郷に帰り、緑の田畑をながめたいものだとうたう。「東都門」は、漢の時代に疏広と疏受の兄弟が老いたことを理由に、官を辞して故郷に帰ろうとして許しを請うた、時の宣帝はそれを許し贈りものを与え、高官たちは送別の宴をもうけて、ふたりを盛大に見送った、というエピソードによる。

「沾沐」は天子の恩沢に浴すること、「清徽」は清らかで美しい道のことだが、ここでは天子の徳をいうのだろう。

「軒冕」は車と冠の意で、官位をあらわす。「重闈」は天子の重門の意。もともとどのようなことに心をつかっているかといえば、み恵みを受けて、帝につかえること。志がせまいので、官位などほしいとは思わないが、天子の威徳があまりにも厚いので、宮廷が慕われてならない。春に熟した酒もあることだから、都へもどり、ただ人となり、わが家で暮らしたい、と。両作ともに道真の思いに似ている。

（23）引用は『論衡』（新釈漢文大系）による。王充（建武三年・二七〜？）の『論衡』の日本への伝来は、いつの時代だったかはわからない。書名が具体的に残るは、寛平年間（八八九〜八九八）に作られた藤原佐世の『日本国見在書目録』で、「論衡三十巻。後漢徴士王苑撰」と見える。

| 西紀 | 日紀 | 年齢 | 記 | 周辺のできごと |
|---|---|---|---|---|
| 845 | 承和12 | 1 | 是善を父に伴氏を母に三男として誕生 | 是善（34歳）文章博士となる |
| 846 | 13 | 2 | | 8・白楽天卒（75歳） |
| 847 | 14 | 3 | | 10・2円仁、唐人42人と帰朝<br>12・『入唐求法巡礼行記』成る |
| 849 | 嘉祥2 | 5 | | 5・2渤海客使の王文矩が入京 |
| 850 | 3 | 6 | | 島田忠臣の女宣来子、このころ誕生か<br>3・21仁明天皇崩御（41歳） |
| 855 | 斉衡2 | 11 | 「月の夜に梅花を見る」（『菅家文草』巻頭詩）を創作する | |
| 858 | 天安2 | 14 | 「臘月に独り興ず」を創作する | 8・27文徳天皇崩御（32歳）<br>11・7清和天皇即位（9歳） |
| 859 | 3（貞観元） | 15 | 元服 | |
| 860 | 2 | 16 | 10・「残菊の詩」を創作する | |
| 861 | 3 | 17 | 文章生受験のために、是善が毎月七言十韻詩を課す | 1・20渤海客使李居正が来着する |
| 862 | 4 | 18 | 5・17文章生試験に合格<br>9・9重陽の宴ではじめて応製詩を詠じる | 7・23唐の商人の李延孝ら43人が九州に来着する |
| 864 | 6 | 20 | 8・15七年来、父の是善後漢書を講読、この日竟宴を催す　詠史詩を作る<br>10・連聡（弟か）逝去 | 1・1清和天皇元服（15歳） |
| 865 | 7 | 21 | 9・25是善にかわって、連聡のための祭霊文を作る | 7・27唐の商人の李延孝ら63人が九州に来着する |
| 867 | 9 | 23 | 1・7文章得業生に補任 | |

| 西紀 | 日紀 | 年齢 | 記 | 周辺のできごと |
| --- | --- | --- | --- | --- |
| 868 | 貞観10 | 24 | 2・29正六位下に叙　下野権少掾となる<br>史記の竟宴で詠史詩を詠じる　唐人王度の囲碁を見る | |
| 869 | 11 | 25 | 王度の論語を受講、竟宴詩を詠じる | |
| 870 | 12 | 26 | 3・23文章得業生方略試を受験<br>5・17及第（判定は都良香）<br>9・11正六位上に叙 | |
| 871 | 13 | 27 | 1・29玄蕃助、3・2少内記となる<br>夏、漢書竟宴の詠史詩を作る | 12・11渤海客使が加賀に漂着<br>この年、基経の長男時平誕生 |
| 872 | 14 | 28 | 1・6存問渤海客使となる<br>1・14母伴氏の喪のため官を退く<br>5・24渤海国王に答える就書を草する | 5・15渤海大使の楊成規ら京にいたる |
| 874 | 16 | 30 | 1・7従五位下に叙<br>1・15兵部少輔となるも2・29に民部少輔に転 | 4・10大極殿が焼失　11・29清和天皇譲位<br>12・26渤海客使ら一〇五名、出雲国に来着する |
| 876 | 18 | 32 | この年の秋、越前気比神宮に参詣　長男高視が誕生 | |
| 877 | 19<br>（元慶元） | 33 | 1・15式部少輔となる　10・18文章博士を兼任 | 1・3陽成天皇即位（9歳）<br>6・25渤海国の使者ら出雲から出国 |
| 878 | 2 | 34 | 師島田忠臣が大宰少弐を退職して帰京するのを迎え、「田少府が官を罷めて、京に帰ることを喜ぶ」を詠じる | |
| 879 | 3 | 35 | 1・7従五位下に叙<br>10・8大極殿落成にともない、賀する詩を作る | 2・25都良香卒（46歳） |
| 880 | 4 | 36 | 8・30父是善が死去（69歳）以降、菅家廊下の主宰者となる | 清和太上皇崩御（31歳） |
| 881 | 5 | 37 | 4・4後漢書の進講が終了する | |

| | | | | |
|---|---|---|---|---|
| 882 | 6 | 38 | 夏に藤原冬緒匿名詩のスキャンダルあり | 1・7陽成天皇元服（13歳）<br>8・29日本紀竟宴和歌 |
| 883 | 7 | 39 | 1・11加賀権守（遥任）を兼務<br>4・28～5・12渤海客使裴頲ら入京　忠臣や紀長谷雄とともに接待役となる<br>この年、子の阿満（7歳）とその弟を夭逝させる | 11・陽成天皇に乱行あり |
| 884 | 8 | 40 | 菅家廊下の塾生10名進士に及第 | |
| 885 | 9<br>（仁和元） | 41 | 冬に基経五十算賀屏風図詩を創作する | |
| 886 | 仁和2 | 42 | 1・16讃岐守となり、それにともない式部卿・加賀権守・文章博士を退く　3・26讃岐に着任 | 1・2時平元服（16歳） |
| 887 | 3 | 43 | 秋に暇を乞い入京する<br>11・17正五位下に叙　京の自邸で年越しする | 8・26光孝天皇崩御（58歳）<br>11・17宇多天皇即位（21歳） |
| 888 | 4 | 44 | 春に讃岐に帰任　阿衡の紛議につき基経に意見書呈す。10月頃、在京 | 6・阿衡問題で橘広相の立場が深刻化<br>10・6基経の娘温子が入内 |
| 889 | 5<br>（寛平元） | 45 | | この頃、寛平御時后宮歌合、在民部卿歌合あり |
| 890 | 2 | 46 | 春に讃岐国より帰任 | 5・16橘広相が死去（53歳） |
| 891 | 寛平3 | 47 | 3・9式部少輔となる<br>4・11左中弁を兼任　秋に忠臣死去（64歳） | 1・13基経死去（56歳）<br>3・19時平、参議となる（21歳） |
| 892 | 4 | 48 | 1・7従四位下の叙　5・10類聚国史を撰進<br>12・5左京大夫を兼ねる | 1・8渤海客使、出雲に来着 |
| 893 | 5 | 49 | 2・16参議となり、式部大輔を兼。時平より玉帯を贈られる<br>2・22左大弁に転　3・15勘解由長官を兼務<br>4・1春宮亮を兼ねる　9・25新撰万葉集なる | 4・2敦仁親王立太子（9歳）<br>5・11新羅の賊が領土侵犯 |

| 西紀 | 日紀 | 年齢 | 記 | 周辺のできごと |
| --- | --- | --- | --- | --- |
| 894 | 6 | 50 | 8・21遣唐大使を兼ねる<br>9・30遣唐使派遣を停止　12・15侍従を兼務 | 5・渤海客使の裴頲が入朝<br>12・29渤海客徒伯耆に来着 |
| 895 | 7 | 51 | 5・7裴頲らを鴻臚館で接待<br>10・26中納言となり、従三位に叙、時平と並ぶ<br>11・13春宮権大夫を兼ねる | |
| 896 | 8 | 52 | 8・28民部卿を兼務<br>11・26長女の衍子が入内して女御となる | |
| 897 | 9 | 53 | 6・19権大納言となり右大将も兼ねる<br>7・13正三位の叙　7・26中宮大夫を兼ねる | 6・19時平大納言左大将となる<br>7・3宇多天皇譲位（31歳）、醍醐天皇践祚（13歳）。この日、寛平御遺誡を授ける |
| 898 | 10（昌泰元） | 54 | 10・20～11・1宇多上皇に扈従して片野・吉野へ | |
| 899 | 2 | 55 | 2・14右大臣となり右大将を兼ねる<br>3・妻宣来子が従五位下に叙<br>2・27～3・28にかけて三度右大臣辞表を上る | 2・14時平、左大臣左大将となる<br>10・24宇多上皇仁和寺で落飾 |
| 900 | 3 | 56 | 8・16菅家三代集を奏進する<br>2・6右大将の辞表を上る | 10・11三善清行、道真に退職を勧告する |
| 901 | 4（延喜元） | 57 | 1・7従二位に叙<br>1・25大宰員外帥として左遷　2・1京都発 | 1・7時平も従二位に叙 |
| 902 | 3 | 59 | 2・25大宰府の南館で逝去 | |
| 909 | 9 | | | 4・4時平死没（39歳） |
| 923 | 延長元 | | 4・20本官右大臣に復し、正二位を贈られ、左遷の詔書は破棄 | 3・21皇太子の保明親王死没（21歳） |
| 993 | 正暦4 | | 5・20正一位・左大臣を贈られる<br>閏10・20太政大臣を追贈される | |

## ■参考文献一覧

参照したり引用したもので主たる文献を掲げた。すべてにわたって網羅したものではない。本文中では、できるだけテキストの表記や読みにしたがったが、諸本を検討したうえで一部あらためたところがある。


『菅家文草　菅家後集』日本古典文学大系72、川口久雄校注、岩波書店、一九六六年

『類聚国史』前篇・後篇、新訂増補国史大系5・6、黒板勝美編、吉川弘文館、一九九九・二〇〇〇年

＊

『両聖記』群書類従・第二輯、神祇部、群書類従完成会、一九七〇年

『菅原道真』人物叢書、坂本太郎著、吉川弘文館、一九六二年

『菅家の文華　最も傑れた叙情詩の古典』清藤鶴美著、太宰府天満宮文化研究所、一九八七年

『菅原道真』西日本人物誌12、佐藤包晴著、西日本新聞社、一九九九年

『菅原道真　詩人の運命』ウェッジ選書12、藤原克己著、ウェッジ、二〇〇二年

『宮廷詩人菅原道真―『菅家文草』・『菅家後集』の世界』波戸岡旭著、笠間書院、二〇〇五年

『三善清行』人物叢書、所功著、吉川弘文館、一九七〇年

『平安朝の歳時と文学』北山円正、和泉書院、二〇一八年

『吉備真備』人物叢書、宮田俊彦著、吉川弘文館、一九八八年

『入唐求法巡礼行記』1・2、東洋文庫157・442、足立喜六訳注・塩入良道補注、平凡社、一九七二・一九八五年

＊

『古今和歌集』日本古典文学全集7、小沢正夫校注・訳、小学館、一九七一年

『枕草子』日本古典文学全集11、小学館、松尾聡他訳、一九七四年

『古事記　上代歌謡』日本古典文学全集1、荻原浅男他校注、小学館、一九七三年

『日本書紀』一～三、新編日本古典文学全集2～4、小島憲之他校注・訳、小学館、一九九四～一九九八年

『律令』日本思想大系3、井上貞光他校注、岩波書店、一九七六年

『続日本紀』一～五、新日本古典文学大系12～16、青木和夫他校注、岩波書店、一九八九～一九九二年

『日本後紀　続日本後紀　日本文徳天皇実録』新訂増補国史大系3、黒板勝美・国史大系編修会編、吉川弘文館、二〇〇〇年

『政事要略』新訂増補国史大系28、黒板勝美編、吉川弘文館、一九三五年

『大鏡』日本古典文学全集20、橘健二校注・訳、小学館、一九七四年

『江談抄　中外抄　富家語』新日本古典文学大系32、後藤昭雄他校注、岩波書店、一九九七年

『本朝文粋』大曾根章介他校注、新日本古典文学大系27、岩波書店、一九九二年

＊

『白楽天全詩集』続国訳漢文大成、白居易著・佐久節訳注、日本図書センター、一九七八年

『白居易』上下、中国詩人選集12・13、高木正一注、岩波書店一九五八年

『詩経全釈』境武男著、汲古書院、二〇一〇年

『詩経　楚辞』目加田誠訳、中国古典文学大系15、平凡社、一九六九年

『訳注　陶淵明集』幸田露伴校閲・漆山又四郎訳註、岩波書店、一九二八年

『陶淵明全集』上下、松枝茂夫他校注、岩波書店、一九九〇年

『文選』上下、蕭統選・李善注、商務印書館香港分館、一九三六年

『文選（詩騒編）四』花房英樹著、全釈漢文大系29、集英社、一九七四年

『文選（文章編）五』小尾郊一著、全釈漢文大系30、集英社、一九七五年

『文学論集』詩品、中国文明選13、荒木健他著、朝日新聞社、一九七二年

『文心彫龍』上下、新釈漢文大系64～66、戸田浩暁著、明治書院、一九七四・一九七八年

『唐代の詩人―その伝記』小川環樹編、大修館書店、一九七五年

＊

『論衡』上下、新釈漢文大系68・69、山田勝美著、明治書院、一九七六年

『論衡　漢代の異端的思想』大滝一雄訳、東洋文庫46、平凡社、一九七五年

『淮南子』新釈漢文大系54・62、楠山春樹著、明治書院、一九七九・一九八八年

『淮南子 説苑（抄）』中国古典文学大系6、戸川芳郎他訳、平凡社、一九七四年

『老子　荘子』『荘子』新釈漢文大系7・8、阿部吉雄他訳、明治書院、一九六六・一九六七年

『論語』新釈漢文大系1、吉田賢抗著、明治書院、一九六〇年

『列子』新釈漢文大系22、小林信明著、明治書院、一九六七年

『春秋左氏伝二』新釈漢文大系31、鎌田正著、明治書院、一九七四年

『荊楚歳時記』守屋美都雄訳注他、東洋文庫324、平凡社、一九七八年

『中国の歴史』四、陳舜臣著、講談社、一九九一年

『中国学芸大事典』近藤春雄著、大修館書店、一九七八年

＊

『国訳一切経　印度撰述部』経集部六「維摩結所説経」常盤大定・深浦正文訳、大東出版社、一九三二年

『中国仏教史』岩波全書310、鎌田茂雄著、岩波書店、一九七九年

『維摩経』仏典講座9、紀野一義著、大蔵出版社、一九八〇年

『仏教比喩例話辞典』森章司編、東京堂書店、一九八七年

# あとがき

*

本書の始発となったのは、平成一四年（二〇〇二）一月から三月まで、「西日本新聞」（土曜日・日刊）に一二回にわたって連載した短文の束である。「シリーズ九州の歴史群像」の企画の一部として書かせてもらったのだが、さていざペンをとる段になると、まずどういった題にするかを決めなければならず、あれやこれやとまよった挙句に、いくつかの題目をならべて、企画担当の銅野陽一さんに提案した。すぐに「鯨鯢と呼ばれた男」の題目でスタートしようということになったのを、一五年も過ぎた今も、はっきりと覚えている。毎回、レイアウトされたカラーの写真が、わたしの拙い文章をしっかり応援してくれた。

じつはこの年、平成一四年は、菅公千百年忌にあたっていて、何かと道真公が巷《ちまた》の話題にのぼるのに、天満大自在天神のおひざもとで暮らしながら、その菅公をクジラ呼ばわりする気かと、読者からブーイングが起こるのではないか、不安がないわけではなかった。それでも、クジラにこだわったのは、『菅家文草』『菅家後集』のさまざまな詩文を読んでいくうちに、「鯨鯢《げいげい》」がうたわれている五言詩「開元の詔書を読む」は、ことに忘れられない作品となったからだ。

「身を立て道を行《おこな》ひ、名を後世に揚《あ》げ、以て父母を顕《あら》はすは、孝の終わり（孝行の最終段階）なり」（『孝経』開宗明誼章）が男子《おのこ》の生きる指針だった一〇世紀、その名をうばわれ侮蔑《ぶべつ》すべき名を貼《は》りつけられる悲しみ。こうした悲しみが道真の魂を深く傷つけたにちがいない。そう思ったのだった。ちなみに道真は七言詩「仲春釈奠、孝経を講ずるを聴く」をうたっている。
もちろん道真には、フランス耽美派の詩歌のような「秋花を翫ぶ」「春夜桜花を賦す」、社会問題をきびしく告発する「寒早十首」、まず圧倒的な漢字の物量で迫る「叙意一百韻」などなど、興味深い詩歌も多い。本書でふれたのは、作品のごく一部にすぎず、ふれなかった作品があまりにも多すぎ、校正の段階でも加筆したくなった。とはいえ、まあ、次の機会もあるだろうと、付箋《ふせん》を貼ったままとなっている。だから性懲《しょうこ》りもなく、また道真論を書きはじめるかもしれない。

＊＊

ほとんど毎日、天拝山の麓《ふもと》の道をたどり、車を走らせて自宅と勤務先を往復している。春夏秋冬、車窓から天拝山が見えると、『北野天神縁起絵巻』に描かれた、山頂で天道に無実をうったえる道真のすがたを思い出す。この教員生活も残り少なくなったのだが、今もって『菅家文草』も『菅家後集』も心《しん》から〈読めた〉と実感できないのが、まことにはずかしい。いにしえ中国の曹操《そうそう》によると、老いてしまってせまい馬小屋にうずくまる騏驥《きじ》（一日千里を駆ける馬）は、老いてなおその思いだけは千里のかなたにあるのだ、とか。それなら駄馬《だば》も駄馬なりに、もう少しがんばってみようかと思うのだ。

初出のある拙稿は、次のとおりである。

鯨鯢の出自―菅原道真「自詠」「開元の詔書を読む」「謫居春雪」から（福岡女学院大学大学院人文科学研究科紀要『比較文化』第13号、二〇一六年三月）
内在する縄文と弥生の血―菅原道真研究ノート（『比較文化』第14号、二〇一七年三月）
梅の回廊―菅原道真研究ノート2（『比較文化』第15号、二〇一八年三月）

＊＊＊

すでに第一線を退かれているが、西日本新聞連載当時、適切なアドバイスをしてくださった銅野陽一さんにまず感謝したい。大学院で講じていたので、講義ノートはあったものの、文章を書き重ねて道真を考える機会を与えられたのは、分をこえた幸いだった。

本書の出版の機会をあたえてくださった、海鳥社社長の杉本雅子さんに感謝したい。当初は、エッセイ風の肩のこらない本を出す予定だったのに、エピソードをならべるだけの内容に飽き足らず、こうした一冊になってしまったのを、こころよくお許しいただいた。ありがたいことである。

そして、生来怠惰なわたしが、やっとここまで漕ぎつけたのは、なにより実務担当の柏村美央さんのご尽力による。ありがとうございました。

二〇一九年二月二五日　御神忌の日に記す　遥拝

**東　茂美**（ひがし・しげみ）

1953年（昭28），佐賀県伊万里生れ。

成城大学大学院博士課程修了。

博士（文学）。

現在，福岡女学院大学人文学部教授。

著書に『大伴坂上郎女』（1994年，笠間書院），『東アジア万葉新風景』（2000年，西日本新聞社），『山上憶良の研究』（2006年，翰林書房），『万葉集の春夏秋冬』（2013年，笠間書院）などがある。

鯨鯢《くじら》と呼《よ》ばれた男《おとこ》
菅原道真《すがわらみちざね》

■

2019年4月10日　第1刷発行

■

著者　東　茂美
発行者　杉本　雅子
発行所　有限会社海鳥社
〒812-0023 福岡市博多区奈良屋町13番4号
電話092（272）0120　FAX092（272）0121
http://www.kaichosha-f.co.jp
印刷・製本　モリモト印刷株式会社
ISBN978-4-86656-046-5
［定価は表紙カバーに表示］